W0316615

Orban · Astrologie als Therapie

Kailash Buch

Astrologie als Therapie

Auf der Suche nach der Lüge
Ein Selbsterfahrungsbuch

PETER ORBAN

unter Mitarbeit von
Ingrid Zinnel

HUGENDUBEL

Die Deutsche Bibliothek – CIP-Einheitsaufnahme
Orban, Peter:
Astrologie als Therapie : auf der Suche nach der Lüge ; ein Selbsterfahrungsbuch / Peter Orban. Unter Mitarb. von Ingrid Zinnel. – 4. Aufl. – München : Hugendubel, 1991
(Kailash-Buch)
ISBN 3-88034-288-1

4. Auflage 1991
© Heinrich Hugendubel Verlag, München 1986
Alle Rechte vorbehalten

Umschlaggestaltung: Dieter Bonhorst, München
Produktion: Tillmann Roeder, München
Satz: Uhl+Massopust, Aalen
Druck und Bindung: Wiener Verlag, Himberg bei Wien

ISBN 3-88034-288-1

Printed in Austria

Inhalt

Bei seinem Sturz kopfüber verlor Satan aus seiner Krone das lichte Juwel, den Smaragd, den Inbegriff der ihm verliehenen geistigen und heilenden Kräfte. Es fiel in eine Höhle und blieb in ihr verborgen, bis die Zeit erfüllt war, Gott Mensch wurde und das Juwel gefunden wurde.
Da wurde aus diesem, dem ›Stirnauge‹ Satanaels, der Kelch des letzten Abendmahls geschnitten.

ALFONS ROSENBERG, Michael und der Drache

Vorbemerkung

»Astrologie als Therapie« ist die Fortsetzung meines Buches »Die Reise des Helden«. Konzipiert war es als ein reines Astrologiebuch, doch während des Schreibens mußte ich die Erfahrung machen, daß dieses Thema seine eigenen Wege fand. Und so wurde es zu einer Ansammlung von Bildern, deren wichtigstes – das Bild der Schlange – überdeutlich in den Vordergrund trat. Dennoch: es ist immer noch ein Astrologiebuch. Im Schreiben dieses Textes lernte ich, daß gerade die Astrologie ein sehr tiefes Hilfsmittel – ein Wanderstab – auf der »Reise des Helden« sein kann.

Die Geschichte dieses Buches ist schnell erzählt. Ich habe mich jahrelang mit dem Thema Astrologie beschäftigt, halte selbst Kurse über dieses Thema, und so tauchte in mir das Verlangen auf, aus diesen Erfahrungen heraus die Grundvoraussetzung für eine Arbeit in diesem Bereich *in mir* zu klären.

Meine Art, diesen Klärungsprozeß zu beginnen, ist die, ein Buch zu schreiben. Bevor ich also zu schreiben begann, hatte ich kein Konzept, sondern nur einen Wust von unzusammenhängenden Erfahrungen und unverdauten Daten in mir. Das vorliegende Buch stellt also meine Systematisierung dieses Konglomerates dar. Es beansprucht nicht, Wahrheit über *die* Astrologie zu verbreiten, sondern es hat einen (vermesseneren) Anspruch: es ist darauf angelegt, *etwas zu bewirken,* Impulse zu geben.

Da ich diesen Text in meinen Kursen erprobt habe, weiß ich, daß er das tut. Ich weiß auch, er hat viele verschiedenartige Wirkungen, doch wenn er nur die eine haben sollte, Widerstände zu provozieren, so hat er seine Funktion längst erfüllt.

Einige Menschen haben mir vorgeworfen, es sei ein unglaublich »hartes«, ja, grausames Buch, und das ist es wohl auch. Es ist nichts für zarte Gemüter. Anders gesagt: es ist der »Schatten« jedes zarten Gemütes.

Die Wahrheit tut immer weh.

Das bedeutet nicht, daß dieses Buch die Wahrheit sagen würde, also etwa, wie die Wahrheit aussieht, sondern nur, daß alles, was weh tut, *jetzt gerade* Wahrheit ist. Morgen gibt es eine andere. Das Thema dieses Buches ist die SCHULD; in sie wird der Leser unvermittelt hineingestellt, und was diesen Text so hart erscheinen läßt, ist unser Wunsch, wir mögen doch bitte weiterhin UNSCHUL-

DIG sein. Solltest du – der Leser – für diesen Wunsch Literatur suchen, so ist der Markt voll davon. Voll von Texten, die dir erzählen, wer alles schuldig ist in dieser Welt und an dieser Welt.

Das vorliegende Buch geht einen anderen Weg.

Vorwort

Einer alten kabbalistischen Geschichte zufolge ist jeder Mensch auf einer Reise zum Licht. Jeder – denn es gibt keine andere Reise.

Aber natürlich könnte es sein, daß du deine Reise anders nennst, denn nur wenige nennen ihr Ziel »das Licht«, ja, es könnte sogar sein, daß du deine Lebensreise als sinnlos, leer, belanglos empfindest. Das ändert nichts. Dein Ziel ist das Licht. Vielleicht bist du ein Gottsucher, dann nennst du dein Ziel »Gott«, vielleicht bist du ein Buddhist, dann nennst du es »Nirvana«. Namen sind hier beliebig. Auch der Name »Licht« ist nur ein Wort. Und solange wir nicht im Licht angelangt sind (oder auch nur in die Nähe des Lichtes gekommen sind), müssen wir viele Worte darüber verlieren.

Wir müssen die Worte *verlieren,* wir müssen sie buchstäblich loswerden, denn in die Nähe des Lichtes kommt man nur ohne Worte. Wenn alle Worte bereits gesagt sind. Schweigend. Vielleicht bist du ein Frauenverehrer, dann nennst du dein Licht »die Frau« (von der du schon so lange träumst), oder du bist ein Wissenschaftler und dann nennst du deine Reise »die Suche nach der Wahrheit«. Nun gut, nennen wir das, was du suchst, einen Moment lang »Wahrheit«.

Viele Menschen sind heute ganz bewußt auf der Suche nach der Wahrheit. Sie lassen sich nicht mehr so leicht mit den gängigen Meinungen, mit den gängigen Wahrheiten abspeisen. Sie wissen – und auch du weißt es längst – daß in der Schule, der Universität, der Zeitung, im Fernsehen nur eine besonders griffige, eine gefällige Sicht der Welt dargeboten wird. Möglicherweise auch nur eine Facette der Wahrheit, aber nicht die ganze Wahrheit. Wir ahnen, es gibt andere Wahrheiten, Wahrheiten, die hier nicht angeboten werden, weil sie stören. Sie können die Ruhe stören, die Ordnung, ja, und wir ahnen auch, daß viele Menschen ein Bedürfnis nach dieser Ruhe haben: sie würden gern noch ein wenig schlafen.

Und vielleicht regst du dich darüber auf, denn *du* weißt ja, »Fernsehen macht dumm«. Diese oder ähnliche Sätze mögen zu deiner Wahrheit gehören. Vielleicht versuchst du, diese Wahrheit zu verbreiten, dich mit deinen Freunden über sie auszutauschen (denn was soll man machen, solange man noch Worte »verlieren«

muß?), oder du hast dich politischen, religiösen oder esoterischen Gruppen angeschlossen, die auf solchen oder ähnlichen Weisheiten ihre Lehre aufgebaut haben. Sollte es so sein, so möchte ich dich warnen: Dieses Buch ist Gift für dich. Es wird dich sehr ärgern oder wütend machen. Ich habe dieses Buch nicht geschrieben, um irgendwelche Wahrheiten darzustellen. Im Gegenteil, es ist darauf angelegt, dir deine Wahrheiten zu zerstören, sie dir wegzunehmen. Dir zu zeigen, daß grob gesagt alle Wahrheiten »dummes Zeug« sind.

Dieses Buch ist also nicht auf der Suche nach der Wahrheit, sondern es könnte dir behilflich sein bei der *Suche nach der Lüge*. Nach deiner Lüge. Es geht also auch nicht um irgendwelche Lügen draußen. Es geht um die Lüge in dir. Und auf diesem Weg bedient sich dieses Buch eines Werkzeuges, daß so weit von jeder objektiven Wahrheit entfernt ist, daß es schon wieder interessant ist: der Astrologie.

Diese Behauptung mag dich irritieren, doch sie wird im Verlaufe des gesamten Buches deutlicher werden. Hier am Anfang magst du dich fragen: Wie kann mir ein System etwas über meine Lüge aussagen, das selbst so weit von der Wahrheit (im wissenschaftlichen Sinne) entfernt ist?

Eine erste Antwort: Nur deshalb kann sie das! Nur weil die Astrologie keinen eigenen Wahrheitsanspruch hat, kannst du deine Lüge in dir finden.

Dieser Gedankengang ist nicht so leicht zu verstehen. Ich sage nicht: »Astrologie sagt die Wahrheit«, wie es viele Astrologen tun (»Die Sterne lügen nicht«). Ich sage auch nicht: »Astrologie ist Unsinn«, wie es Hoimar von Dithfurt mit guten Argumenten tut. Ich sage hier (vorläufig): Astrologie hat mit Wahrheit nicht das Geringste zu tun. Sie entzieht sich beiden oben zitierten Denkweisen so total, daß wir sie eben deshalb als System verwenden können. Sie ist weder wahr noch falsch – sie ist etwas ganz anderes, etwas, das außerhalb dieser beiden Sätze liegt und damit entzieht sie sich der wahr/falsch-Polarität (etwa ähnlich wie ein Märchen der Gebrüder Grimm oder der Mythos vom Ödipus sich einer derartigen Fragestellung nicht unterwerfen läßt).

Ja, darin liegt die eigentliche Reichweite der Astrologie. Das macht sie zu einem ganz außergewöhnlichen Instrument, daß ihre Erkenntnismöglichkeiten – jenseits der Logik – im Reich der Symbole liegen.

Inmitten dieses Gedankenganges liegt jedoch ein anderer: Du wirst die Astrologie niemals beweisen können, denn beweisen läßt sich nur etwas, was einen Wahrheitsanspruch in sich trägt. Versuchst du es, so scheiterst du! An diesem Phänomen kranken sehr viele Astrologiebücher. Sie möchten dir Beweise liefern, daß die Astrologie Recht habe, gar, daß sie eine Wissenschaft sei. Das ist absurd; bei jedem Versuch, sich auf dieses dünne Eis zu begeben, bricht der so Argumentierende ein und versinkt.

Sagt die Astrologie die Wahrheit?

Diese Frage ist ebensowenig zu beantworten wie die Frage: Gibt es *Beweise* für ein Leben nach dem Tod (oder vor dem Leben)? Vergiß die Frage! Sie ist sinnlos.

Dieses Buch möchte eine Hilfe sein auf dem Weg, die sinnvollen *Fragen* zu finden. Wohlgemerkt, die Fragen, nicht die Antworten. Antworten kann dir kein Buch geben. Allerhöchstens kann es dir bei deinen Fragen ein wenig helfen.

Ich sehe den tiefen Sinn eines Buches darin, daß es dir die Frage, in die du dich momentan verrannt hast, bei der du steckengeblieben bist, bei der du nicht weiterkommst, einfach wegnimmt, indem es dir die Reichweite dieser Frage plausibel macht.

Welcher Sinn darin liegt, Fragen zu zerstören?

Du bekommst Platz für eine neue Frage.

Und ich hoffe, auch diese neue Frage wird dir irgend jemand irgendwann ebenfalls wegnehmen.

Und so handelt dieses Buch weder von Wahrheiten, noch gibt es dir Antworten. Es ist eine Art Selbsterfahrungs-Seminar und es handelt von dem tiefen Sinn, der darin liegt, Fragen zu stellen. Das letzte, was mir in den Sinn käme, wäre, dich von der Astrologie überzeugen zu wollen. Ich schreibe dieses Buch, weil ich selbst nicht überzeugt bin.

Und: um Worte zu verlieren.

Solange wir das Böse zu überwinden trachten, indem wir es außer uns bekämpfen, fehlt uns noch die Grundvoraussetzung für alle echte Überwindung: die Selbsterkenntnis. Der Mensch müßte erst einmal zu der Einsicht kommen, daß die objektiven Widrigkeiten seines Existenzbereiches niemals etwas anderes sind als die Antworten auf eine Fragwürdigkeit in ihm selbst, nämlich in dem Teil seiner Gesamtperson, dessen eigener Konflikt sich in den Grundsätzen da draußen spiegelt.

ERWIN REISNER, DER DÄMON UND SEIN BILD

I
Im Anfang war das Wort

»Die Welt ist alles, was der Fall ist«, so lautet der erste Satz des berühmten philosophischen Traktates von Ludwig Wittgenstein – und das ist sie in der Tat! Wir leben in einer gefallenen Welt.

Oder anders gesagt, nur, was gefallen ist, darf als zu dieser Welt gehörig angesehen werden. Diese Formel ist zwingend. Du und ich, die wir uns zu dieser Welt rechnen, gehören auch zu dem, »was der Fall ist«.

Und damit hast du gleich am Anfang dieses Buches schon das Problem präsentiert bekommen, aus dem es keinen Ausweg gibt.

Du bist gefallen. Du bist in der Schuld.

Natürlich weiß ich genau, daß du diese Sätze gar nicht so gern hörst. Hast du dich doch erst in den letzten Jahren so mühsam aus der Schuld, die dir fremde Leute (oder waren es deine Eltern?) einreden wollten, herausgearbeitet. Und hast du nicht in einem langen Prozeß begreifen gelernt, wer in dieser Welt alles Schuld hat oder ist? Die, die aus Profitgier die Umwelt zerstören, die, die aus Machtgier oder weil sie zu viel Angst haben, die Welt in einen atomaren Holocaust (ein tolles Wort, es wird gerade populär!) verwandeln wollen. Und natürlich gibt es noch viele, viele mehr, die schuld sind.

Und so ist es ganz natürlich, daß du – ebenso wie ich auch – auf jemanden, der dir deine Schuld zurückgeben will, reagieren wirst, wie auf ein rotes Tuch.

Und doch, wenn du weiterlesen willst, erhältst du – schon hier am Anfang – als allererstes deine Schuld zurück. Die ganze Schuld an allem. Vor allen Dingen an deinem Leiden. An deinen Problemen, an deiner Krankheit, an deinen Symptomen. Dahinter liegt ein Gedanke, den ich dir erläutern möchte: du *mußtest* erst einmal alle Schuld abschieben, du mußtest sie verteilen, sie hinaus in die Welt zerstreuen. Psychologisch gesehen: sie nach draußen projizieren. Das gehört zu deinem Weg ins Licht. Jetzt freilich ist langsam die Zeit gekommen, daß du sie dir wiederholst. Daß du sie zurückbekommst, denn möglicherweise bist du jetzt in der Lage, auf eine so ernste Sache, wie es die Schuld nun einmal ist, nicht mehr so allergisch zu reagieren.

Die Logik, die darin liegt, ist wieder einmal nicht einfach zu verstehen: in den frühen Jahren der Geschichte wurde den Menschen Schuld zugewiesen (Erbsünde) und sie litten daran furchtbar. Dann, in der Zeit der Aufklärung, wurde alle Schuld – in der wissenschaftlichen Weltsicht – abgeschoben (meist rüber zum Feind), doch jetzt, in einem *dritten* Schritt, ist die Zeit gekommen, sie wieder zurückzuholen und sie ernsthaft anzuschauen. Sie zu einem Vehikel der Befreiung zu machen. Ohne das Annehmen der Schuld ist das jedoch ausgeschlossen. Und es ist meine tiefe Überzeugung, daß wir heute dazu in der Lage sind.

Es gibt noch einen zweiten Gedanken: Ohne eine Beschäftigung mit der Schuld ist eine Arbeit auf dem Feld der Astrologie unmöglich. Willst du an dem Phänomen der Schuld nicht rühren – an deiner Schuld –, so wird jede astrologische Arbeit (sowohl als Berater wie auch als Klient) ein sinnloses Unternehmen. Du bist dann gerade an einer anderen Stelle und solltest dieses schwere Thema erst einmal liegenlassen. Wir leben in einer Welt, die sich um nichts gebessert oder geändert hat seit fast 2000 Jahren und die sich auch in den nächsten 2000 Jahren nicht ändern wird.

Warum sich nichts verändert hat? Ganz einfach: weil *du* dich nicht verändert hast.

Es ist eine Welt, die Dante vor 700 Jahren mit folgenden Versen beschrieben hat:

Durch mich geht man zur Stadt der Schmerzen ein;
durch mich geht man hinein zur ewgen Qual
durch mich geht man zu den Verlorenen.
Gerechtigkeit bewegte meinen Schöpfer;
erschaffen hat mich Gottes ewge Allmacht,
die höchste Weisheit und die erste Liebe.
Denn vor mir ward kein einzig Ding erschaffen
als Ewiges, und ewig werd' ich dauern;
ihr, die ihr herkommt, lasset alle Hoffnung.

GÖTTLICHE KOMÖDIE, Inferno 3. Gesang

Du magst einwenden, daß Dante mit diesen Zeilen den Eingang zur Hölle, zur Unterwelt überschrieben hat. Das ist richtig, doch Dante macht hier keine Trennung, er beschreibt gleichermaßen diese Welt und ich möchte dich auffordern, dir diese Sätze noch einmal genauer anzuschauen.

Sie hingen nämlich kurz vor deiner Geburt über dem Eingang zum Geburtskanal.

Du bist hindurchgegangen.

Jetzt bist du da.

Mit all deinen Hoffnungen, Träumen, Illusionen – es möge doch bitteschön nicht so ein, wie das, was du dort gelesen hast.

Doch es ist so, und das erste, was du als Astrologe begriffen haben mußt (es ist auch das erste, was dir als Klient deutlich werden muß), du steckst in einer tiefen Schuld. Sie ist der eigentliche Kern deines Leidens.

Und sie wird um so problematischer, je weniger du davon wissen willst. Sie nimmt ab, je mehr du dich zu ihr bekennst.

Welche Schuld? Woran du schuld bist?

Nun, ich glaube es gibt nur eine Schuld auf dieser Welt und das ist die, daß du überhaupt hier bist. In dieser Welt!

Die Welt ist alles, was der Fall ist.

Aus diesen Sätzen ergibt sich auch mein Selbstverständnis, daß du nicht das erste Mal diesen Weg gehst. Daß du schon viele Versuche unternommen hast, mit Welt umzugehen. Du bist schon tausende Male dagewesen, hast unzählige Gestalten angenommen, unzählige Rollen gespielt in diesem großen Welttheater. Willst du von diesem Gedanken – der heute unter dem Namen »Reinkarnation« bekannt ist – nichts wissen, so wird jede Astrologie haltlos. Sie verliert ihren Bezugsrahmen. Es ist dann nicht mehr einzusehen, wieso du heute »Krebs« bist, d. h. eine Krebs-Schuld abzutragen hast, den Krebs-Weg gehen sollst und nicht den Steinbock-Weg (wie vielleicht dein Partner).

Wenn ich dich in diesem Buch als Astrologe (oder als Klienten eines Astrologen) anrede, so meine ich damit nicht nur jemanden, der sich mit dem großen Gleichnis des gestirnten Himmels beschäftigt, sondern ich wende mich an all jene, die sich berufen fühlen, anderen Menschen etwas zu sagen. Also nicht nur an Lehrer, Ärzte, Psychotherapeuten, Psychologen, Philosophen oder Berater, sondern auch an dich, der du im Alltag mitunter Hilfe durch das Wort bringen willst. Denn das ist es, was die Astrologie und der Astrologe tun: Sie helfen durch das Wort. Mitunter helfen sie sogar zu heilen durch das Wort. Der Astrologe selbst heilt nie. Aber es kann das Wort sein, daß zu heilen hilft. Und dabei ist es noch nicht einmal sein Wort; denn dein Wort kann nicht heilen. Aber *das* Wort kann es.

Und so beschäftigt sich dieses ganze Buch *auch* mit der Frage: Woher kommt das Wort in einer derartigen Situation?

Ich möchte ganz am Anfang beginnen, und so mache ich einen Abstecher weit zurück, in dem Versuch, das zu erfassen, was unser abendländischer Schöpfungsmythos uns in bezug auf das Wort zu erzählen weiß. Ganz am Anfang lesen wir:

Im Anfang schuf Gott den Himmel und die Erde.
Die Erde aber war wüst und leer.
Finsternis lag über dem Abgrund,
und der Geist Gottes schwebte über den Wassern.

Es wird uns in diesen Sätzen nicht gesagt, *wie* dieser Schöpfungsakt zustande kam, in dem eine erste Polarität, ein erster Polbezug (Himmel und Erde) von Gott hergestellt wurde. Was uns hier schon auffallen kann, ist die Tatsache, daß in diesen ersten vier Aussagen der Bibel ein Thema bereits vollständig enthalten ist, was uns später noch beschäftigen wird. Vier Sätze, vier Elemente. Der Schöpfergott schafft in einem aktiven Akt (Feuerelement) zuerst einmal den Himmel (Luftelement) und die Erde (Erdelement) und in diesem Akt entstand gleichermaßen das Wasser (Wasserelement), über dem der Geist Gottes schwebt.

Wem das an den Haaren herbeigezogen erscheint, wer also mit der Gleichsetzung: Gott = aktives, schöpfendes Element = Feuer nicht einverstanden ist und argumentiert, Gott sei ja die Vierheit der Elemente zusammengenommen, der warte einen Moment. Denn schon der nächste Satz läßt keinen Zweifel mehr, daß auch das Feuerelement in diesem Quartett nicht fehlen darf:

Da sprach Gott: »Es werde Licht!«
Und es ward Licht.
Gott sah, daß das Licht gut war,
und Gott schied zwischen dem Licht und der Finsternis.
Gott nannte das Licht Tag,
und die Finsternis nannte er Nacht.
Es ward Abend, und es ward Morgen: erster Tag.

Das Licht (Feuerelement) wird hier noch einmal auf einer zweiten Ebene ganz in den Anfang der Geschichte eingefügt. Die Vierheit der Elementenlehre ist damit in den ersten fünf Sätzen der Bibel gesetzt.

Und wir haben jetzt auch ein Bild dafür, wie dieser Schöpfungsakt zu denken sei. Gott sprach: »Es werde Licht!« Die Worte wurden ausgesprochen, mehr brauchte es nicht. Sie wurden ausgesprochen und jetzt war das, was gesprochen wurde, der Fall. Und auch alles Weitere, was auf dieser Erde der Fall sein sollte (vom ersten bis zum sechsten Tag) wurde gesprochen:

»Es werde ein Firmament...« (2. Tag)
»Es sammle sich... (3. Tag) usw.

Und auch ein Evangelist des Neuen Testamentes, Johannes, der einzige, der noch einmal auf den Schöpfungsakt Bezug nimmt, beginnt seinen Bericht mit den Worten:

Im Anfang war das Wort,
und das Wort war bei Gott,
und Gott war das Wort.

Aber, als sei es ihm besonders wichtig, so, als wolle er verhindern, daß hier etwas übersehen wird, setzt er in einem vierten Satz noch einmal hinzu:

Dieses war im Anfang bei Gott.

Die Frage, die sich nach diesem vierten Satz aufdrängt, ist die: »Ja, wo ist es denn jetzt?«

Wenn es im Anfang bei Gott war, dann ist es jetzt – Zeit ist schon fortgeschritten – nicht mehr da. Sondern woanders. Wo? Niemand weiß das so recht zu sagen.

Johannes sagt es – etwas versteckt – mit dem gleichen Wort, das auch schon im dritten Satz des Alten Testamentes (»Finsternis lag über dem Abgrund«) auftaucht, er sagt:

Alles ist durch es (das Wort) geworden,
und ohne es (das Wort) ist nichts geworden.
Was geworden ist (durch das Wort) – in ihm war das Leben. (Im Wort war das Leben)
Und im Leben (das durch das Wort geworden ist) war das Licht der Menschen.
Und das Licht (das im Leben ist, das durch das Wort geworden war) scheint in der Finsternis,
und die Finsternis hat es nicht ergriffen.

Das Licht ist in der Finsternis, das Leben ist in der Finsternis, das Wort ist in der Finsternis.

Aber: Die Finsternis hat es nicht ergriffen. Vielleicht ist damit gemeint, zwar ist es in der Finsternis, aber es ist nicht aufgegangen in der Finsternis? Es liegt nach wie vor dort, hat sich nicht vermischt, nicht mit der Finsternis vereint? Die Finsternis hat es nicht besiegt?

Dieses ist ein Astrologiebuch und möglicherweise fragst du dich schon längere Zeit, was diese alten Sätze sollen.

Du weißt schon, daß wir im Bereich der Astrologie keine Beweise suchen sollten, weil wir keine finden, wir finden keine Logik, keine Kausalität und ich denke, das einzige, was helfen kann, ist die Welt der Bilder – der Symbole, der Sinnbilder. Dabei ist es nicht notwendig, an die Bibel zu glauben, sondern du solltest innerlich prüfen: machen diese Bilder für dich Sinn. Wenn nicht, dann habe ich dir ein schlechtes Bild gegeben, eines, mit dem du nichts anfangen kannst.

Die Bibel ist ein Buch der inneren Bilder, weder wahr noch falsch; entstehen sie, ist die Bibel für dich sinnvoll, entstehen sie nicht, nimm ein anderes Buch. Wenn bei »Das Kapital« in dir mehr Bilder aufsteigen, so verwendest du eben das. Aber glaube nicht, deshalb sei das »Kapital« wahr. Es zeigt dir in seinen Bildern (die in dir aufsteigen) ganz ebenso, wo du stehst.

Zurück zum Wort.

Das Bild, das nach diesen Bibelsätzen in mir aufgestiegen ist, sieht so aus:

das Wort, das ursprünglich bei Gott war, (und weil ich nicht weiß, was Gott ist – ich bekomme hier kein Bild, oder nur ein sehr kindliches – möchte ich lieber sagen)

das Wort, das ursprünglich (im Anfang) hell, licht und klar war, ist untergetaucht. Es ist im Exil. Nicht mehr in seiner Heimat. Ausgewandert. Indem es gesprochen wurde, kam es zu Fall. Es fiel hernieder. Stürzte gleichsam aus der Höhe in die Tiefe. Im Anfang, also als es noch oben war, war es noch »Wort«. Nach seinem Fall ist aus dem Wort etwas geworden. Was? Welt! Die Welt ist alles, was der Fall ist.

Was aber ist mit dem Wort geschehen? Wieder kann ich mich dieser Frage nur in einem Bild nähern: das Wort hat dabei seinen Charakter verändert. Es ist anders geworden. Was ehedem ein Laut, ein Ton, eine Melodie war, ist jetzt etwas Festes geworden, es ist erstarrt, ist ein Gegenstand, eine Pflanze geworden, ein Tier oder ein Mensch. Aber der Ton des Wortes, oder wie ich in Zukunft sagen werde, der »Name« des Wortes, ist dabei abhanden gekommen.

Stell dir vor, du bist ein Maler, und eines Tages geht dir eine Melodie im Kopf herum, wieder und wieder, fesselt dich, läßt dich nicht mehr los. Du summst sie, würdest sie gern auf dem Klavier spielen, aber du hast weder ein Klavier, noch kannst du spielen, du bist ja Maler.

Und so entschließt du dich, die Melodie zu malen; du bringst sie aus deinem Inneren auf die Leinwand – es wird ein Bild daraus. Ist das Bild fertig, hat dich die Melodie verlassen, sie liegt (!) jetzt in einer veränderten, verwandelten Form vor dir. Indem sie die Ebene gewechselt hat, ist sie materiell, fest, anschaubar geworden. Du hast jetzt ein Bild, doch die Kraft der Melodie hat dich verlassen.

So etwa geht der »Name« des Wortes »in dir« verloren. Du bist jetzt »bild« geworden, fest, statisch, anschaubar. Aber dein Name fehlt dir.

Während des Sturzes nach unten: von der Idee in die Form, von der Melodie zum Bild, vom Wort zum Menschen ging dir *dein* Name verloren.

Die einzige Erinnerung, die bleibt, wenn auch vage, ist die des Sturzes. Denn hier, wo du jetzt bist, ist alles so ganz anders und du erinnerst dich daran, »daß es einmal schöner war.«

Hier bist du jetzt ein fleischgewordener Name im Namenlosen. Und so frage dich, was machst du jetzt auf dieser Ebene als *erstes?*

Fragen wir wieder den Mythos. (Jeder Mythos trägt in sich die Kraft, uns bei der Suche nach den Fragen zu helfen. Die Bilder des Mythos wissen, wonach wir suchen.)

Was also ist die *erste* aktive Tat des Menschen, also das erste, das er *tut?*

Jahwe Gott bildete noch aus dem Erdboden alle Tiere des Feldes und alle Vögel des Himmels, und er führte sie zum Menschen, um zu sehen, wie er sie benennen würde: so wie der Mensch sie benennen würde, sollte ihr Name sein. Da gab der Mensch allem Vieh und den Vögeln des Himmels und allem Wild des Feldes Namen.

Natürlich konnte es gar nicht anders sein. Um nicht im namenlosen Elend, im Elend der eigenen Namenlosigkeit, immer wieder an den »Sturz« gemahnt zu werden, kommt es zu dem Versuch, die Lücken zu schließen. Jetzt erhalten die Dinge, die uns vorliegen von uns einen Namen. Gleichsam um die eigene Wunde zu schließen. So, wie ein kleines Kind, dem wir den Pudding entziehen, hingeht und seine Puppe mit extra viel Pudding füttert. Doch ebensowenig wie es sich bei dem Füttern der Puppe jetzt um den richtigen Pudding handelt (an dessen Verlust leidet das Kind ja gerade – er steht nicht zur Verfügung), so handelt es sich bei den Namen, die der Mensch jetzt den Dingen beilegt (!) nicht um die ursprünglichen Namen. Die neuen Namen sind Kunstprodukte.

Allerdings tragen sie die *Idee des »Puddings«* tief in sich. Die Namen, die jetzt entstehen, sind zweierlei in einem: sie sind Rettungsversuch, um aus einer als unerträglich empfundenen Situation zu entkommen und sie sind Erinnerungsspuren an die Idee des einstigen Wortes. Eine Spur im Schnee. Wir wissen nicht, wer sie hinterlassen hat, aber möglicherweise können wir aus ihrer Form etwas ableiten.

Hier jetzt befinden wir uns bereits auf einer zweiten Ebene – analog den zwei Schöpfungsberichten in der Bibel. Der erste Schöpfungsbericht handelt und erzählt von der Schaffung der Idee, der zweite von dem, was die ins Fleisch gefallene Idee tut (bzw. was ihr widerfährt). Die Ebenen steigen hinab! Der Mensch belegt die Gegenstände der Welt mit Namen und diese Namen sind nie ganz willkürlich, sie sind nie nur Kunstprodukt, sie sind gleichsam zweifach definiert: von zwei Seiten her schießt etwas in sie ein. Von der objektiven Seite der Idee her (nennen wir sie Gott) und von der subjektiven Befindlichkeit dessen, der – um der Not zu entkommen – etwas tut.

Treiben wir, um auch dieses Bild zu illustrieren, unser Pudding-Beispiel in die Idiotie. Denken wir uns aus, das kleine Kind, dem der Pudding versagt wurde, nimmt jetzt zum Füttern seiner Puppe Puder (denn etwas anderes hat es in seinem Zimmer nicht zur Verfügung) und es bekommt jetzt von uns nie wieder Pudding (der Pudding ist also jetzt im »Sturz«), so ist es naheliegend, daß das Wort PUdding und das Kunstprodukt PUder ineinander aufgehen, und nur die Silbe PU in dem Wort PUder (und der PUppe) enthält noch die Erinnerung an das, was ursprünglich gemeint war. Was am Anfang war. Wen würde es da wundern zu hören, daß dieses Kind später als erwachsene Frau immer eine Spur zu stark ge*pu*dert ist und eines Tages beginnt, *Pu*ppen zu sammeln?

Nun, sie ist nicht nur eine Spur zu stark gepudert, sondern der Puder ist auch eine S*pu*r. Eine Spur, die zum Pudding führt – führen soll. Pudding im Abgrund. Pudding in der Finsternis.

Worte!

Mit dem Namen, den er zu geben weiß, legt der Mensch im großen Augenblick der ersten Benennung etwas von seinem eigenen Wesen, von seiner Seele, in jenes Fremde, daß ihm unheimlich und unfaßbar erscheint, solange es keinen Namen hat. Denn alles Namenlose ist ein Geheimnis: unnahbar und bedrohlich.

So sagt Robert Müller-Sternberg in »Die Dämonen«, und das ist ein sehr tiefer Gedanke, denn sein Kern liegt darin, daß jetzt ein Stück aus meiner eigenen Seele zum Namen des außer mir liegenden Gegenstandes wird. Das ist keinesfalls nur jener Anteil, der mir bewußt ist, denn auf dieser frühen Ebene verfüge ich noch nicht über Bewußt-Sein. Ich bin ja hier analog einem ganz kleinen Kind, das die Silben Ma-Ma nach außen legt, weil ich sie von dem so Benannten entgegengetragen bekam. Außerdem ist die Namengebung niemals *nur* ein bewußter Akt, obwohl wir uns das gerne einbilden.

Und so tragen wir unseren verborgenen Teil, gleichsam »den Sturz« noch einmal in die Welt hinein, indem wir die Welt auch nach ihm benennen.

Vielleicht wartest du immer noch darauf, wann denn jetzt die Astrologie auftaucht, die ich dir im Titel dieses Buches versprochen habe. Nun, wir sind längst in ihr. Astrologie handelt von dem, was gefallen ist. Und nur von dem. Sie handelt von dem, was du verloren hast, von deinem Namen und natürlich davon, wie du ihn suchen kannst. Aber um diesen Zusammenhang tiefer zu verstehen, als ihn dir die herkömmlichen Astrologiebücher beschreiben, mußt du eine Ahnung (ein Bild) bekommen von der dahinterliegenden Idee. Sonst gerätst du leicht in die Abhängigkeit von Behauptungen, daß es die Planeten seien, die irgend etwas bewirken. Und es ist mir sehr wichtig, hier in diesem ersten Kapitel den Samen zu legen dafür, daß es wohl ganz anders ist. Es ist ein gravierender Unterschied, ob du dein Gegenüber in einer astrologischen Beratung (oder wo auch sonst) siehst als jemanden, bei dem ein Planet »ungünstig« steht, oder ob du einen Menschen siehst, in seinem Ringen seinen verlorenen Namen wiederzugewinnen, indem du ihm etwas über seinen Namen erzählst und über deinen, der dir ebenfalls abhanden gekommen ist. Und so müssen wir noch einmal zurück auf unsere Spielwiese der Phantasie und den Faden dort aufgreifen, wo er liegengeblieben ist.

All das, was ich bisher beschrieben habe, geschah noch vor dem, was man theologisch »den Sündenfall« nennt. Der Apfel ist noch gar nicht im Spiel. Zwar bist du schon gestürzt, aber du bist noch nicht in der Schuld.

Es mag sein, daß du jetzt einen Widerspruch entdeckst zu dem, was ich am Anfang gesagt habe. Deine eigentliche Schuld bestehe darin, daß du überhaupt hier bist.

Jetzt sage ich: Der Sturz allein ist nicht die Schuld. Beides stimmt. Es kommt auf die Ebene an, von der aus du dich anschaust. Schaust du von ganz am Anfang (nach dem Sturz) so trifft dich keine Schuld. Du bist so unschuldig wie ein neugeborenes Kind. (Und das ist wahrlich kein gutes Bild, denn ein neugeborenes Kind ist alles andere als unschuldig – was sollte es dann sonst hier?) Schaust du jedoch von hier zum Anfang, so ist deine Schuld die, noch hier zu sein.

Worte.

Wo fängt deine Schuld an?

Nicht etwa an der Stelle, an der du aus dem Wort »gefallen« bist, auch nicht an der Stelle, an der du »Namen« gibst. Schuld beginnt an jenem Punkt, an dem du die Namen, die du gegeben hast, mit einem Urteil belegst. An dem du sagst: Das ist *gut,* jenes ist *schlecht.*

Du, das Subjekt, belegst das dir entgegentretende Objekt (Welt) mit einem Prädikat, das ein Werturteil ist. »Peter *liebt* Mama«. »Peter *haßt* Papa«.

Bei diesen beiden Sätzen beginnt jener frühe Polaritäts-Abgrund (genannt Ödipus) an dem die Arbeit des Psychoanalytikers einsetzt. Damit will ich sagen, daß die Wirksamkeit der Psychoanalyse ebenfalls darin liegt, daß sie Polarität zu heilen versucht. Ihre Arbeit besteht darin, dich mit deinen Eltern (als zwei Teile von dir und in dir, die in die Sünde gefallen sind) wieder zu versöhnen, wieder zu vereinigen. Aus ihrem Dasein (in dir) das Urteil rauszunehmen.

An dieser Stelle beginnt die »Sünde«, denn »Sünde« kommt erst einmal von »Absonderung«!

Natürlich finden wir diesen Sachverhalt als jene große Nahtstelle, an der sich die Geister schieden, auch im Mythos. Es gibt das wunderschöne Bild des Baumes der Erkenntnis des Guten und des Bösen, von dem unter keinen Umständen gegessen werden darf! Doch es ist bekannt, daß nur das Verbot uns wahrlich reizt, und so nimmt Geschichte ihren Lauf.

Natürlich hat auch der Mensch ein Vorbild für diesen Akt der Unterscheidung, denn der Mythos erzählt uns ja gleich in seinem ersten Satz, daß auch der Gott sich dieses Mittels der Unterscheidung bedient hat, als die Schöpfung begann:

Im Anfang schuf Gott den Himmel und die Erde. Nur hatte Er damit noch kein Werturteil im Sinn. Er hat ja nicht gesagt: Die Erde sei schlecht und der Himmel gut. Auf der zweiten Ebene, wo jetzt du stehst, ist freilich bereits alles unterschieden. Tag und Nacht, warm und kalt, hell und dunkel. Da gibt es nichts mehr zu tun. Nur eines noch blieb übrig: wir wurden erkennend *und* wertend.

Vorher: Beide waren nackt, der Mensch und sein Weib.
Aber sie schämten sich nicht voreinander.

Nachher: Nun gingen beiden die Augen auf,
und sie erkannten, daß sie nackt waren.
Deshalb flochten sie Feigenblätter zusammen und machten sich Schurze.

Jetzt ist die Scham im Spiel als Ausdruck der Schuld.

Da fürchtete ich mich, weil ich nackt bin, und verbarg mich.

Das erste also, was wir erkannten, war unsere Nacktheit. Doch in diesem Erkennen lag noch keine Schuld, sie begann erst in dem Gefühl, nackend zu sein sei etwas Schlechtes. Man müßte Nacktheit *verbergen*.

An dieser Stelle tritt Schuld auf, wir mußten etwas *absondern* (»Sünde«): nämlich unsere Nacktheit. Wir mußten sie verstecken. Und dieses Spiel spielen wir seit jenen Tagen ununterbrochen. Wir sondern ab. Alle Teile von uns, die wir wertend als negativ begreifen, sondern wir ab. Nicht nur, daß wir diese Teile verstekken, wir schieben sie nach außen. Geben unsere Absonderung (unsere Schuld) an die Außenwelt ab und sagen dazu, diese Teile der Welt seien schlecht. (Und dann wundern wir uns, daß in der Welt so viel Schlechtigkeit ist.)

Die Schlechtigkeit der Welt, die aus nichts anderem besteht, als den von uns nach außen projizierten Anteilen, die wir *in uns* nicht haben wollen, hat längst begonnen, weltweit ihr eigenes Leben zu leben. Damit du eine Ahnung davon bekommst, wieviel Schlechtes wir Menschen abgespalten haben, brauchst du nur einen Blick in die Arsenale unserer Armeen zu werfen. Du weißt, daß eine Atombombe aus gebündelter Energie besteht nach der Formel $E = mc^2$. Dieses E ist reine Energie des Bösen, das alle Menschen gemeinsam (also auch du und ich) in diese kleinen runden Stahlbehälter gepackt haben.

»Ich, an der Atombombe mitgearbeitet, nie!« Richtig, du bist noch viel schlimmer dran, du läßt andere für dich arbeiten und kannst deine Hände in Unschuld waschen. Ja, du kannst sogar noch die verurteilen, die für dich die Dreckarbeit machen. Merkst du, was ich meine, wenn ich sage: du kriegst die Schuld an allem, die ganze Schuld zurück! Und jetzt beginnen wir sogar noch, diese kleinen Stahlbehälter, die *unsere Schuld* enthalten, für böse zu erklären und zu bekämpfen. Also sondern wir noch einmal Böses ab, und das muß wieder irgendwo hin, also werden neue Bomben gebaut.

Was wir tun können: *uns unsere Schuld zurückzuholen*. Sie fehlt dann in den kleinen runden Behältern.

Und auch diesen Akt des Nach-Außen-Schiebens hat der Mythos uns an exponierter Stelle dargelegt:

Gott fragt den Menschen: Was hast *du* getan?

Der Mensch antwortet: Nicht ich war es, mein Weib hat mich verführt!
Damit war die Schuld draußen, jemand anders hatte sie.

Gott fragt das Weib: Was hast du getan?

Das Weib antwortet: Nicht ich war es, die Schlange hat mich verführt!
Wieder war die Schuld draußen, jemand anders hatte sie.

Und wo ist die Schuld jetzt? Deine Schuld? Nun, ganz einfach: *die Schlange hat sie*. Die Schlange hat deine Schuld. Heute noch! Mag sein, das klingt für deine Ohren bizarr. Und dennoch ist es so. Und solange die Schlange die Schuld hat, *bist du in der Sünde*.

Weil dieser Gedanke der Dreh- und Angelpunkt eines jeden Schuldthemas und ebenso – in der Aufhebung – eines jeden Heilungsprozesses (also auch eines jeden Therapieverlaufes) ist, möchte ich den geschilderten ersten Projektions-Vor*fall* in einer alten religiösen Abbildung hier für sich selbst sprechen lassen.

Wir sehen: Gott fragt Adam, Adam beschuldigt Eva, Eva die Schlange!

Die Schlange war listiger als alle Tiere des Feldes, die Jahwe Gott gemacht hatte.

Nun, sie war nicht nur listiger, sie war auch die klügste unter allen Tieren: *denn sie hat die Schuld behalten*.
Sie ging nicht hin und beschwerte sich, sie schob die Schuld auf niemanden. Sie trägt sie noch heute. Und sie spielt ohne Zweifel die herausragende Rolle in der Weltgeschichte der Sünde. Von allen Tieren, die in der Schöpfungsgeschichte vorkommen, ist sie *herausgehoben*. Alle anderen werden nur kurz beim Namen genannt und das war es dann. Sie aber ist die, die die Geschichte ins Rollen bringt. Und von allen Tieren ist sie auch dasjenige, das am tiefsten herabgestoßen wurde:

Die Abbildung zeigt einen Ausschnitt aus der Bronzetür des Domes St. Michael zu Hildesheim; aus Erwin Reisner, »Die Geschichte des Kreuzes und das deutsche Schicksal«, München 1934

Nun sprach Jahwe Gott zur Schlange: »Weil du das getan hast, verflucht seist du unter allem Vieh und unter allen Tieren des Feldes.
Auf deinem *Bauch sollst du kriechen* und Staub fressen alle Tage deines Lebens.
Feindschaft will ich setzen zwischen dir und dem Weibe,
zwischen deinem Sproß und ihrem Sproß.
Er wird dir den Kopf zermalmen,
und du wirst ihn an der Ferse treffen.

Harte Worte, Polare Worte: Feindschaft, Tod. Und: Ein Fluch lastet auf ihr.

Aber: Sie bleibt, wo sie ist. Im Paradies, im Garten Eden. Sie muß nicht raus. Der Mensch muß den Garten verlassen. Die Schlange bleibt, sie wird nicht verstoßen. Warum nicht?

Sie ist nicht in der Sünde. Nicht in der Absonderung. Deshalb darf sie bleiben. Und weil sie eine ganz wichtige Aufgabe bekommen hat.

Sie ist nämlich die Kontaktstelle, die einzige Instanz, die eine Verbindung zum Menschen hat. Sie ist die Brücke, die bestehen geblieben ist, nachdem der Mensch das Reich der Ewigkeit verlassen mußte. Der Garten Eden ist weiterhin da, aber vor seiner Pforte steht der Engel mit dem Flammenschwert. Er bewacht die Eingangstür. An ihm kommst du nicht vorbei. Es sei denn über die Schlange. Sie ist der Verbündete, den du drüben hast. Sie hat dich verdorben – aber du auch sie. Deinetwegen lastet ein Fluch auf ihr. Und jetzt wartet sie drüben – ganz ebenso wie du hier –, daß ihr euch beide wieder trefft und das, was geschehen ist, wieder heilt. Ein großer deutscher Esoteriker hat ein Buch geschrieben, dessen Titel dir bereits signalisieren kann, worum es geht. »Die Erhöhung der Schlange«. Denn auch die Schlange ist gefallen. Der Herr sprach nämlich zu ihr:

Auf deinem Bauche sollst du kriechen.
und Staub fressen alle Tage.

Da fragt man sich: Was hat sie denn vorher gemacht, die Schlange? War sie vorher etwas anderes, ein Wesen, das nicht auf dem Bauch kroch? Der Mythos sagt darüber nichts. Er will dem Menschen nicht jede Frage beantworten – ein bißchen muß der Mensch schon selbst tun. Die Bibel sagt nur »Schlange«, und wir, die wir ja Schlangen zu kennen glauben, gehen davon aus, sie sehe aus, wie Schlangen eben aussehen. Aber das ergibt keinen Sinn, denn zu dem, was wir kennen, wurde sie ja erst durch unsere Schuld. Was war sie vorher.

Ich weiß es nicht. Es spielt auch keine große Rolle. Du wirst dieses Tier sehen, nachdem du es erlöst hast – d. h. wenn du deine Schuld zurückgeholt hast.

Wir müssen uns noch ein wenig auf das Thema der Schlange einlassen. Ich versage mir, auf das Bild der Schlange in anderen Kulturen einzugehen; da sie einen universalen Zusammenhang ausdrückt, gibt es ihr Bild natürlich auch in den Kulturen, in denen der christliche Mythos nicht bekannt war. In jedem Fall hat sie auch hier mit *Heilung* zu tun. Erinnert sei nur an den griechischen Heilgott Asklepios, der immer mit einem Stab dargestellt wird, um den herum sich eine Schlange nach oben windet (und dessen Bild wir noch heute auf der Windschutzscheibe eines jeden Arzt-Autos finden). Erinnert sei an den Schlangenstab des Hermes (Caduceus), an dem sich zwei Schlangen nach oben zum Knauf hin schlängeln. Erinnert sei auch an die Kundalini, die Schlangenenergie der indischen Yogis, die sich im menschlichen Leib nach oben bewegt und auf diese Weise die einzelnen Energiezentren (Chakren) belebt. Wir wollen im christlichen Mythos bleiben, denn natürlich wird auch hier das Prinzip der Heilung in einer sehr deutlichen Weise in einen Bezug zur Schlange gebracht. Schauen wir uns folgendes Bild an (4. Buch Moses, 21,4):

Das Volk aber wurde der Wanderung überdrüssig.
Das Volk redete gegen Gott und Mose:
»Warum habt ihr uns aus Ägypten herausgeführt,
daß wir in der Wüste sterben?
Denn kein Brot ist da, kein Wasser.
Dieses minderwertige Brot widert uns an!«
Da ließ Jahwe die Feuerschlangen gegen das Volk los,
die bissen das Volk, so daß viele Leute aus Israel starben.
Daraufhin kam das Volk zu Mose,
und sie sprachen:
»*Wir haben gesündigt,* daß wir gegen Jahwe und dich redeten.
Lege Fürsprache bei Jahwe ein,
daß er die Schlangen von uns wende!«
Mose legte dann Fürsprache für das Volk ein.
Und Jahwe antwortete Mose:
»Fertige dir eine Feuerschlange an
und *befestige sie an einer Stange!*
Jeder aber, der gebissen ist und sie *anschaut,*
soll am Leben bleiben.«
Mose verfertigte also eine eherne Schlange
und brachte sie an einer Stange an.
Wenn nun die Schlange einen gebissen hatte und
dieser dann auf die eherne Schlange *hinblickte,*
so blieb er am Leben.

Eine merkwürdige Heilanordnung, doch nach dem, was wir bereits wissen, macht sie für uns Sinn. Unabhängig davon, daß wir jetzt bereits auf einer dritten Ebene sind, gilt immer noch die gleiche Dynamik. Die Israeliten fielen in die Sünde, indem sie *ihren Teil* Gott und Mose in die Schuhe schoben. Gott schickte jetzt den, der gewohnt war, Schuld zu übernehmen, schuldig zu werden. Die Schlange kam und sie biß. Sie nahm die Schuld auf sich. Jetzt erkannten die Israeliten, was sie getan hatten: Sie kamen zu Mose und sagten: *Wir* haben gesündigt! Sie bekannten sich zu *ihrer* Schuld. Und sie baten um Hilfe.

Und natürlich war der einzig notwendige Schritt jetzt der, die Schlange von der Schuld zu befreien. Die Schuld von der Schlange zu nehmen. So gab Gott Mose die Anweisung: Baue eine Schlange und *erhöhe* sie (befestige sie an einer Stange), so daß jeder der gebissen war, sie anschauen kann. Um mehr geht es nicht: »Schaue die Schlange an!«, ist der Heil-Hinweis. Schaue *deine* Schuld an. Den Teil *von dir,* den du an die Schlange abgegeben hast. Hole ihn dir wieder. Das ist die »Erhöhung der Schlange«, denn damit war in gleicher Weise *diese Schlange* (diese Schuld) erlöst. Doch die Schuld als gesamtmenschliches Phänomen blieb bei der Schlange, Schuld wurde nur für diese eine Sünde getilgt. So verging die Zeit und einige hundert Jahre später finden wir – wieder bei Johannes, der uns schon über das »Wort« Aufschluß geben konnte – im Neuen Testament eine Stelle, die sich noch einmal zurückbeugt zu jener alten Geschichte.
Jesus spricht zu Nikodemus:

Wenn ich von den irdischen Dingen zu euch geredet habe
und ihr glaubt nicht,
wie werdet ihr glauben,
wenn ich von den himmlischen Dingen zu euch rede.
Und doch ist niemand in den Himmel hinaufgestiegen,
außer dem, der vom Himmel herabgestiegen ist,
der Menschensohn, der im Himmel ist.
Und wie Mose die Schlange in der Wüste erhöht hat,
so muß der Menschensohn erhöht werden,
damit jeder, der glaubt, durch ihn ewiges Leben habe.

Jetzt auf einmal muß nicht mehr die Schlange erhöht werden, sondern der Menschensohn? Auf diesen Zusammenhang waren wir nicht gefaßt. Hier, auf dieser Ebene, können wir es auch noch nicht begreifen. Das, was gemeint war, geschieht auch erst eine ganze Zeit später. Es tritt ein Mensch auf, der, wie der Mythos uns berichtet, sich angeschickt hat, alle Schuld auf sich zu nehmen.

Freiwillig. Alle Schuld aller Menschen. Und der darin, gleich der Schlange, erhöht wird.

Einige Tage vor der Erhöhung spricht Jesus selbst – wieder ist es Johannes, der diese Worte überliefert – folgendes:

Jetzt ist das Gericht über diese Welt.
Jetzt wird der Fürst dieser Welt hinabgeworfen werden.
Und ich werde, wenn ich von der Erde erhöht bin,
alle an mich ziehen.

Und Johannes fügt hinzu:

Das aber sagt er, um anzudeuten,
welchen Todes er sterben werde.

Doch diese Worte bezogen sich nicht nur auf die Todesart: Kreuzigung. Also hoch in der Luft zu hängen wie die Schlange des Moses. Jedes Kind heute weiß, was die Tat des Jesus war: die Menschen von ihrer Schuld zu erlösen, indem er sich mit aller Schuld der Welt erhöhen ließ.

Ich weiß, daß es kaum geht, aber stellen wir uns folgendes Bild vor: Als Jesus ans Kreuz genagelt wurde, da sammelte sich alle Schuld der Welt über Golgota. Finsternis kam über das ganze Land, weil die Sonne ihren Schein verlor. Und die Welt wartete darauf, daß das passierte, deretwegen die Schuld herbeigerufen wurde. Und dann geschah der Augenblick, da zog Jesus diese Schuld an sich und es gab einen Moment in dieser Welt, da war alle Schuld brennpunkthaft zusammengebündelt und ging durch das Bewußtsein dieses einen Menschen hindurch. Er nahm alle Schuld in sich auf, sie zog durch ihn hindurch. Ein gigantisches Kamel ging durch ein Nadelöhr. In diesem Bruchteil einer Sekunde war die Welt leergefegt von Schuld.

Und dieser Akt geschah freiwillig! So etwas kann nur freiwillig geschehen, nur ein ohnehin schon titanisches Bewußtsein bringt so etwas fertig, ein Bewußtsein, daß bereits so groß ist, daß es derartiges (er)tragen kann. Und doch ist es so, daß just in dieser Minute die Worte fallen:

»Mein Gott, mein Gott, warum hast du mich verlassen.«

Jetzt reißt der Vorhang im Tempel, der für gewöhnlich ein Geheimnis im Inneren des Tempels, d. h. im Inneren der Welt verbarg. Das Heils-Geheimnis wird offenbar und damit wird eine neue Zeit geboren.

Hätte dieses Ereignis nicht stattgefunden, wir wären buchstäblich nicht in der Zeit (1986), nach der wir heute Zeit berechnen. Die oben ausgesprochenen Worte markieren die Geburtswehen einer neuen Zeit, einer Zeit, *in der die Schuld nicht mehr die ist, die sie einmal war.* Schuld hat eine neue Form angenommen. Sie ist damit nicht weniger geworden, sie ist anders geworden. Denn hier hat sich ein Vorgang ereignet, der zum Modell wird für das Annehmen von Schuld schlechthin. Alle Schuld der Welt ist ja jetzt bereits durch ein Bewußtsein hindurchgegangen und von einem Bewußtsein aufgenommen worden. Wir können vielleicht ermessen, welcher (Bewußtseins-)Erweiterungsvorgang damit verbunden war und welcher Schmerz.

»Mein Gott, mein Gott, warum hast du mich verlassen!«

Geburtsschmerz und Erweiterungsschmerz in einem. Nachdem das Kind durchgetreten ist, ist es vollbracht. Der Schmerz läßt nach:

»Vater, in deine Hände empfehle ich meinen Geist.«
Nach diesem Wort verschied er.

Jesus starb. Der Christos war geboren.

Nach diesem letzten Ruck strömte die Schuld wieder hinaus in die Welt. Aber sie ist deshalb eine andere geworden, weil sie jetzt bereits einmal durch ein Bewußtsein hindurchgegangen war. Das Kamel nahm die Form des Nadelöhrs an und damit ist Schuld der Heilung zugänglich geworden. Hätte nicht einer, ein bereits Auserwählter, diese Aufgabe durchgeführt, so wäre die Schuld bis heute nicht handhabbar geworden. Und so ist Jesus der *Heiland* geworden. Er brachte die Schuld der Welt in eine Form, daß seitdem ein Heilsgeschehen stattfinden kann. Er transmutierte Schuld. Und zwar *alle* Schuld.

Seit dieser Zeit können auch wir Schuld, unsere Schuld, aufnehmen, zurücknehmen, zurückholen. Doch der Vorgang ist der gleiche. Wie Angelus Silesius es sagt:

Das Kreuz zu Golgatha kann dich nicht von dem Bösen,
Wo es nicht auch in dir wird aufgerich't, erlösen.

Heilung, so können wir nach diesem Gedankengang zusammenfassen, liegt immer im Sohn. *Die Heilung liegt immer im Sohn.* Erst im Bewußtseinszustand des Sohnes ist Heilung möglich. Natürlich ist der »Sohn« hier keine reale Person, sondern das Produkt eines Umkehrungsprozesses und eines Leidensprozesses.
Verlassen wir jetzt die Ebene des Mythos endgültig und versuchen wir einen Moment lang, das in Bildern Gesagte in Begriffe und

Geschichten zu übersetzen, die auch für uns Heutige verständlich sein können.

Es gibt drei Ebenen, die für die praktische Arbeit eines Menschen, der sich »im Wort« zu bewegen versucht, genau unterschieden werden müssen. Diese drei Stufen finden sich sowohl auf der historischen Ebene der Weltgeschichte wie auf der subjektiven Ebene des Lebenslaufes wie im Prozeß der Heilung.

Die erste Ebene, das erste Plateau, auf dem du dich befindest, ist die Ebene deiner Schuld. Du bist schuldig. Damit beginnst du. Nennen wir diese Ebene A. Und ich möchte dich darauf hinweisen, noch mal, daß mein Begriff der Schuld nichts damit zu tun hat, daß du eine Regel (oder ein Gebot) gebrochen hast, die (das) irgend jemand aufgestellt hat. Du bist schuldig geworden einzig und allein daran, daß du einen Teil von dir abgespalten und ihn nach draußen in die Welt gesetzt hast. Du bist nicht mehr komplett. Du hast etwas *von dir* versteckt, vergraben, getarnt, weggeprügelt, ausgemerzt. Einen Teil von dir. Jetzt fehlt er dir. Das ist die ganze Schuld, die es gibt, mehr an Schuld hat es nie gegeben, doch sie ist tragisch genug. Und alles, was du in der Folgezeit getan hast, tun mußtest, ist nichts anderes, als immer wieder die Erinnerung an diesen Teil, der dir fehlt, wachzuhalten. Es ist die *Absonderung,* die dir zu schaffen macht. Nur das heißt Sünde. Diese Sünde hast du begangen, du hast dich zu einem Teil von dir nicht mehr bekannt. Jetzt lebst du nicht mehr im Paradies. Schon lange nicht mehr. Denn Paradies heißt: Einigung mit dir, da bist du mit dir eins. Jetzt bist du gespalten. Du bist zu zweit. Ver-Zwei-felt. Einen Teil lebst du, den anderen hast du nach außen entlassen. Aber er ist damit nicht etwa verschwunden, er ist nur aus dir eliminiert. Jetzt tritt er dir von außen entgegen – als dein Schatten. Dein verlorener Bruder. Deine andere Schwester. Dein Haß, deine Wut. Oder er tritt dir ent-äußert entgegen: als deine Depression, deine Diabetes, dein Krebs.

Es ist dieser Teil, der jetzt begonnen hat, ein Eigenleben zu führen. Es ist ebenso dein verlorener Name, der im gespenstischen Dunkel des Namenlosen als Kobold um sein Feuer tanzt und die Zeilen singt: »Ach wie gut, daß niemand weiß, daß ich Rumpelstilzchen heiß!«

Es ist ebenso deine Kindheit, denn der Prozeß der Abspaltung fand in den ersten 14 Jahren deines Lebens statt. Oder sagen wir besser: Die *Wiederkehr* der Abspaltung fand hier noch einmal statt. *Denn solange du in der Schuld bist, hast du zwangsläufig immer wieder die gleiche Kindheit.* Deine Eltern sind diejenigen, deren Aufgabe es ist, diese Schuld in dir lebendig zu halten. Wie sie das tun? In einem Prozeß, den man landläufig Erziehung nennt. Sieh es mal als Bild: Jedes Elternteil hat dir einen Strick um die Hand (oder den Hals) gelegt und jeder von beiden zieht dich in eine Richtung. So lange, bis du aus dem Kräfteparallelogramm ihres gemeinsamen Ziehens mit der Nase in deinem Haufen ›SCHeiße‹ landest – denn so siehst du erst einmal deine SCHuld. Und du sagst dann dazu: »SCHeiß-eltern«. Nun, schon an dem Wort kannst du es erkennen: sie taten genau das Richtige. Sie brachten dich dahin, wohin du mußtest. Mit vereinten Kräften. Und natürlich: da wolltest *du* nicht hin.

Und doch ist es so. Man sucht sich seine Eltern selbst aus, damit die Gewähr besteht, daß man in jedem Fall in der richtigen Schuld landet. Siehst du es einmal so, dann wird dir klar, daß es deine Entscheidung war, deine Eltern mögen dich – bitteschön – bereits in den ersten Lebenstagen -wochen, -monaten und -jahren mit dem Hintern in deine Schuld setzen. Was sie auch getan haben. Wie sie es getan haben? Zum Beispiel mit Sätzen, wie diesen:

»Schling doch nicht so!«
»Nein, das ist nicht dein Pudding!«
»Man redet nicht, während man ißt!«
»Heul' nicht, es gibt heute keinen Pudding!«
»Aber ich habe diesen Pudding extra für meinen Liebling gekocht!«
»Mein Gott, ich habe mir soviel Arbeit mit diesem Pudding gemacht!«
»Ein Löffelchen für Papa, ein Löffelchen für Mama!«
»Nun guck dir die Sauerei an, die du mit deinem Pudding gemacht hast!«
»Denk doch an die armen Kinder, die jetzt keinen Pudding haben!«
»Man ißt Pudding nicht mit den Fingern!«
»Du machst dir wohl nichts aus Pudding?«
»Träum nicht, iß deinen Pudding!«

Und es ist das Verdienst deiner Eltern, genau zur richtigen Zeit die richtigen Sätze getroffen zu haben. Mit atemberaubender Präzision haben sie dir deinen Weg in die Schuld gewiesen. Haben dich keinen Millimeter von deiner Schuld abweichen lassen in diesem jahrewährenden Prozeß, den die Wissenschaftssprache »Sozialisation« nennt.

Doch während sich die Wissenschaft mit der großangelegten Frage beschäftigt, was deine Eltern alles falsch gemacht haben und wie man es richtig macht, möchte ich dir verdeutlichen, mit welcher traumwandlerischen Sicherheit deine Eltern genau das Richtige getan haben, damit du exakt in *deiner Schuld* landen konntest. Hättest du ihnen das zugetraut?

Wieso du dann mit ihnen so uneinig bist? Weil dir deine Schuld nicht gefällt. Und jetzt geschieht natürlich das einfachste, was du dir denken kannst: Du gibst ihnen die Schuld. Nun, früher oder später wirst du sie dir zurückholen müssen. Es ist nämlich so: Nicht nur du hast dir deine Eltern ausgesucht, auch sie haben dich ausgesucht. Aus den Millionen von Seelen, die in diesem großen Seelenmeer herumschwimmen, haben sie ausgerechnet dich gewählt. Warum? Aus den gleichen Gründen: Damit auch du sie immer wieder mit der gleichen traumwandlerischen Sicherheit in ihre Schuld stößt, die ihnen natürlich ebensowenig gefällt. Und jetzt geschieht das einfachste, was sie sich denken können: Sie geben dir die Schuld. Du seist ein undankbares Kind, oder was immer Eltern in diesem Fall für Ein-Fälle haben. Nun, früher oder später werden sie ihre Schuld zu sich holen müssen!

Und noch etwas ist ganz entscheidend. Es ist in beiden Fällen der gleiche Prozeß. Nimmst du deine Schuld von ihnen zurück, so bleibt auch ihnen nichts anderes übrig, als das gleiche mit ihrer Schuld zu tun. Sie nehmen sie von dir zurück.

Sage also nicht: Ja, ich habe meinen Eltern längst vergeben, aber sie wollen nicht locker lassen. Hättest du ihnen wirklich verziehen, so wären sie auch soweit. Du kannst also an den Vorwürfen deiner Eltern erkennen, daß du ihnen noch nicht wirklich vergeben hast, d. h. du hast ihnen deine Schuld noch nicht abgenommen. Vielleicht hat dein Kopf es getan, weil es edel wäre, aber du hast es noch nicht gemacht.

Verzeihst du ihnen, verzeihen sie dir. Es ist egal, wer beginnt, doch erfahrungsgemäß hast du als Sohn oder Tochter die besseren Ausgangsbedingungen, mit diesem Zurückholen zu beginnen. Sind sie bereits tot, bleibt dieses Schulderlösungswerk allein für dich zu tun. Aber auch in diesem Falle erlöst du sie mit. Sie warten darauf (ich kann dir nicht sagen wo), daß du es tust! Sehnsüchtig warten sie. Versteh mich nicht falsch: *ich sage nicht, tue es für sie.* Versuche auch *niemals* für deine Kinder eine bessere Welt zu schaffen. Du bringst sie in Teufels Küche. Vollständig unabhängig von ihnen mußt du es für dich tun. Doch als Nebenfolge erlöst du sie damit gleich mit.

Fassen wir den Punkt A zusammen: Du bist schuldig! Und du beginnst jetzt, deine Schuld kennenzulernen.

Kommen wir zur zweiten Ebene, zu Punkt B.

Sie heißt: Suche die Schlange! Diese Ebene betrifft nicht so sehr das, was du *bist* (also die Art deiner Schuld, denn das ist ja A), sondern das, was du *tust*. Der Punkt B enthält *einen Weg,* den du zu gehen hast. *Und jeder Weg ist eine Suche.* Diese Ebene enthält deinen Lebensweg, deine Geschichte, dein Gehen.

Suche die Schlange, heißt: Konfrontiere dich mit dem, was du an deine Schlange abgegeben hast. Schau dir deinen Schatten, dein Verdrängtes, dein Unbewußtes, deine Lüge, deinen verlorenen Teil an. Du hast einen Bruder oder eine Schwester, die irgendwo da draußen auf dich warten, und die du – da sei dir ganz sicher – wie die Pest haßt. Suche sie! Du tust dein ganzes Leben ohnehin nichts anderes. Du nennst es nur anders, nicht Bruder oder Schwester, sondern du nennst sie Feinde und du gibst ihnen Namen: »raffgieriger Hauswirt«, »Ischias«, »profitgierige Waldzerstörer«, »Geliebte« (und ein paar Jahre später: »herrschsüchtiges Scheusal«), »ein neues Auto« (und ein paar Jahre später: »unfähige Reparaturwerkstatt«), »Scheiß-Arbeit« und tausend andere Namen mehr.

Alles, was so auf deinem Weg anfällt, jeder Stein (der dir auf den Kopf fällt), jeder Baum (der gefällt wird), jedes Tier (das dich beißt), jeder Mensch (der dir auf den Wecker fällt), alles enthält *deinen Namen,* denn es ist *dein Weg*. Es ist deine Reise, du bist der Held deiner Suche, deshalb nenne ich diese zweite Ebene gern »Die Reise des Helden«. Und es ist die Schlange deshalb, weil sie unter allen Tieren das ist, mit dem du am wenigsten zu tun haben willst (und deshalb am meisten zu tun bekommst). Dein Gebot lautet: Erschlage die Schlange, vernichte sie, damit sie nicht mehr meinen Weg kreuzt. Doch die Schlange ist nicht von dieser Welt (du weißt, sie hat das Paradies nie verlassen), obwohl sie oft deren Kleid anzieht und dann hast du die Möglichkeit, *eine Form* zu erschlagen. Doch *die* Schlange triffst du nicht. Du kannst sicher sein, sie lacht darüber und erscheint in einer neuen Gestalt. Mein Hinweis lautet: Suche die Schlange, setz dich neben sie und rede mit ihr. Ich weiß, sie ist häßlich, tückisch, giftig. Dennoch: habe den Mut, immer ein wenig mehr, immer ein wenig näher bei ihr zu verweilen.

Sie ist deshalb so bedrohlich, weil sie einem ganz eigenartigen Wachstumsprozeß unterliegt. Sie wächst daran, daß du sie totschlägst. Je mehr du sie schlägst, desto mehr Kraft erhält sie. Aus dem Mythos kennst du dieses Prinzip. Du schlägst ihr 6 Köpfe ab, es wachsen 12 nach. Sie ernährt sich von deiner Angst. Und von der Kraft deines Kampfes gegen sie. Je mehr du es ihr zeigen willst, desto mehr zeigt sie sich dir.

Du weißt, die Schulmedizin hat dem Krebs den Kampf angesagt und steckt in dem Kampf gegen die Schlange ihr jährlich einige hundert Millionen in den gierigen Rachen. Futter für die Schlange. Kannst du dir jetzt dieses Monster vorstellen?

Es gibt nur ein Rezept *gegen* die Schlange: Suche sie, setze dich neben sie und versuche, sie zu streicheln. Das ist nicht gegen sie, sagst du. Ja, da hast du recht. Es gibt nur ein Mittel, diese Schlange – jede Schlange – zu erlösen: lerne, sie zu lieben. Wobei die Betonung nicht auf dem Wort »Liebe« liegt, sondern auf dem »Lernen«. Also zwinge dich nicht, sie zu lieben. Das einzige, was passiert: du machst dir etwas vor. Tust so, als könntest du bereits lieben. Versuche, dich der Schlange zu nähern – die Liebe kommt dann schon von alleine. Die Schlange ist dein Bruder, deine Schwester. Von ihr kannst du Liebe lernen. Aber dazu mußt du sie suchen. Sie fällt dir nicht in den Schoß. Weder die Schlange noch die Liebe. Alles, was du machen kannst, ist: Suche sie! Nähere dich! Sie ist da. Sie ist jeden Tag um dich herum. Immer. Und sie hält sich bevorzugt in einem bestimmten Bereich auf. Dieser Bereich ist bei jedem verschieden. Wir können in deinem Horoskop sehen, wo deine Schlange sich am liebsten aufhält. Und so gibt es im ganzen Menschenleben keine andere Aufgabe, als deine Schlange zu suchen. Alles andere ist Beiwerk, dazu gedacht, daß du bei deiner Suche nicht müde wirst. Du leidest an ihr, deshalb ist sie das einzige Heilmittel. Wie der Mythos es ausdrückt: »Wenn ich das Gift in meinem Kopfe trage, ist das Heilmittel in meinem Schwanze, den ich wütend beiße – denn Beißen ist das Heilmittel gegen Beißen.« In den nächsten Kapiteln wird noch sehr viel über die Art der Begegnung mit der Schlange zu reden sein, d. h. also über deinen Weg, deinen verlorengegangenen Teil zu suchen (dich hinunterzubeugen und in ihn zu beißen).

Hier jetzt halten wir fest: auf der Ebene B gehst du deinen Weg, der immer eine Suche ist.

Die dritte Ebene, C, ist sehr schwer zu beschreiben. Denn sie enthält die *Erhöhung der Schlange*. Da geht es um Heilung, d. h. um den *Sohn*. Es findet hier ein Erlösungswerk statt. Du und die Schlange, ihr werdet identisch und der (Zustand des) Sohn(es) wird geboren. Da hängst du am Kreuz und die Verwandlung findet statt, die Transmutation. Du nimmst deine Schuld auf dich und deine Seufzer verwandeln sich in die Form: »Es ist vollbracht!« Das Heilungswerk geschieht. Und indem du dein Kreuz auf dich nimmst, indem Heilung in dir geschieht, heilt auch die Welt. Du heilst die Welt von deinem Teil der Schuld, von deinem Teil der

Schlange. Ein Teil des Bösen (das immer nur Noch-Nicht-Heimgeholtes-Menschsein ist) fehlt jetzt in den Silos der Welt. Das ist dein Beitrag zur Abrüstung. Du hast diesen Teil heimgebracht, nach Hause geholt, er irrt nicht mehr als heimatlose Energie um die Feuer der Welt herum, und du bist jetzt um dieses Stückchen mehr zu Hause. Doch um die Perspektive nicht zu verzerren: Du bist nicht Jesus, der Christus, und doch tust du an deinem Platz sein Werk. Das Werk, wofür er dir ein Beispiel gegeben hat. Du tust es ganz im Kleinen. Und so ist es das Wort Gottes, was in dir geschieht. Du hast einen Funken, der gefallen war, an seinen Platz zurückgebracht. Es gibt viele Funken und jeder muß das seine tun. Jeder auf seine Weise. Auf der Ebene C führst du das Wort, das in der Finsternis lag, zurück zum Licht.

Und ich glaube, es ist ganz entscheidend, zu verstehen, daß du diesen Schritt C, die Erhöhung der Schlange, nicht tun kannst, sie kann geschehen, nachdem du auf den Ebenen A und B das Deine getan hast. C kannst du nicht herstellen oder erzwingen. In diesem Bereich beginnt so etwas wie Gnade.

An dieser Stelle möchte ich die dritte Ebene C nicht weiter ausführen. Sie ergibt sich ebenso wie Liebe sich ergeben kann, wenn du auf der Suche nach deinem anderen Teil eingesehen hast, daß du dir schon immer in den eigenen Schwanz gebissen hast.

Ich möchte dir lieber in einem Gedicht von Fritz Quade den Zusammenhang der drei beschriebenen Ebenen als Bild verdeutlichen.

Was geschieht und sich verdichtet
in der Tiefe wird's zur Schicht
auf der Erde zur Geschichte
in der Sphäre zum Gedicht.

Auch die Richtung dieses Gedichtes geht nach oben. »Was geschieht und sich verdichtet, in der Tiefe wird's zur Schicht«. Ebene A. Es ist das Gefallene, verdichtet. In dir zur Schicht geworden, zur Schuld.

»Auf der Erde zur Geschichte«. Da erlebst und tust du etwas. Es wird zu deiner Geschichte. Ebene B.

»In der Sphäre zum Gedicht.« Oben wird es etwas, was dir zufällt. Alle Gedichte, die du dir – bleistiftkauend – am Schreibtisch ausdenkst, sind es nicht. Darüber, über die Ebene C kann dir niemand etwas erzählen. Sie erklingt. Das bringt mich zu einer – für dieses Kapitel – letzten Geschichte, die das Gesagte noch einmal zusammenfassen kann.

Volkmann-Leander hat sie in seinem Buch, »Träumerei an französischen Kaminen«, seinen Kindern erzählt:

Im Anfang der Menschheitsgeschichte ist einmal ein großes Notenblatt im Himmel zerrissen worden. Die einzelnen Töne fielen auf die Erde. Und jeder Mensch fand einen Ton. Seitdem singt jeder Mensch seinen Ton und es klingt oft recht mißtönig durcheinander. Aber am Ende der Welt wird im Himmel jenes Notenblatt wieder zusammengesetzt. Dann singt jeder seinen Ton an der richtigen Stelle. Und nun auf einmal erkennt man, daß es die großartigste Symphonie gewesen ist, die man sich denken kann.

Und Jesus fragte ihn: »Wie heißt du?« Und er sagte: »Ich heiße Legion. Denn wir sind viele.« Und er bat dringend, sie nicht aus den Landen zu verweisen.

MARKUS, 5.9

II
Der Ort der Schuld

Jede Betrachtung muß etwas in sich tragen, was betrachtet werden kann. Es muß etwas zum Anschauen da sein. Als Jesus die oben zitierten Worte sprach, stand ihm ein Mensch gegenüber, der einen »unreinen Geist« hatte, und die Kapitelüberschrift nennt ihn den »Besessenen von Gerasa«. Nun war Jesus ein Mensch, der mit einem Blick »sofort den pathologischen Ort eines Menschen überblicken« (Blüher), und damit den Weg zur Sühne, zur Umkehr, freilegen konnte. Uns, die wir noch lange nicht Mensch sind, die wir ebenfalls Besessene sind, steht nun freilich kein Jesus gegenüber. Niemand fragt uns nach unserem Namen. Täte es jemand, so wüßten wir noch nicht einmal eine Antwort. Und so müssen wir dieses schwere Amt des Fragens alleine vollführen. Wir müssen uns selbst fragen: »Wie heiße ich?«

In der letzten Zeit macht eine Therapieform von sich reden, die darin besteht, daß viele Menschen sich eine Zeitlang (z. B. 9 Tage) von der Außenwelt abschließen und sich gegenseitig immer nur drei Fragen stellen: »Wer bist du?«, »Woher kommst du?« und »Wohin gehst du?« Andere Fragen sind nicht erlaubt. Bei allem, was getan oder erlebt wird, werden immer nur diese drei Fragen gestellt. Und du kannst sehen, daß es sich dabei um unsere drei Ebenen aus dem ersten Kapitel handelt; hier allerdings in der Reihenfolge BAC.

Um diese Fragen zu stellen, müssen auch wir etwas uns gegenüberstellen. Irgend etwas. Manche nehmen einen Spiegel. Doch unsere Augen sind vom ständigen Hineinschauen (zum Schönmachen) schon so blind geworden, daß man sehr lange davorsitzen muß, um sich zu sehen. Man kann viele andere Dinge nehmen: seinen Partner, sein Haustier, sein Leben – man kann *auch* ein gezeichnetes Horoskop nehmen. Damit will ich sagen, daß auch die Astrologie eine Technik ist, eine Form, deine Frage zu stellen: »Wie heiße ich?« Man hat jetzt ein Gegenüber. Jede Beschäftigung mit

Astrologie freilich, die von dieser Frage nichts weiß, oder von ihr nichts wissen will, geht in die Sinnlosigkeit. Eine derartige Astrologie dient nicht dir, sondern sie dient anderen Herren.

Bevor ich in diesem Gedankengang fortfahre, möchte ich noch einmal auf die mögliche Quelle eines Mißverständnisses eingehen. Ob du Klient eines Astrologen bist, Astrologie lernst oder schon seit 10 Jahren Astrologie berufsmäßig betreibst, ist für die Intentionen dieses Buches unerheblich. Dieser Text versucht, auf der Suche nach deinem jeweiligen Namen Hilfestellung zu leisten. Daß meine Betrachtungen in diesem Buch um die Astrologie kreisen, zeigt dir aber auch, wo *ich* gerade stehe und daß ich im Moment dieses System als ein wirkungsvolles Hilfsmittel bei *meiner* Fragestellung erachte. Nimm all das, was ich hier schreibe, nicht als Sätze *über* die Astrologie, sondern als *meine* Art, mir über *meinen Namen* klarzuwerden. Jede Trennung zwischen Astrologe und Klient (ebenso die zwischen Therapeut und Patient) ist ohnehin eine gefährliche Sache, wie wir später noch sehen werden.

Wenn ich also sage, eine Astrologie, die nicht die Frage »Wer bin ich?« im Blick hat, diene anderen Herren, dann meine ich nicht, es handele sich um böse Astrologen, die ihr Handwerk nicht verstehen, sondern ich meine: *Du* hast deine Frage nicht im Blick, egal ob als Astrologe oder als Klient. Du dienst nicht dir.

Wenn wir uns also jetzt in das astrologische Betrachtungssystem hineinversetzen, in der Absicht über unseren »pathologischen Ort«, über unsere Besessenheit etwas herauszufinden, so müssen wir ganz am Anfang beginnen. Was betrachten wir? Der Ort, dem wir uns am Anfang gegenübersehen, ist der *Kreis*. Horoskope werden heutzutage als Kreis gezeichnet, in einer Form also, die seit altersher als Mandala begriffen wird. Ein Mandala ist ein Ort innerhalb unserer Seele, der weder Anfang noch Ende hat, wie die Seele selbst. Das Wort bedeutet »Kreis« aber auch »Zentrum« (im Sanskrit). Unsere Erde ist ein solcher Kreis, unsere Sonne und unser Auge, das die Sonne schaut. Wie oben so unten. Die Horoskope, die wir kennen, haben diese Form*. Diese Figur ist gleichermaßen die Schlange, die sich in den Schwanz beißt. Die Symbolik des Kreises heißt: es gibt keinen Anfang und kein Ende, solange du im Kreis bist.

---

* Es ist unerheblich, daß es einmal ein Zwischenspiel gab in dem unser Mandala rechteckig war (ca. 15. Jahrhundert). Hier war nämlich das Kreuz der Materie, also die Schuld, die auf uns lastete, besonders gravierend. Wir finden diese Kreuzform auch heute noch, in den Punkten, die wir weiter unten besprechen werden.

Abbildung 2
altes römisches Horoskop (aus Knappich)

Abbildung 3
Aus: Das große Mandala-Buch

Mandala heißt aber auch »Zentrum«, d. h. das Innere des Kreises, die Mitte, der Punkt. Der Punkt, der im eigentlichen Sinne keine Ausdehnung hat. Die Mitte ist das Jetzt. Und in bestimmten Yogatechniken ist das Mandala so lange anzuschauen, bis man über alle Inhalte, die in ihm abgebildet sind, in die Mitte gekommen ist. Diese Handlung nennt man »Meditieren« (in die Mitte kommen). Wir tun gut daran – was immer die Bücher über diesen Horoskopkreis sagen –, uns klarzumachen, daß der Horoskopkreis* erst einmal ein Symbol für die Schlange ist. Sie beißt sich in den Schwanz, schließt Anfang und Ende zusammen in einer Bahn, die solange ohne Ende ist, solange man in der Bahn bleibt.

Jedes Tierkreiszeichen, das auf diesem Kreis liegt, ist deshalb *eine Äußerungsform der Schlange;* natürlich fehlt aus diesem Grund auch die Schlange selbst als ein Tierkreiszeichen. Da gibt es viele Tiere: Widder, Stier, Krebs, Löwe, Skorpion, Steinbock, Fische. Weshalb, so können wir uns fragen, fehlt ein derart herausragendes Tier, das in den Mythen aller Völker eine so bedeutsame Rolle spielt, in unserem Tierkreis? Weil der Tierkreis selbst dieses Symbol ist! Wie ich das beweisen will? Gar nicht. Es ist vollkommen unerheblich, ob es in Wahrheit so ist. Sieh es doch einfach einmal einen Moment so.

Jedes Tierkreiszeichen ist eine Verkleidungsform, die die Schlange gewählt hat. Sie versteckt sich jeweils in einem anderen Gewand. Und solange wir uns auf der Peripherie des Mandalas befinden, ist es ganz gleichgültig, in welchem Gewand sich die Schlange befindet. Es ist die Schlange. Da gibt es keine besseren oder schlechteren Zeichen (»Ja, ich bin Schütze und du?« »Skorpion!« »Puh!«), es gibt nur Verkleidungen, die auffälliger sind und welche, die sich besser in die augenblickliche Geschmacksrichtung einfügen. Es ist überall die gleiche Schlange. Der Uroboros, das Welt-Ei, aus dem die Form geboren wurde. Dennoch hat die Art der Verkleidung ihren Sinn und es ist nicht beliebig, an welcher Stelle der Schlange du deine Schuld zu entdecken hast, wenn es auch an allen Stellen, in allen Zeichen, die gleiche Schlange ist.

Bleiben wir noch beim Kreis. Nahezu jedes Mandala hat vier Ecken, Weltecken genannt, die oft auch mit der Himmelsrose in Verbindung gebracht werden. Tragen wir diese Ecken in unsere Betrachtungsebene ein, so ergibt sich ein Kreuz im Kreis.

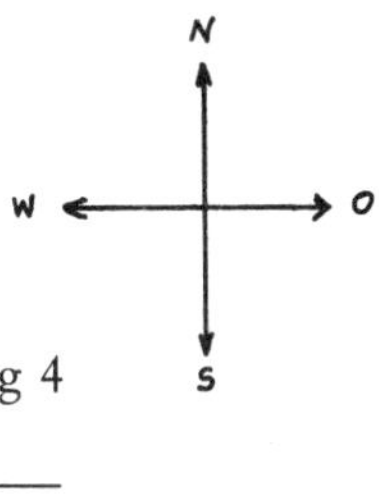

Abbildung 4

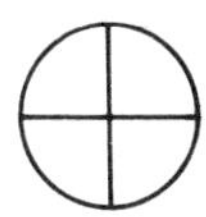
Abbildung 5

* Es ist unerheblich, daß es einmal ein Zwischenspiel gab in dem unser Mandala rechteckig war (ca. 15. Jahrhundert). Hier war nämlich das Kreuz der Materie, also die Schuld, die auf uns lastete, besonders gravierend. Wir finden diese Kreuzform auch heute noch, in den Punkten, die wir weiter unten besprechen werden.

Möglicherweise kennst du die astrologische Symbolik schon ein wenig und dir ist dieses Symbol vertraut.

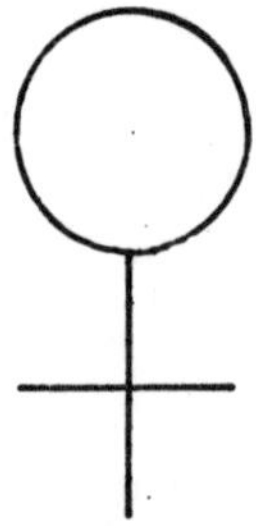

Abbildung 6

Es steht für eine Idee, als deren Pseudonym wir den Namen VENUS gewählt haben.* »Pseudonym« heißt, es ist nicht der wahre Name dieser Idee.

Oder du kennst folgendes Symbol:

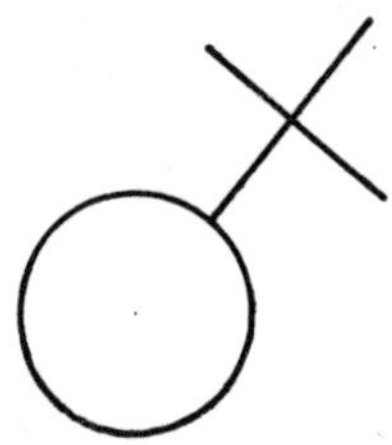

Abbildung 7

Es hat sich freilich im Laufe der Zeit zu diesem Bild umgestellt:

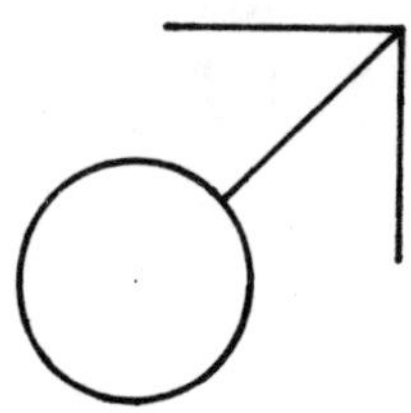

Abbildung 8

Daher benennen wir es heute mit seinem »Künstlernamen« MARS. Unser Symbol nun sieht ähnlich aus, und doch hat es ein ganz eigenes Thema, es vertritt eine eigene Idee. Unser Thema hat

* Ich gehe in diesem Buch nicht weiter auf die Annahme ein, ein Planet sei ein Kraftfaktor, der etwas beeinflusse, so als sende er seine Kräfte hienieden und bewirke hier etwas. Wer es noch nicht getan hat, sollte sich von derartigen Ungereimtheiten gründlich kurieren lassen durch Thorwald Dethlefsens Buch: »Schicksal als Chance.«

das Kreuz hineingenommen in den Kreis; es heißt »Hier auf Erden«.

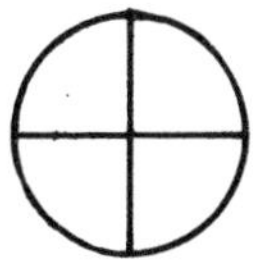

Abbildung 9

Und so siehst du bereits im ersten Moment, in dem du in das Mandala deines Horoskopes blickst, das Achsenkreuz (der Häuser) als Symbol deines Verhaftetseins in der Form. (Aus diesem Grund empfehle ich dir, die beiden Hauptachsen im Horoskop auch farblich von den anderen Häuserspitzen zu unterscheiden.)

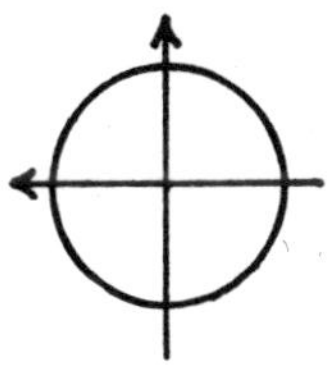

Abbildung 10

Doch es gibt einen gewichtigen Unterschied zu der Windrose, also den Himmelsrichtungen. Die Aufteilung der Himmelsrichtungen geht so:

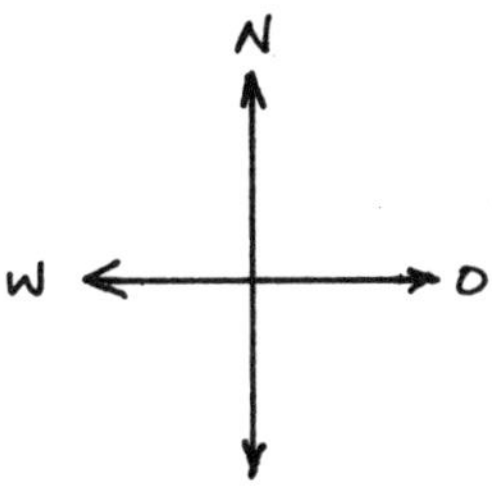

Abbildung 11

Du schaust von dir aus in die Welt hinein und siehst die Himmelsrichtungen. Dabei bist du der, der hinausschaut. Und draußen findest du die Richtungen so, als wärest du das Subjekt und dir gegenüber steht das Objekt (die Welt).

Im Horoskop ist es umgekehrt. Du bist derjenige, der dich anschaut. Es bist du, der vor dir liegt; es ist dein Name; es ist deine Frage. Es ist nicht das Draußen, das dich interessiert, sondern du tust so, als stündest du draußen und schautest in dich hinein.

Es gibt einen ähnlichen Zusammenhang in den Sprachen der Welt. In dem Moment, in dem eine Sprache veräußerlicht wird, Sprache also nur an den Dingen der Welt interessiert ist (wie alle europäischen Sprachen), schreibst du sie von links nach rechts, in Richtung nach vorn →. Sie ist dann vom Menschen den Dingen verliehen.

Hat Sprache jedoch noch einen direkten Bezug zum Thema der Selbsterkenntnis (als Gotteserkenntnis), wie das Hebräische oder Arabische, so verhält sie sich, als sei sie von Gott den Menschen verliehen worden und man schreibt sie von rechts nach links, in Richtung nach hinten ←. Im ersten Fall ist es die Sprache des *Fort*schrittes (Technik ect.), sie geht in die Zukunft →. Im anderen Fall ist es die Sprache der Rückbindung (re-ligio), sie geht zurück zum Ursprung ←.

Ebenso ist es beim Horoskop. Du tust hier so, als beugtest du dich zurück auf dich. Und die Windrose kehrt sich um. Im Horoskop zeichnest du die Achsen jetzt also so:

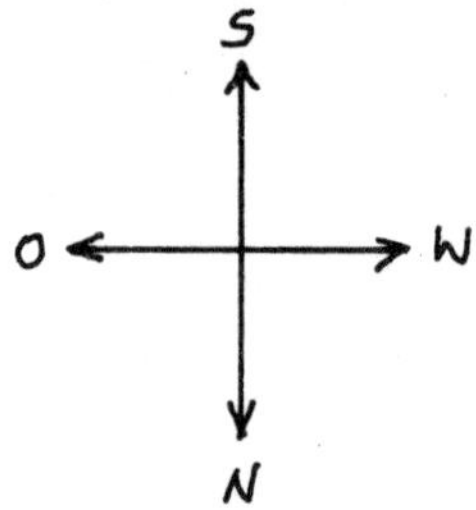

Abbildung 12

Ost, West, Nord und Süd haben die Plätze vertauscht. Du bist jetzt jemand, der dich von oben anschaut. Der, der da vor dir liegt, bist du. Es ist nicht mehr das Draußen, es ist das Drinnen. Du blickst zurück! Auf dich. Auf deinen Anfang, auf dein Ende. Kann man auf sein Ende *zurück*blicken?

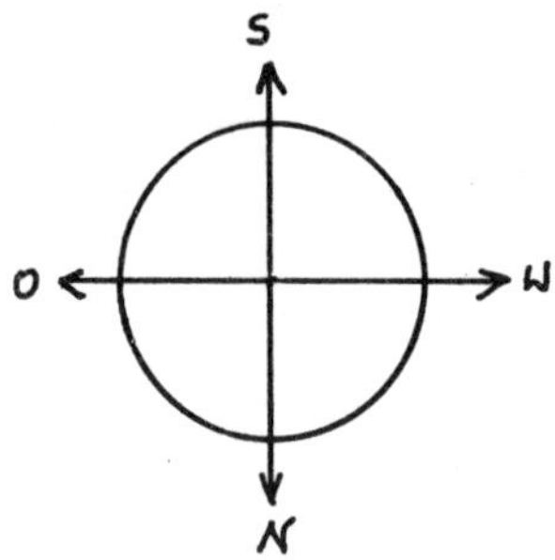

Abbildung 13

Ja, das kann man. Denn es ist im Anfang enthalten. Nur deshalb macht Astrologie einen Sinn, weil in der ersten Lebensminute Anfang und Ende beschlossen (zusammengeschlossen) sind. Im Moment deiner Geburt wird die Schlange geboren, die *ganze* Schlange. Und ab diesem Moment kann sie geschaut werden.

Schauen wir noch einmal auf die umgekehrte Windrose und bringen wir sie in Verbindung zum Tageslauf (bzw. zum Sonnenlauf). Du weißt, es gibt in der Windrose einen Punkt, da geht die Sonne auf, da beginnt das Licht des Tages. Dieser Punkt liegt immer im *Osten*. Fände deine Geburt also genau in dem Moment statt, in dem die Sonne aufgehen würde, so stünde sie in deinem Horoskop an dieser Stelle.

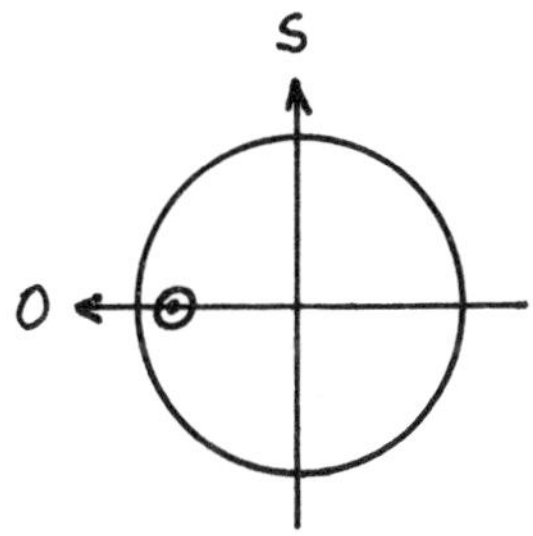

Abbildung 14

Es ist jener Punkt, wo die Achse (Osten) die Schlange (den Tierkreis) schneidet. Man nennt ihn das (sonnen)*aufsteigende* Zeichen. Da »aufsteigen« lateinisch »ascendere« heißt, nennt man diesen Punkt astrologisch den Aszendenten. (Abgekürzt: Asc, Ac oder As)

Vergessen wir also das Wort Osten im Horoskop und schreiben in Zukunft Aszendent.

Der gegenüberliegende Punkt, der Westen, ist der Ort des Sonnenunterganges. Fände deine Geburt genau in diesem Moment statt, so stünde sie in deinem Horoskop an dieser Stelle.

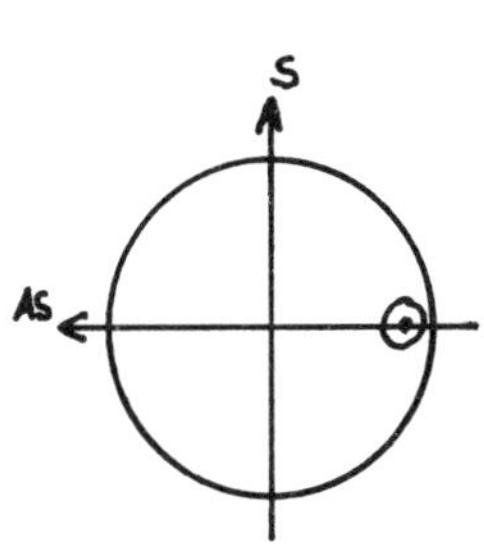

Abbildung 15

Es ist der Ort, an dem die andere Seite der Achse die Schlange schneidet. An diesem Punkt steigt die Sonne in die Nacht hinunter. So ist dieser Punkt das absteigende Zeichen, der Descendent (Ds, Dc oder Desc). Aber auch in diesem Falle (du bist bei Sonnenuntergang geboren) hat dein Horoskop einen Ascendenten, also einen Schnittpunkt, bei dem die Achse Asc ← Desc die Schlange im Osten berührt. Diese Stelle ist wiederum jene, welche im Moment deiner Geburt im Osten aufsteigt. Natürlich liegt sie jetzt deiner (untergehenden) Sonne genau gegenüber.

Stelle dir zu guter Letzt vor, du wärest geboren als die Sonne gerade ihren Höchststand erreicht hatte, wir nennen diesen Punkt Mittag (high noon), so wäre sie in deinem Horoskop an dieser Stelle.

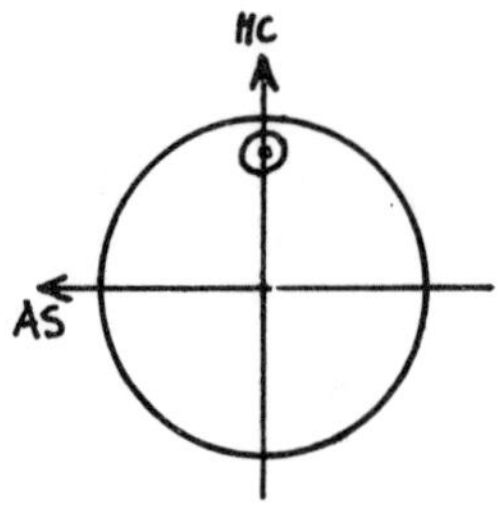

Abbildung 16

Es ist die Mitte des Tages oder, wie wir astrologisch sagen: das Medium coeli (gesprochen: Medium zöli), die Himmelsmitte. Abgekürzt: Mc. Natürlich hast du auch in diesem Falle einen Aszendenten, einen Punkt also, der etwa drei Zeichen später liegt.*

Du siehst, die Sonne wandert durch die Schlange! Nun, das ist nicht ganz korrekt. Die Sonne wandert zwar in der Tat durch die Schlange, doch um einmal ganz herumzulaufen, benötigt sie ein ganzes Jahr. An einem Tag wandert sie nur um ca. 1 Grad weiter, die Schlange hat aber 360 Grad. In Wahrheit wandert an einem Tag nicht die Sonne einmal um die Schlange, sondern nur unser Achsenkreuz wandert einmal durch die Schlange. Das klingt kompliziert, ist es aber nicht. Das Kreuz, gebildet aus den beiden Achsen Ascendent und Medium coeli dreht sich an einem Tag einmal durch den Tierkreis. Da wir uns aber angewöhnen wollen, dieses Achsenkreuz immer stabil (d. h. Asz. links) zu zeichnen, *tun wir so,* als drehe sich die Schlange.

* Natürlich gibt es auch einen Punkt, an dem die Nacht am tiefsten ist. Deine Geburts-Sonne stünde an diesem Punkt »Norden« so etwa um Mitternacht herum. Man nennt ihn astrologisch das Imum coeli, die Himmelstiefe.

Du kannst all diese technischen Dinge wieder vergessen, wenn du dir nur merkst: egal um wieviel Uhr, egal an welchem Tag du geboren bist, zum Zeitpunkt deiner Geburt stieg *im* Osten ein Zeichen auf. Diese Stelle markiert auf der Schlange einen bestimmten Punkt: den Ort *deines Beginns*. Es ist dein Aszendent. Es ist der *Ort der Schuld*. Es ist jener Punkt A aus dem ersten Kapitel: »Was geschieht und sich verdichtet, *in der Tiefe wirds zur Schicht.*« Da erblickt deine Schuld das Licht der Welt.

Ich möchte dir jetzt einmal etwas zumuten, einen Gedankengang, der dir nicht schmecken wird. Zwar stimmt er so nicht, aber versuche einmal, ihn zu denken: Stell dir vor, du wärest kein Mensch. Stell dir vor, diese Welt bestünde nur aus Schuld, also nur aus abgespaltenen Teilen, aus versteckten, verdrängten, verstoßenen Teilen. Es gäbe nichts anderes. Aber da diese Teile ja hier in dieser Welt sich aufhalten, müssen sie irgendeine Form haben und so ist diese Schuld in Materie gebunden, Schuld erhält eine Form. Sie bildet eigene Formen. Steine, Gräser, Bäume, Tiere und Menschen.

Wie gesagt, diese ganzen Formen sind nicht die, die du kennst, sondern es ist kristallisierte Schuld, geronnene Schuld. Und es gibt auf dieser Welt nur eine Aufgabe (für die Schuld): sie soll sich ihrer bewußt werden, soll zu sich selbst kommen. Sähe man den Menschen einmal so, so müßte man nicht sagen du *hast* Schuld, sondern »du *bist* Schuld«. Stell dir einmal vor, zu sagen: »Ich bin Schuld«. »Ich bin nicht Peter Orban (setze ruhig deinen Namen ein), sondern ich bin Schuld.« Mehr nicht. Das ist alles, was ich bin. Ich bin eine Schuld, die eine Form erhalten hat, einen Namen. »Peter Orban« ist der Name für meine Schuld. Oder sagen wir besser ein Pseudonym für die Schuld, die ich bin. Und jetzt ist es meine Aufgabe, die Aufgabe der Schuld, zu einem Bewußtsein über sich selbst zu kommen.

Ich weiß, daß jeder mit dem Wort Schuld immer noch auf Kriegsfuß steht, deshalb kann ich es dir nicht oft genug sagen: Aufgabe der Schuld heißt nicht, daß du es *besser* machen oder bereuen oder 50 Vater Unser beten sollst. Du kannst es nicht »besser« machen; es ist ausgeschlossen, nicht-schuldig zu sein. Wir können uns auf den Kopf stellen. Wir *sind* es. Wir sind Schuld. Was immer wir tun. Fasten, beten, kein Fleisch essen, nie fluchen, brav sein – all das hilft nicht die Bohne! Im Gegenteil: es vergrößert die Schuld. Denn jeder Versuch, unschuldig werden zu wollen, führt zu neuer Verdrängung, zu neuer Abspaltung, und das ist neue Schuld. Es gibt nur einen Ausweg: *schaue* deine Schuld an. Erkenne sie. »Erkenne dich selbst« heißt »Erkenne dich als Schuld«. Denn du bist die Schuld. Es gibt nur eine Schuld auf der Welt: dich!

Erkennst du das, so kann es sein, daß du dann fastest oder betest. Doch du tust es dann nicht mehr, um dich zu bessern, sondern möglicherweise, um mehr Mut zu bekommen, noch mehr Schuld schauen zu können. Noch mehr Schuld aushalten zu können.

Du wirst niemals ein besserer Mensch – so etwas gibt es nicht. Es gibt keine besseren Menschen. Es gibt nur Schuld und es gibt Mensch. *Das Gegenteil von Schuld ist Mensch.* Aber Mensch wirst du nicht, indem du Schuld vermeidest, Mensch wirst du als Sohn – oder durch den Sohn. Nach dem Vorbild von Jesus Christus – Menschen-Sohn.

Die große Bedeutung des Neuen Testamentes liegt darin, dir zu zeigen, daß schon einmal ein Mensch auf Erden war. Alles andere ist nur noch Schuld. Natürlich siehst du es lieber anders. Vielleicht denkst du, ja, ich habe so meine Macken, aber noch 2, 3 Jahre Psychotherapie und dann bin ich schon ganz o.k. Natürlich bist du o.k.! Du bist genau richtig so. Es gibt nichts zu verändern an dir. Schuld kann man nicht verändern. Zu ihr kann man nur »Ja« sagen. »Ja, das bin ich.« Tat twam asi.

Zu diesem übertriebenen Bild gibt es nur eine Alternative: du bist ohne Schuld – unschuldig. Und natürlich ist es das, was du am liebsten wärest!

Verlassen wir dieses kuriose Bild und gehen zurück zum Aszendenten. Deine Schuld (merkst du, wenn ich sage »deine Schuld« tue ich wieder so, als gäbe es dich und als gäbe es Schuld als zwei getrennte Entitäten, Subjekt und Objekt, du und deine Schuld) erblickt am Aszendenten das Licht der Welt. Da geht normalerweise die Sonne auf. Du bist da. Der Aszendent ist der Augenblick deines Beginns. Da fängst du an. Womit? Zu sein. Da bist du wer? Was du bist...? Vergiß es.

Jetzt einmal eine Betrachtung zwischendurch. Die herkömmliche Astrologie gibt dir einen Namen, indem sie deinen Sonnenstand als Bezeichnung für dich wählt. Sie sagt also, du seist Widder, wenn du zwischen dem 21. März und dem 20. April geboren bist. Das stimmt für den hier beschriebenen Zusammenhang nicht. Wie wir später sehen werden, ist der Sonnenstand reserviert für das, was du *tun sollst* und nicht für das, was du *bist*. Das, was du *bist*, ist dein Aszendent. Der Sonnenstand gibt dir deinen *Weg* an. Da aber dieser Weg es ist, den man von außen sehen kann, kommt es zu diesem Mißverständnis. Man sollte also besser sagen: du *verhältst* dich wie ein Widder (wenn du zwischen dem

21. 3. und dem 20. 4. geboren bist), aber du bist das, was dein Aszendent dir angibt. Also solltest du jetzt, bevor zu weiterliest, erst einmal in Erfahrung bringen, wer du bist.*

Sieh es einmal so: Der Aszendent ist dein Morgen, der Morgen deines Beginns. Hier beginnt dein *erstes* Haus und dieses Haus ist das Material, aus dem du bestehst. Wolfgang Döbereiner formuliert es ungefähr so: Du bekommst Baumaterial und dieses Baumaterial ist verschieden ausgeprägt, es besteht aus verschiedenen Formen. Dieses Material ist alles, wa da ist, also alles, was du bist.

Jetzt sollst du damit bauen. Aber das Material gibt dir nicht an, *wie* du bauen sollst, und auch nicht, *was* du bauen sollst, es ist nur da, liegt vor. Dieses Material bist du. *Wie* du baust, gibt dir dein Sonnenstand an. Dein Aszendent sagt dir nur, womit du baust, was du zum Verbauen zur Verfügung hast. Woraus du bestehst.

Du kannst es auch in einem anderen Bild sehen, das wieder von Döbereiner stammt (einen guten Astrologen erkennst du daran, daß er dir viele Bilder gibt):

»Es ist wie im Märchen: wo irgend jemand verzaubert oder verwunschen ist und eine lange Nase oder Schuppen oder ein Fell oder sonst etwas hat. Da muß eine bestimmte Aufgabe erfüllt werden und dann ist man erlöst – vom Pelz und von den Schuppen usw.

Das heißt mit anderen Worten: Die Begabung oder Veranlagung (so nennt Döbereiner den Aszendenten, P.O.), ob sie nun günstig oder ungünstig ist, sie drückt in jedem Fall, denn man will sie ja in jedem Fall loswerden. Der Aszendent und die Planeten wären also die Verzauberung, wenn man das übersetzen würde . . .«

»Astrologisches Lehr- und Übungsbuch«, Bd 1, München 1978, S. 67

Das ist in der Tat ein sehr tiefreichendes Bild. Du kommst zur Welt und bist verzaubert. Jedes Märchen beginnt so: der Protagonist, der Held des Märchens ist mausearm, kennt seinen Namen nicht, hat nur ein Hemdchen, eine lange Nase, ist aus Holz, ein häßlicher Frosch, hat keine Eltern etc. Und jetzt beginnt das Märchen.

Wo dein Märchen beginnt? Nun, an deinem Aszendenten. Er zeigt dir deine Art der Schuld. Deine Verzauberung.

---

* Dafür gibt es Bücher. Ich werde in diesem Buch nicht mit dir rechnen. Am schnellsten bringst du in Erfahrung, welchen Aszendenten du hast, wenn du dir eines der kleinen Tierkreis-Taschenbücher von W. Döbereiner kaufst (Heyne Verlag). Sie enthalten Tabellen, aus denen du deinen Aszendenten unmittelbar ablesen kannst. Du kannst dir auch von uns dein gesamtes Horoskop zeichnen lassen, siehe Anhang.

Unmittelbar vor seinem Tode sagte Rabbi Zusia: »In der Welt, die mir bevorsteht, wird man mich nicht fragen: Warum bist du nicht Moses gewesen? Man wird mich fragen: Warum bist du nicht Zusia gewesen?‹«

III
Die Arten der Schuld

Wenn wir uns jetzt ein erstes Mal mit dem Tierkreis beschäftigen, so muß vorher etwas über dessen Ausdehnung gesagt werden.

Tierkreis, das heißt erst einmal die 12 verschiedenen Themen der Welt. Da nun die Welt alles ist, was der Fall ist, und der Tierkreis in meinem Verständnis die *Widerspiegelung des Falles* darstellt, so muß sich mit Selbstverständlichkeit *jede* Gegebenheit der Welt innerhalb des Tierkreises auffinden lassen.

Wie aber kann das zu verstehen sein, da es ja nur 12 Tierkreisabschnitte – von Widder bis Fische – gibt, die möglichen Ereignissen und Tatsachen in dieser Welt jedoch zahlenmäßig gegen unendlich gehen?

Nun, dieser Sachverhalt ist so schwierig nicht, nähern wir uns ihm in einer Analogie. Nehmen wir das Gebiet, das wir »Zeit« nennen. Unsere Uhr hat ebenfalls 12 Ziffern, d. h., wir haben uns angewöhnt Zeit ebenfalls in Themenkreise aufzuspalten, von 1 bis 12. (Vernachlässigen wir ruhig für einen Moment, daß wir das am Tag zweimal tun, einmal für die hellen Stunden, einmal für die dunklen Stunden, wir sehen uns nur die Aufteilung in 12 Sektoren an.) Auch innerhalb dieser 12 Zeitsegmente gibt es unzählige (d. h. nahezu unendlich viele) Einzel*augenblicke,* wenn wir die Einheit nur beliebig klein wählen. Stellen wir uns die 11. Stunde vor, das Thema 11. Dieses Thema hat 60 Untergruppen, wir nennen sie »Minuten«. Stellen wir uns das Thema 11 Uhr 40 Minuten vor. Auch dieses Thema hat 60 Untergruppen: Sekunden. Stellen wir uns das Thema 11 Uhr 40 Minuten 20 Sekunden vor. Auch dieses Thema hat Untergruppen (Mikrosekunden, Nannosekunden etc. etc.). Auf einem Uhrenzifferblatt sähe eine Anordnung von 11 Uhr 40 Minuten 20 Sekunden 10 Mikrosekunden etwa so aus.

Wir hätten also bei nur 4 Einzelfaktoren (Stunde, Minute, Sekunde, Mikrosekunde) die Welt der 12 Stunden bereits in 12 × 60 × 60 × 60 = 2 592 000 Einzel*augenblicke* zerlegt, in zweieinhalb Millionen Einzeltatsachen – bei nur 4 Faktoren!

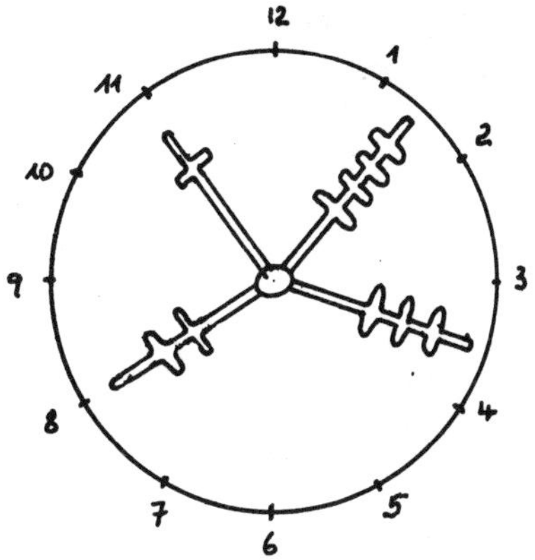

Abbildung 17

Ein Gedanke am Rande: Auch das Horoskop ist das Zifferblatt einer kosmischen Uhr, denn wir zeichnen auch die Planetenstellungen je nach ihrer Gradstellung in das Mandala ein (wobei der Kreis hier nicht nur 60 Minuten, sondern 360 Grad hat). Allerdings tun wir das nicht mit Hilfe von Zeigern, wir markieren nur die Endstelle, also die Spitze des Zeigers. Wobei wir, um zu markieren, um welchen Zeiger es sich handelt, einfach verschiedene Symbole nehmen. Und so sähe die obige Uhr etwa so aus.

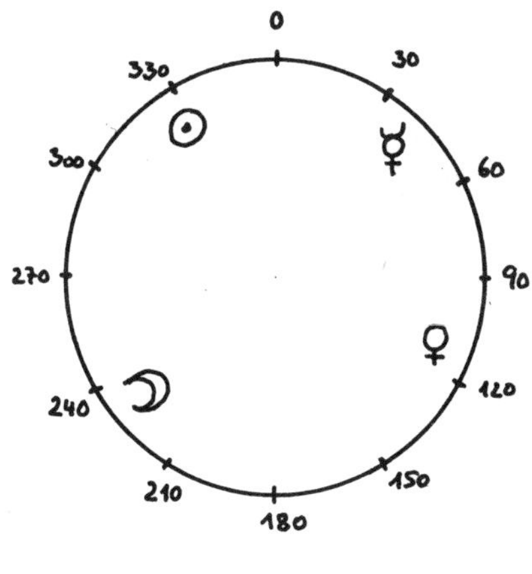

Abbildung 18

Das Ganze ist eine Analogie, also vergiß sie gleich wieder. Dieses Bild taugt nur dazu, dir klarzumachen, daß wir in der Astrologie 10 Faktoren (mit dem Mondknoten 11) haben und die Anzahl der möglichen Horoskopstellungen (bei der Genauigkeit von nur *einem* Grad!) beträgt 360 × 360 × 360 ... usw. noch 8 mal, so daß eine Zahl mit 27 Ziffern herauskommt. Das bedeutet aber auch: Nicht in hundert Millionen Jahren gibt es eine Gestirnstellung, die wieder so werden wird, wie sie die 11 Zeiger zu deiner Geburt angezeigt haben.

Doch das alles hat nur am Rande zu tun mit dem Problem, um das es gerade geht: Wie paßt die inhaltliche Vielfalt der Welt in den Tierkreis?

Dieses Phänomen kann dir nur deutlich werden, wenn du einen Gedanken verstanden hast, den ich mit einem Wort aus der Linguistik als »Tiefengrammatik« bezeichnen möchte. Stell dir vor, es gibt in der Tiefe der Welt nur 12 Ideen, Archetypen, nur 12 Themen oder 12 Aufgabenstellungen, nur 12 Namen. Aber wenn ich sage »in der Tiefe der Welt«, dann meine ich, daß diese Namen, Ideen, Urideen, nicht benennbar, nicht sagbar, nicht konkret vorhanden sind. Es sind eben Ideen, die in der Tiefe des Seins ohne Form, ohne Gestalt, ohne je sichtbar werden zu können, einfach nur *sind*. Störe dich nicht an dem Wort »Tiefe der Welt«, du kannst genausogut sagen: in den obersten *Höhen* der Welt. Sie sind oben wie unten gleichermaßen vorhanden (alte Völker wußten um diesen Zusammenhang, sie hatten für Höhe und Tiefe das gleiche Wort). Diese 12 Ideen bilden gleichsam die tiefste Struktur des Wortes im Sinne des Johannes-Evangeliums: »Im Anfang war das Wort«. Und diese Worte sind »gefallen«, haben den tiefsten Sturz durchlaufen, den man sich denken kann. Deshalb sage ich »in der Tiefe der Welt«. Es gibt also nur diese 12 Urworte. Sie sind der Nährboden, auf dem alles wächst. Auf diesem Humus wachsen Bäume, 12 Bäume. Nennen wir sie – wieder mit der Linguistik – »Ableitungsbäume«, und an diesen Bäumen schließlich wachsen Blätter. Und wir Menschen sind nun so beschaffen, daß wir weder die Ideen (also den Nährboden) noch den Baum noch die Äste sehen können. Das einzige, das unsere Welt ausmacht – und was wir als Welt ausmachen können – sind die Blätter. Sie keimen, wachsen heran, entfalten sich voll, werden alt, welken, sterben, fallen ab. Alles, was wir sehen oder denken können, hat den Status, »Blatt« zu sein am Baum der Idee.

Und diese Blätter bilden die Vielfalt der Welt. Denken wir uns einmal, wir könnten uns eine Vorstellung von einer dieser 12 Ideen machen, also beispielsweise der Idee des Beginns (des Anfangens, des Durchstoßens, des Durchsetzens). Dann würden (da die Idee ja nicht sichtbar ist) an diesem Baum viele Blätter hängen, die *alle* diese Idee verkörperten. Zum Beispiel der Urknall, eine Geburt, das Keimen eines Kornes, das Anschneiden einer Torte, das Schmieden eines Schwertes, das erste Wort (eines Kindes), ein Sonnenaufgang oder die Entstehung eines Pickels usw. usw.

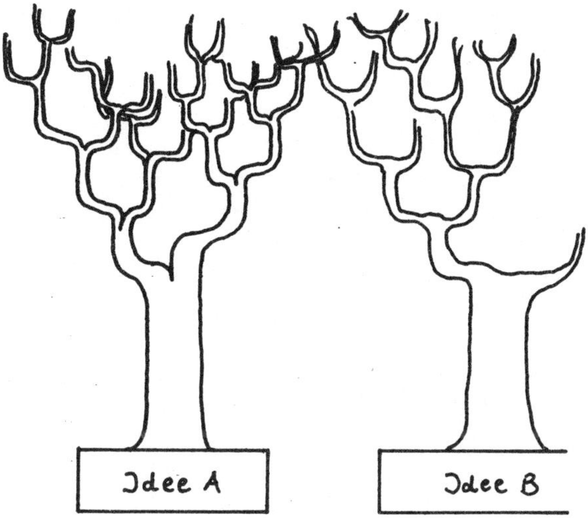

Abbildung 19

Jeder Logiker mag daran verrückt werden, daß an einem Baum in friedlicher Eintracht der Urknall zusammen mit dem Pickel hängt. Der Astro-Logiker (der hoffentlich kein Logiker ist) hat sein helles Entzücken daran, zu sehen, daß auf jeder Ebene, die in dieser Welt denkbar ist, immer jede Uridee wirksam ist. Welche Ebenen es gibt? Nun, hier sind ein paar: Krankheit, Pflanzen, Tiere, Musikinstrumente, Werkzeuge, Zigarettenmarken, Literaturgattungen, Körperteile, Berufe, Religionen, Automarken, soziale Milieus, Tänze, Spiele, sexuelle Betätigungen, Waschmittel usw.

Wir müssen nur verstehen, es gibt nicht etwa *einen* Baum, der jetzt die Berufsidee vertritt und nun hängen in diesem Baum alle möglichen Berufe, nein, in *jedem* Baum hängen bestimmte Berufe – Berufe, die aus der Idee dieses Baumes heraus geboren werden (und herausgeboren werden). Es hängen in dem gleichen Baum aber auch Insekten, Musikinstrumente, Krankheiten und Kuchensorten, die aus der gleichen Idee heraus geboren werden, die ebenfalls diese Idee verkörpern. Denn das ist der Sinn des Baumes: er soll mit seiner Idee die Welt bevölkern. Welche Träger oder Korrespondenzen er dazu nimmt, ist der Idee egal. Die Idee findet die Träger auf jeder Ebene.

Was wir tun können? Wir könnten uns jetzt alle 12 Bäume nach den in ihnen verkörperten Berufen anschauen und werden merken, daß jeder Baum viele Berufe hervorgetrieben hat, die alle – auf irgendeine Weise – die jeweilige Idee spiegeln. Wir könnten das gleiche mit Zigarettenmarken tun, wenn wir darin einen tiefen Sinn sähen. (Obwohl das Ableiten so einfach nun auch wieder nicht ist, denn so schnell kommt man nicht darauf, daß »Roth-Händle» in den ersten Baum und »Ernte 23» in den sechsten Baum gehören). Um mit diesen Urideen bzw. ihren Verkörperungen auf der jeweiligen Ebene umgehen zu lernen, bedarf es einiger Übung. Man muß nämlich versuchen, die Tiefengrammatik eines Prinzips, einer Idee, zu verstehen, um dann die Ableitungsbäume zu beherrschen.

Doch wir wollen uns hier nicht mit der Ebene der Zigarettenmarken oder Puddingsorten beschäftigen, sondern mit *der Ebene der Schuld*. Das heißt, wir schauen uns jetzt eine bestimmte Ebene (aller 12 Bäume) an und das ist die Ebene des *Schuldigwerdens*. Wir lassen uns jetzt Auskunft geben über eine besondere Ebene jedes Baumes, die natürlich um etliches tiefer liegen dürfte als das Rauchwaren-Blattwerk. Es geht um die Verstrickung in Schuld und jeder Baum ist hier anders verstrickt.

Wir stellen also die Frage: wie verhält sich der Baum, wenn er nach seiner Eigenschaft »Aszendent zu sein« gefragt wird. Und so legen wir mit einem waagrechten Schnitt durch alle Bäume die Ebene der Schuld frei. Später werden wir mit einem weiteren Schnitt versuchen, die Ebene B, den Weg durch das Märchen, freizulegen.

Doch jetzt geht es um Schuld.

Natürlich kann dieser erste Durchgang durch den Tierkreis hier nur kursorisch geschehen. Um nicht mehr kann es gehen, als dir eine rohe Idee deiner Schuldverstrickung zu geben. Das heißt, du bekommst hier eine Ahnung über das, was es *in dir zu entdecken gilt*, du bekommst keine Gebrauchsanweisung und auch keine Details. Desgleichen gebe ich hier auch noch keine Beschreibung eines Tierkreiszeichens, sondern behandele nur den *unerlösten Schuldaspekt* eines jeden Zeichens. Das schließt andere Aspekte zunächst aus. Beispiel: Möglicherweise hast du gelernt, der Widder sei »ehrlich«. Das ist sicher zutreffend, doch als Aszendent Widder ist deine Schuld nicht die Ehrlichkeit, denn Ehrlichkeit ist erst einmal keine Schuld. Jemandem mit einem Widder-Aszendenten zu erzählen, er sei ehrlich, verwechselt die Ebenen, man betreibt

Augenwischerei. Nicht, daß es nicht stimmt, aber es ist unerheblich.

Liest du jetzt *deinen* Text, d. h. den Text deines Aszendenten, so sage bitte nicht: Ja, das wußte ich schon, diese Schuld habe ich schon auf mich genommen, dazu habe ich schon »ja« gesagt. Glaube mir, hättest du es, nie hätte dieses Buch deinen Weg gekreuzt. Vielleicht hast du deine Schuld schon im Inneren deiner Seele gespürt, aber du trägst sie noch nicht. Zum Tragen mußt du sie dir anschauen, sie muß hoch über dir auf einer Stange hängen. Der Text eines jeden Zeichens ist so abgefaßt, daß nicht alle Ausprägungen auf dich zutreffen, dennoch solltest du bei jenen besonders hellhörig werden, die auf den ersten Blick gar nichts mit dir zu tun zu haben scheinen.

Die Idee stimmt in jedem Fall.

Aszendent Widder

Irgendwo muß die Schlange beginnen. Und der Anfang der Schlange ist ihr Kopf. Besser gesagt der Biß. (Und das Ende ist der Schwanz, in ihm steckt, wie wir schon wissen, das Heilmittel.) Die Schuld, die du hier mit dir herumträgst ist eine Schuld der *Tat*. Du hast etwas getan, du hast gebissen. Und du hast auf jeden Fall gebissen, um zu töten. Da du keine Schlange bist, sondern Mensch, hast du zugeschlagen. Meistens mit Eisen. Mit einem Messer, einem Schwert, einer Lanze, mit einem Kriegsinstrument, einem Mordinstrument. Die Römer nannten ihren Rammbock, den Stamm, mit dem sie feindliche Festungen einrannten »aries« – Widder. Ja, sie schnitzten sogar Widderhörner an seinen Anfang.

Deine Schuld ist die *ungestüme Tat,* mit der du dein *Wollen gegen* den anderen Menschen *durchgesetzt hast.*

An deinen Händen klebt Blut, viel Blut. Du hast den Widerstand, der sich deinem Wollen entgegengesetzt hat, gebrochen, das hat dich zum Ver-*brecher* werden lassen.

Denke immer daran, ich rede nicht davon, was du *jetzt bist* oder *tust,* ich rede von einer Schuld, die seit Äonen auf dir lastet. Je mehr du dich allerdings heute vor dieser Schuld drücken willst, desto mehr kann es sein, daß du auch heute wieder in die alten Geschichten verwickelt werden könntest. Du kannst dann – im Extremfall – auch heute wieder die Karriere eines Verbrechers einschlagen. Warum? Damit du beim Thema bleibst! Dich nicht aus diesem Thema einfach davonmogelst. Und du warst grausam. Nicht daß es dir Spaß gemacht hätte zu quälen, es war dir nur jedes Mittel recht, dein Wollen zu verwirklichen. So warst du ein Verführer, ein Vergewaltiger. Du hast immer sofort entschieden, ohne Bedenken, denn das Denken lag dir nicht, ohne Rück-sicht, denn du schautest nur nach vorne, ohne Mit-leid, denn du konntest dich in den anderen nicht hineinversetzen, und jede Entscheidung setzte – du siehst es schon am Wort – sogleich das Schwert frei.

Du bist ein Kämpfer – aber du bist kein Held. Du hast Wunden geschlagen und du schlägst sie heute noch. Aber sie sind nicht notwendig, sie sind notbringend. Du bist *rücksichtslos,* d. h., nie schaust du zurück und siehst die Leichen und das Leiden, das auf deinem Weg zurückbleibt. Vielleicht findest du es auch als Streitlust, Aggression, Zorn, Unverträglichkeit, Unvorsichtigkeit *in dir.* Oder du hast es so weit von dir gewiesen, so weit die Decke des Vergessens darüber gebreitet, daß dir jetzt diese Eigenarten *von außen entgegentreten müssen.* So warst du als Kind entweder ein böses Mädchen oder ein böser Junge, und die anderen haben sich über dich beschwert. Oder du warst ein braver Junge oder ein braves Mädchen und du beschwertest dich über die anderen (die immer so grausam zu dir waren). Hast du deine Bösartigkeit nicht gelebt, so hattest du immer Verletzungen, Entzündungen, Fieber, Rötungen, Schwellungen, Kopfverletzungen. Deine (möglicherweise heimliche) Liebe galt dann entweder den Gruppen, die Gewalt und Schrecken verbreiten (wie Militärs, Polizei, Todeskommandos, Gestapo) oder jenen, die sich anderweitig mit Energie durchzusetzen vermögen und dabei nicht nach rechts oder links schauen (Boxen, Fußball, Wett-*kampf*).

Deine eigentliche Schuld besteht darin, daß jeder, der als Leiche deinen Weg säumte, *ein Teil von dir war,* und du dich immer wieder selbst erschlagen hast. Jetzt hast du die Gelegenheit, all diese Personen (die natürlich auch dieses Leben wieder bevölkern) als Teile von dir zurückzuholen.

Nur das heißt: Schuld zurückholen.

Aszendent Stier

Der zweite Baum gibt eine Schuldebene frei, auf der du ein *Gefangener* bist. Du bist eingesperrt, eingekerkert, du sitzt in einer *Festung*. Du bist in Haft. Bist deinen Folterknechten ausgeliefert. An deine Füße hat man eiserne Kugeln geschmiedet, und du glaubst, es seien die anderen, die über dich herrschen. Jetzt bist du ein Dulder, ein Erleider. Und du tust alles, was von dir verlangt wird, tust alles, was deine Wächter davon abhält, mit dir erzürnt zu sein. Du bist subaltern. Untertänig, du katzbuckelst.

Ja, du identifizierst dich sogar mit dem, was die anderen dir antun; so beginnst du – im Extremfall – die Rangabzeichen derer zu sammeln, die dich quälen. Sie heftest du an deine Brust, um wenigstens in deiner Phantasie so zu sein wie sie. Und so nimmst du alles an, was dir zugefügt wird. Aber verirre dich nicht in den Gedanken, das sei ein Einverstanden-Sein; einem größeren Irrtum könntest du nicht unterliegen (und dennoch begehst du ihn sehr gerne). Du sagst nicht »ja« zu allem, was ist, du sagst nur »ja« zu deiner Rolle, Sklave zu sein. Verwechsele dein Erdulden-Können nicht mit einem nicht Loslassen-Können. Es ist gerade deine Schuld, dein Problem, daß du nichts loslassen kannst, noch nicht einmal deine Peiniger. Deshalb sitzt du ja im Gefängnis.

Der eigentliche Nerv deiner Schuld liegt darin, daß du *träge* bist, ein Träger, ein Muli, du trägst alles, was je an dich herangekommen ist, mit dir herum. Du klammerst dich daran und sagst, es wäre *dein*. Die eigentliche Festung, in der du eingekerkert bist, ist eine Festung aus Besitz, Meinungen, Ansichten, Vorbehalten. Und nichts davon willst du hergeben. Du willst eigentlich nur *hereinnehmen,* du bist der *Schlund* der Schlange. Manchmal schlingst du Riesendinger in dich hinein (du weißt, die Schlange kann das 10fache ihres eigenen Durchmessers vertilgen, manchmal ein ganzes Schwein!), und dann liegst du träge da und verdaust (mitunter mehrere Leben lang). Natürlich kannst du dich dann nicht mehr rühren – und das verwechselst du mit Einverstanden-Sein. Und was einmal diesen Schlund passiert hat (Meinungen, Besitz), das gibt der Schlund nicht mehr her. Und jetzt kann man mit dir machen, was man will. Die Gefangenschaft, in der du steckst, ist deine Abhängigkeit vom Alten. Von alten *Konzepten,* von altem *Plunder,* den du deinen Besitz nennst, und so besteht dein Gefängnis aus angesammelten Überkommenheiten.

Verfalle nicht in den Fehler zu glauben, du müßtest loslassen lernen. (Es liegt immer so nahe, aus dem, was man hört, die gegenteiligen Schlüsse zu ziehen.) Das einzige, was passieren würde, du würdest sofort ein *Sklave* deines neuen Konzeptes, das jetzt »Loslassen« heißt und damit errichtest du dir eine neue Festung. So sieht der Ausweg nicht aus. Deine eigentliche Schuld besteht darin, daß du dich eingesperrt hast und jetzt hast du die Gelegenheit, dir jedes Gefängnis noch einmal *anzuschauen.* Versuche *nicht,* dich zu befreien! Schau dir alle Möglichkeiten, die Kerker sein könnten – und bei dir wird alles zum Kerker – noch einmal an, alle Konzepte und jeden Besitz. Gehe noch einmal ganz bewußt durch jeden Kerker. Erst wenn du dir jeden Winkel, jeden Schlupfwinkel jedes Kerkers angeschaut hast, kann möglicherweise aus dem Kerker eine Kirche werden. Sprachlich und inhaltlich liegen beide sehr eng beieinander (»kerk« heißt holländisch »Kirche«), und jede Kirche ist sehr schnell zu einem Kerker geworden, weil man in ihr Absicherung, d. h. Sicherheit finden wollte. Und alles, was du im Moment anbetest, wird zum Kerker, weil *du* es anbetest. ›Schuld‹ sein heißt auch, *etwas* anbeten; Schuld zurückholen, könnte heißen, das Gebet zu dir hineinzubitten, dem Gebet Platz zu machen. Vielleicht kannst du so aus einem Kerker eine Kirche machen. Doch das Gebet findet seinen Platz erst, wenn dein Schwein heruntergeschlungen und verdaut ist. Dein tiefsitzendes Problem liegt in deinem Wissen, daß du nichts wert bist. Und jetzt unternimmst du alles, um das nicht sehen zu müssen.

Aszendent Zwillinge

Deine Schuld als Zwilling ist deine *Bedeutungslosigkeit*. Während du im Zeichen Widder die Tat ausgeführt hast, als Henker, der mit seinem Schwert den Kopf abtrennt, und während du im Zeichen Stier – deines vollgefressenen Wanstes wegen – zur Schlachtbank geführt wirst, so bist du im Zwilling derjenige, der dabei die ganze Zeit gafft und dazwischenschwätzt. Du stehst – eingekeilt inmitten der Menge – und bist *Zuschauer*. Auf der großen Bühne, dem Welttheater, das jeden Tag ein anderes Stück auf dem Spielplan hat, bist du derjenige, der im Zuschauerraum sitzt. Dabei weißt du schon, du hättest dich nur zu entscheiden, zu welchem Teil des Ensembles du gehören möchtest und schon wärest du im Spiel. Der Regisseur bietet dir jeden Tag eine neue Rolle an, mal die des Bösewichtes, mal die des Helden, doch du zweifelst, ob das denn die jeweils richtige Rolle sei. Da du als *Zwilling* zwei Seelen – ach – in deiner Brust trägst, gibt es in dir ein hohes Maß an Unentschlossenheit. Und so kommt es zu keinem *Engagement,* zu keiner *Verpflichtung* an dieser Bühne. So läufst du durch die Welt und versuchst, dieses Unausgefülltsein dadurch zu übertünchen, daß du die wahrhaft unwesentlichen Dinge der Welt in dich hineinfrißt: Sprachen, Theorien, Daten, Gewichte, Meßergebnisse – damit du überall mitreden kannst.

Du bist der Talkmaster des Tierkreises, denn mittlerweile kennst du jede Frage, die jemand stellen könnte. Tief innen weißt du, die Antworten sind genauso bedeutungslos wie die Fragen. Doch »the show must go on«, und so stellst du – wie in jeder Fernseh-Talk-Show auch – zum 693sten Mal die gleiche nichtssagende Frage und erhältst die gleiche nichtssagende Antwort. Früher lief das Volk bei Hinrichtungen zusammen. Heute braucht es nur zum Fernseher zu laufen, der Weg ist kürzer geworden, die Schuld ist dieselbe. Und so ist der Fernseher ein Gerät, das täglich deine Schuld in dein Wohnzimmer projiziert: du sollst deine Bedeutungslosigkeit handgreiflich erfahren.

Als Zwilling nimmst du zur Kenntnis, was *andere* tun oder erleiden (oder sich ausgedacht haben), du beschäftigst dich mit allem, d. h. mit nichts. Deine Hauptschuld ist dein Interesse, deine Neugierde. Aber wie dir diese beiden Worte deutlich machen können (»inter-esse« heißt zwischen den Dingen sein und nicht *in* ihnen; »Neugierde« heißt die Gier nach Neuem), liegt darin eine schreckliche Richtungslosigkeit. Und so gibst du dich nie hin. Das heißt, du bekommst auch dich nie zurück. Du bist der Sohn, der nie aus dem Vaterhause wegging und deshalb bekommst du auch nie ein Fest zum Anlaß deiner Rückkehr.

Und glaube bitte nicht, du könntest das Problem dadurch lösen, daß du den Fernseher aus deinem Wohnzimmer verbannst. Das wäre nur eine neue *Heuchelei,* denn du heuchelst viel und gerne (vor allem heuchelst du Anteilnahme). Stelle ihn, im Gegenteil, noch viel exponierter in die Mitte deiner Stube. Er ist für dich notwendig, damit du deine Schuld erkennst.

Du bist die Lunge der Schlange, jener Teil, der den Gas-Austausch bewerkstelligt. Neues Gas geht heran, verbrauchtes Gas geht hinaus, wieder neues muß her ... Es bleibt nie etwas haften. Ohne diesen Austausch könntest du nicht leben. Also atme!

Dir ist eines Tages im Traum ein alter Mann erschienen, und als du ihn nach dem Sinn deines Lebens fragtest, antwortete er dir: »Du bist belanglos! Werde dir darüber klar.«

Jetzt tust du alles, damit du ihm nicht glauben mußt.

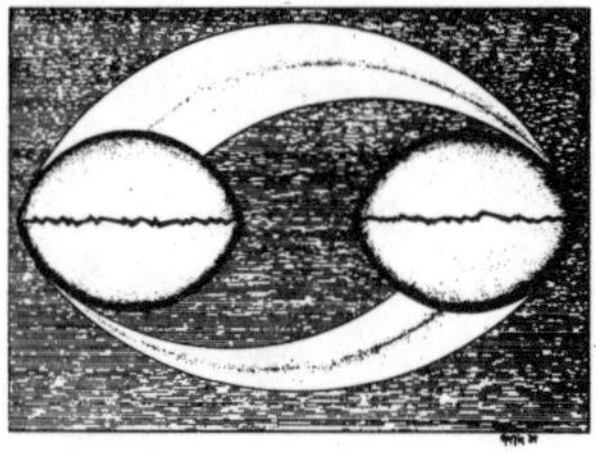

Aszendent Krebs

Deine Schuld als Krebs besteht in deiner Tyrannei.

Dein ganzes Leben – viele Leben – weigertest du dich, erwachsen zu werden. Du bliebst ein Kind, deine Haut ist nackt. Und so bist du auf der Suche nach deiner Mutter, daß sie dich schützen möge. Es verlangt dich, zurückzugehen in die Wärme ihres Schoßes. Du möchtest dein Geborenwerden rückgängig machen. Diese Tatsache – geboren zu sein, jetzt hier in dieser kalten Welt leben zu müssen – ist deine große Wunde. Ja, du bist tief verwundet!

Aber da du mit dieser Wunde nicht leben willst, sie nicht aushalten kannst, sammelst du Seelen um dich herum, die noch tiefere Wunden in sich tragen, die noch hilfloser sind als du. In sie schmeichelst du dich ein, gibst vor, jetzt für sie »Mutter« zu sein. Du übernimmst nun – selbst ein Kind – die Rolle des Kindergärtners.

Und du beginnst – vermeintlich – *zu dienen,* doch dieses Dienen hat nur den einen Sinn: die anderen Seelen absolut und total *zu beherrschen.* Deine Erniedrigungen, deine guten Taten, deine Selbstaufopferung verfolgen nur den Zweck, sie abhängig zu machen – abhängig von dir, um sie dann zu tyrannisieren. Das heißt, sie dann *deinen Gefühlen* zu unterwerfen. Und so reagierst und regierst du mit Leiden, Verstimmung und Launenhaftigkeit, mit dem Wort: »Das macht mich aber traurig«.

Dein Dienen ist ohne Wert! Dein Schmeicheln, dein Loben, trägt die Absicht, die anderen durch das Hintertürchen gefügig zu machen. Und so ist deine Umgebung meist in einem tiefen Leid, weil sie glaubt, für deine Stimmungen verantwortlich zu sein. »Mutter ist unzufrieden mit uns«, das ist die geheime Botschaft, die deine inneren Kanäle in die Köpfe (oder besser: die Bäuche) der Menschen um dich herum einpflanzen möchte. »Wir sollten alles tun, damit es Mutter wieder gut geht«, so sollte deiner Meinung nach ihre Reaktion aussehen.

Alle Tyrannen der Weltgeschichte – denke an Nero oder Caligula – haben auf diesem Muster ihre Schreckensherrschaft aufgebaut. Wohlgemerkt, ich sage nicht »Diktator«, ich sage »Tyrann«. Ein Diktator ist jemand, der sich relativ offen zu seiner Macht, zu seiner Gewalt, bekennt. Der sagt: Ich will es so, weil ich es will! Basta. Ein Tyrann sagt: Ich will es so, weil es so zu *Eurem* Besten ist. Mutter weiß, was gut für euch ist. Seid ihr jedoch nicht folgsam, so strafe ich euch. Und: Tyrannenherrschaft ist nicht weniger grausam als Diktatorenherrschaft. Warum? Weil sie mit dem Anspruch auftritt, unschuldig zu sein, nur das Beste für die anderen zu wollen. Sie ist einfach verlogener, weil jeder Tyrann selbst ein kleines Kind ist auf der Suche nach seiner Mutter, sich das aber nicht eingestehen will.

Der Film »Caligula« (es gibt ihn auf Video in 2 Teilen – Fernsehen!) zeigt dir den Kern dieses Problems. In deinem Reich geht es um die Tyrannei der Gefühle. Du bist die Mutter des Tierkreises und du weigerst dich, diese Rolle aufzugeben, denn als Mutter hast du Macht. Ohne dieses Mutter-sein-dürfen, ohne jemanden zu haben, dem du Schutz gewähren könntest, träte deine eigene Schutzlosigkeit, deine Nacktheit so sehr zutage, daß du in diesem Leid versinken würdest. Und so gehst du durchs Leben: immer auf der Suche nach kleineren Wesen. Hast du sie einmal eingefangen – denn deine Verkleidung ist perfekt –, so beginnst du deine emotionale Schreckensherrschaft.

Du bist der Magen der Schlange. Du setzt dem, was du verschlungen hast, etwas Aggressives, nämlich Säure, zu, so daß das, was du in dich hineingenommen hast unter dem Vorwand, es zu schützen, sich auflöst, um es anschließend im Darm der endgültigen Verwertung zuzuführen.

Und so erwachen die anderen: sie sind zwar in einer *Höhle,* doch es ist nicht der Schutz des Uterus, den du ihnen versprochen hattest, es ist die *Hölle,* und von allen Seiten schießt Säure auf sie zu. Doch auch sie, die dies erleiden, sind Krebse, ja, im eigentlichen Sinne bist du es selbst, der da in dieser Höhle (Hölle) wieder zu sich kommt. Du tyrannisierst dich selbst. Jeder Tyrann kommt in seinem eigenen Klima um.

Deine eigentliche Schuld besteht darin, daß du glaubst, du wärest schon erwachsen. Du mußt erkennen, du bist das Kind des Tierkreises, und der Weg zurück, in die Geborgenheit des Mutterschoßes, ist dir verwehrt.

Darum: Weine! Das einzige, was dir hilft, sind deine Tränen. Aber deine Tränen sind auch ein Instrument deiner Tyrannei! Jede

Träne, die du weinst, ist auch eine Lüge, ist der Apell an jemand anderen: »Schütze mich«. Und damit beginnt deine Tyrannei.

Wo der Ausweg ist?

Sieh es erst einmal so!

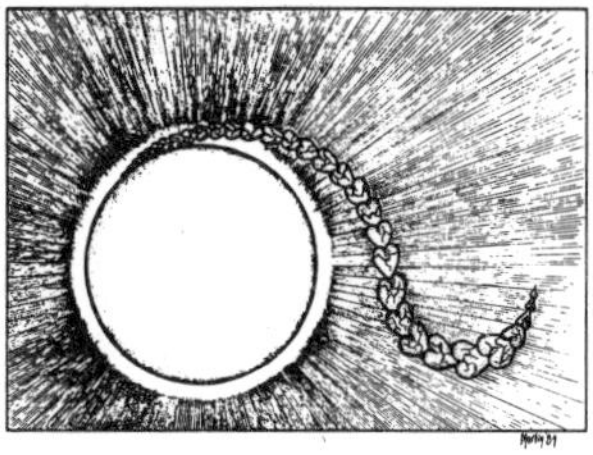

Aszendent Löwe

Deine Schuld als Löwe ist die *Herzlosigkeit.* Du bist der *Egoist* schlechthin. Das heißt, du bist pausenlos auf der Suche gewesen nach den Genüssen des Lebens. Du hast – im Gegensatz zum Widder – nicht mit Gewalt erobert, das hattest du nicht nötig. Du siegtest mit deiner Ausstrahlung, mit der Selbstsicherheit deines Wollens. Insbesondere hatte (und hat) es dir das andere Geschlecht angetan, denn die meisten deiner Eroberungen vollzogen sich auf sexuellem Gebiet. Dein Wollen ist so hoch verdichtet, so kondensiert, daß das andere Geschlecht sich dir reihenweise hingab. Es wollte teilhaben an der Selbstsicherheit und Selbstbewußtheit deiner Abstrahlung, die erst einmal als Wärme, Anteilnahme und Liebe mißverstanden wurde. Hatte der andersgeschlechtliche Partner dann seine Schuldigkeit getan, hatte er dir das gegeben, dessentwegen du auf ihn eingegangen warst, so war der Reiz der *Eroberung* verflogen. Dann bist du gegangen und so säumten gebrochene Herzen deinen Weg.

Das erscheint dir als eine vergleichsweise kleine Schuld? Nun, nimm nicht unbedingt das Heute zum Maßstab – obwohl es auch hier nach wie vor gilt – versetze dich in vergangene Zeiten, so wirst du leicht herausfinden, daß man an einem »gebrochenen Herzen« tatsächlich zugrunde gehen kann. Auf jeden Fall hast du Existenzen vernichtet.

Als Frau bist du in andere Beziehungen eingedrungen, hast Familien zerstört oder du bist aus deiner Familie ausgebrochen und hast Menschen einsam und verzweifelt zurückgelassen. Oder du bist als Mann in andere Bindungen eingedrungen, hast *Beute* gemacht, erobert, und hast diese Beute, nachdem sie erlegt war, liegengelassen.

Und so hast du dein Zerstörungswerk in den Herzen der Menschen angerichtet. Dein Thema ist das *»gebrochene Herz«* und dabei hast du dich nicht im Geringsten um die Folgen deiner

Handlungen geschert. Ja, der, der sich dir einst hingab, ist von dir sogar noch mit Hohn und Verachtung behandelt worden. Du hast ihn für das Verwerfliche seiner Tat (sich dir hingegeben zu haben) als minderwertig abgestempelt. Jetzt blickst du auf den, den du verführt hast, herab und verurteilst ihn gar. Sagst zu diesem Menschen, den du verdorben hast, er sei verdorben.

Du hast einen Trampelpfad in den Herzen der Menschen hinterlassen, denn es ging dir nie um die Menschen, nie um ihre Liebe, ihre Sympathie, sondern immer nur darum, dir deine Einzigartigkeit zu beweisen. Und so *brüstest* du dich mit deinen Eroberungen, willst beweisen, daß du *gesiegt* hast. Und doch bist du in diesem Spiel der einzige Verlierer gewesen. Dein Brüsten soll deine eigene Herzlosigkeit überdecken, doch tief im Inneren ist dir die ganze Zeit klar, daß du all diese Handlungen nur deshalb begehst, damit dein schlechtes Gewissen – dein Gefühl, Leid zugefügt zu haben – übertönt wird. Du hast aus deinem Herzen eine Mördergrube gemacht, in der du jetzt selbst gefangen sitzt. Du sitzt dort zusammen mit all den Menschen, die deinetwegen aus ihren Familien verstoßen wurden und daran zugrunde gingen. Und du mußt die Schreie, die aus dem Inneren dieser Grube ertönen, die Stimmen, von denen eine auch deine ist, pausenlos mit neuen Eroberungen überdecken. Du bist ein Gefangener deines eigenen Stolzes. Du bist das Herz der Schlange, du bist der, von dem die Menschen sagen: eine Schlange habe ich an meinem Busen genährt.

Was du tun kannst?

Versetze dich an die Stelle der vielen Personen, die im Inneren deines Herzens als Gefangene sitzen. Dein Herz ist besetzt, so wie heute Häuser besetzt sind, zwar bist du der Eigentümer, aber solange das Haus voll ist mit fremden Personen, kannst du damit nichts anfangen. Höre dir ab und zu an, was diese Stimmen zu sagen haben. Versuche, ihr Herz zu erobern, daß sie dir vergeben können.

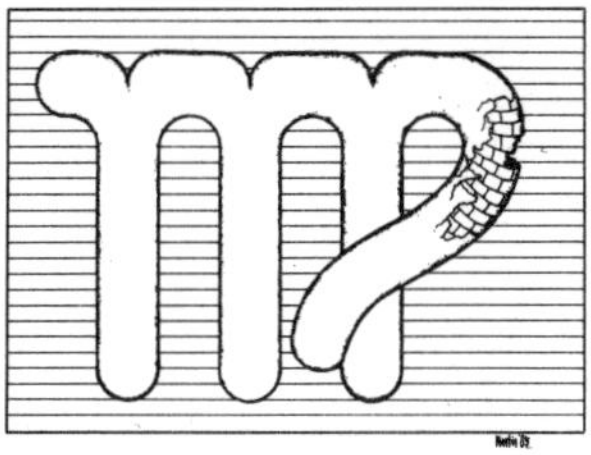

Aszendent Jungfrau

Deine Schuld als Jungfrau ist die Scheinheiligkeit. Es ist deine Schuld, *unschuldig* sein zu wollen. Und so unternimmst du alles, damit in deinem Heim keiner auch nur ein Stäubchen finden kann. Du bist der, der wahrlich Dreck am Stecken (!?) hat. Dein Leben – viele Leben – war eine Kette von Pedanterien, eine Kette von Lügen. Und so ist deine Seele allmählich zu Stein erstarrt. Du hast den anderen ein Leben vorgelebt, das aus Ordnung, Sauberkeit, Pünktlichkeit, Tüchtigkeit und Frömmigkeit besteht und damit hast du dir dein eigenes Mausoleum errichtet. Du hast gebetet, daß Gott dein Haus behüten solle, aber du hast Gott aus deinem Haus herausgebetet, denn du benutztest ihn als Waffe gegen die, die dich liebten. Deine Kinder, deinen Mann, deine Frau hast du so zu Feinden erzogen, zum Hassen. Sie alle hassen jetzt deinen Gott, in dessen Namen du so viel Unheil in ihre Seelen gepflanzt hast.

Du hast geglaubt, mit diesen Handlungen *Sicherheit* zu gewinnen, doch ein Vers von Otto Buchinger könnte dir darüber Klarheit verschaffen:

Bei dem Wörtchen »sicher«
lacht der Hölle Gekicher

Doch da du denkst, die Welt sei so voller Gefahren, gehst du schließlich auf die Suche nach dem Bösen. Du riechst es, hörst es, ahnst es überall und so wirst du langsam zum Ankläger gegen das Böse, das es doch nur in deiner Phantasie und *als Resultat deiner Verfolgungen* gibt. In deinem gierigen Bestreben, eine respektable Person zu sein, projizierst du deine eigenen dunklen Absichten in die Menschen rings um dich herum. Und so führt deine Suche nach den Schuldigen dich schließlich dazu, Unschuldige zu foltern. Nein, nein, du legst nicht selbst Hand an, doch du sorgst schon dafür, daß sie endlich das gestehen, was du in deinem Unbewußten mit dir herumträgst.

So versuchst du dein puritanisches Leben damit zu rechtfertigen, daß es – wenn es auch sonst keinen Sinn hat – doch wenigstens gottgefällig sei. Doch was herauskommt: Bigotterie! Und weil der Name Gott in dein heutiges Leben nicht gar so gut hineinpaßt und du viel zu vernünftig bist, einen solchen Namen zu wählen, versuchst du anderweitig mit Ehrgeiz bzw. Ehr-Gier, Tüchtigkeit, vermeintlicher Opferbereitschaft, Ordentlichkeit und was dergleichen Tugenden mehr sind, die trügerische Balance zwischen deinem Inneren und den Blicken der Welt aufrecht zu erhalten. So bist du kleinlich angepaßt, vorsichtig, zurückhaltend, hältst dich an das, was du siehst und anfassen kannst, mißtraust allem Höheren und merkst nicht, daß du vor lauter psychischer Hygiene schon ganz krank bist. Nur keine Vorhänge an die Fenster, denkst du, es könnte jemand auf die Idee kommen, es gehe hier nicht alles rechtens zu. Ja, um unangreifbar zu sein, versuchst du, dich beständig an die Ordnung des Bestehenden anzupassen.

Als Frederik Leboyer einmal an der Frankfurter Uniklinik seinen zauberhaften Geburtsfilm zeigte, bei dem fast alle Zuschauer überwältigt waren, mit wieviel Liebe Leboyers Hände dem neugeborenen Kind entgegentraten und ihm zur Welt verhalfen, fragte eine anwesende Jungfrau, wieso er denn verantworten könne, das Kind ohne Handschuhe anzufassen, wo bliebe denn da die Sterilität?

Leboyer antwortete: »Wenn Sie ein steriles Kind haben wollen, müssen Sie es 10 Minuten lang kochen!«

Du bist schon vor langer Zeit 10 Minuten lang gekocht worden, jetzt bist du selbst steril geworden. Deine Vorsicht hat alles Leben aus dir vertrieben. Du kannst es höchstens noch in deinem Dünndarm entdecken, denn du bist der Darm der Schlange. Hier im Darm sitzt du und prüfst, was für dich *brauchbar* ist und was dir schaden könnte. Du mußt lernen, daß dieser *ganze Mist* von dir ist. Deine beiden großen Verbündeten sind deine Angst und deine Krankheit. Beide haben einen tiefen Sinn, höre ihnen zu!

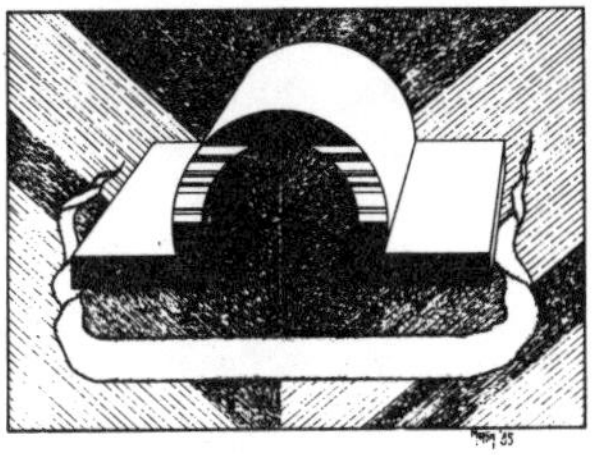

Aszendent Waage

Deine Schuld als Waage ist die *Feigheit.*

Es steht geschrieben: »Sei warm oder kalt, aber wenn du lau bist, will ich dich ausspucken aus meinem Munde.«

Du als Waage bist lau, d. h. eigentlich bist du gar nichts, weil du jeder Handlung, die dich zu jemandem hätte machen können, aus dem Wege gegangen bist. So hat dich das Schicksal weder zum Guten (zum Helden) noch zum Bösen (zum Verbrecher) hinbewegen können, jetzt stehst du da und hältst nichts in deinen Händen außer dem Vorwurf »Ach hätte ich doch...« Du bist jeder Reibung aus dem Wege gegangen und es gab so viele Geschehnisse in deinen Leben, die dich mit einem Schlage zur Persönlichkeit hätten verändern können. Viele Menschen haben dich angefleht in einem Zustand höchster Not: Hilf uns, sag nur ein Wort des Trostes, der Hilfe, laß dich ein, sage für uns aus! Viele Menschen standen am Pranger, vor ihrem Richter, und ein Wort von dir, ein Zeugnis von dir, hätte sie erlöst. Doch du standest da, warst kurz davor, dieses Wort zu sagen, doch dann hörtest du die innere Stimme, die dir zuflüsterte: »Bloß nicht einmischen, du bekommst nur Schwierigkeiten«, »Laß dich nicht ein«, »Es ist für dich nicht gut, wenn du dich jetzt exponierst«, »Wer weiß, nachher greifen die Richter noch nach dir«, und so tatest du nichts, obwohl du es hinterher bereutest, es besser wußtest. Du gingst immer den *Weg des geringsten Widerstandes.* Nur nicht anecken! Bloß nicht hinschauen! Du warst derjenige, der nie zu den Hinrichtungen ging, du konntest kein Blut sehen und doch klebt eben deshalb soviel Blut an deinen Händen. Denn dein Zeugnis hätte viel Blutvergießen abwenden können. Bloß nicht entscheiden. So bist du in einer tiefen Indifferenz versunken, bist keine Persönlichkeit geworden.

Eine kleine Geschichte aus meinem Leben mag dir das illustrieren (ich bin Waage im Sonnenzeichen, d. h. mein *Handeln* ist von der gleichen Indifferenz wie deine *Schuld).*

Als meine Mutter gestorben war und wir von der Trauerhalle zu ihrem Urnengrab schritten, eine Strecke von ca. zwei Kilometern, da ging vor dem Trauerzug der Träger mit der Urne. Zwei Meter hinter ihm gingen die Familie und die Trauergäste. Ich befand mich direkt hinter dem Urnenträger. Und den ganzen Weg über wußte ich, daß meine Mutter es wollte, daß ich ihre Urne trüge. Ich wußte es einfach, da mein Verhältnis zu ihr und ihr Verhältnis zu mir, diesen letzten Dienst erforderlich machte. Ja, auch ich wollte es. Viele Male überkam mich der Impuls, hinzugehen und zu sagen: »Lassen Sie mich die Urne tragen«, wogegen der beamtete Urnenträger ganz gewiß nichts gehabt hätte. Denn die Urne war schwer, und ihm wäre es doch egal gewesen. Und doch schaffte ich es nicht. Nie habe ich diese Entscheidungsunfähigkeit, diesen Kampf in mir, deutlicher und bewußter wahrnehmen können, als in diesen zwei Kilometern. Ich habe die Urne nicht getragen. Und deshalb trage ich diese Geschichte noch heute in mir herum.

Und so trägst auch du heute noch viele Geschichten in deinem Inneren mit dir herum. Dinge, die du – als es Zeit war – zu tragen dich geweigert hattest.

Noch aus einem anderen Grund bist du keine Person geworden: du machtest dein Leben abhängig von der Gnade, dem Glück oder der Wertschätzung *anderer* Menschen. Hast du auf der einen Seite darin versagt, denen zu helfen, die deiner Hilfe wirklich bedurften, so hast du auf der anderen Seite versucht, denen nach dem Mund zu leben, von deren Urteil du glaubtest abhängig zu sein. So hast du viele Dinge getan, von denen du dachtest, sie gefielen den *anderen*. Du hast dich bemüht, eine Harmonie nach allen Seiten hin herzustellen, damit bloß kein Konflikt, bloß kein Kampf entstünde. Hast geschlichtet, wo du nur schlichten konntest und wieder bist du dabei vollständig unter den Tisch gefallen. Auch in diesen Handlungen, die eine Art Gleichgewicht herstellen sollten, konntest du keine eigene Identität ausbilden.

Mitunter hast du dir eingebildet, es ginge bei diesem Gleichgewicht um Gerechtigkeit, doch darum ging es nie. Du bist nicht gerecht, sondern nur ängstlich auf Konfliktfreiheit bedacht gewesen. Du bist nur träge und verwechselst diese Trägheit mit Moral. Ja, du siehst dich gerne so, als wärest du *jenseits von Gut und Böse,* doch das ist ein Trugschluß.

Jenseits von Gut und Böse kann nur jemand sein, der schon durch diese Pforte durchgegangen ist, du bist bisher zu feige gewesen, du bist noch weit diesseits von Gut und Böse. Du hast noch einen sehr weiten Weg vor dir.

So bist du die Niere der Schlange. Das Blut, der Lebenssaft wird von dir gefiltert. Du sollst das Gift ausscheiden. Du mußt entscheiden, was giftig und was lebenserhaltend ist. Kannst du als Niere diese Entscheidung nicht treffen und somit deine Arbeit nicht vollführen, kommt es zum Koma und der Organismus stirbt. Als Waage liegst du in der Mitte des Tierkreises (der Schlange); du *siehst* beide Seiten – Kopf (Gift) und Schwanz (Heilmittel) – und aus dieser Position bildest du dir ein, einen größeren Überblick zu haben. Dadurch bist du gelähmt. Für welche Seite sollst du dich entscheiden? Zum Gift? Zum Heilmittel?

Aus diesem Dilemma kommst du nicht heraus!

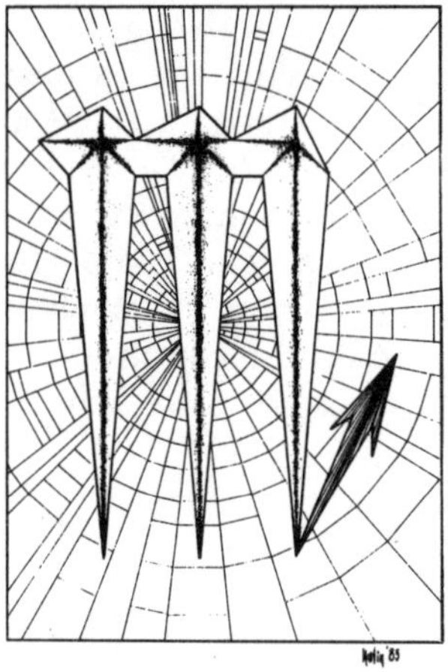

Aszendent Skorpion

Hier, am 8. Baum, ist die Schlange am deutlichsten sichtbar. Der Skorpion ist das Symbol, das der Schlange am nächsten ist, deshalb kannst du hier am meisten über die Schlange lernen. Freilich, es gibt einen gewichtigen Unterschied, weshalb du den Skorpion nicht mit der Schlange verwechseln darfst. Der Skorpion trägt das *Gift im Schwanz*. Ein unerhörter und unüberhörbarer Hinweis: das Gift sitzt an deinem Ende!

Noch etwas ist an diesem Tier zu sehen: Es ist das einzige Wesen innerhalb des Tierreiches, das seinem Leben selbst ein Ende bereiten kann. Indem es seinen Giftstachel, der im Schwanz sitzt, gegen sich richtet, kann es Selbstmord begehen. Es tut dies in tiefster Not, beispielsweise wenn es vom Feuer eingekreist ist. Und das ist es auch, was einen großen Teil deiner Schuld ausmacht: du bist der *Selbstmörder* des Tierkreises. Du bist so tief in die Schuld hinabgetaucht, daß es zu einer Opferung deines Lebens kam. Ob du es dann selbst getan hast, also ganz bewußt den eigenen Tod gewählt hast, oder ob dein Verhalten so war, daß du folgerichtig den Tod erleiden mußtest, ist dabei unerheblich. In jedem Fall hast du viele Leben verwirkt. Du bist der gestürzte Engel, dein Name ist Te - u - fel. Du hast dich mit der dunklen Seite der Macht eingelassen, so tief dich verstrickt, daß darin ein Entkommen nicht mehr möglich war. Du hattest Kontakt mit dem Bösen, möglicherweise einen Vertrag, der deine Seele an das Böse band (darin gleichst du Faust) und du erhieltest als Gegenleistung die Kraft des magischen Wünschens. Diese Art der Magie lockte andere Menschen zu dir hin, denn ein geheimer Zauber ging aus von dir und fesselte diese Menschen an dich, trieb sie in deine Arme und jetzt begannst du dein eindringliches Werk. Die deutlichste Analogie zu dir ist die Spinne. Du legst ein (unsichtbares) Netz aus, die Fliegen kommen – von einem unwiderstehlichen Drang getrieben –, verfangen sich in deinem Netz und werden von dir ausgesaugt. Nur noch ihre Hülle bleibt übrig. Auf die menschliche Welt bezogen: Du dringst ein in die Seele des anderen, zwingst ihm deinen Willen auf – machst ihn abhängig von dir. Ebenfalls analog der Spinne vereinigtest du dich als Weibchen (und auch Männer können hier ›Weibchen‹ sein) mit deinem Sexualpartner und nach der Vereinigung tötetest du mit einem Biß, und wieder hast du deinen Partner ausgesaugt.

Du bist das Vampirprinzip, und damit du nicht sagst, so etwas gäbe es nur im Tierreich, hier als Geschichte, wie derartiges im Menschenreich aussehen könnte, die Zusammenfassung einer Therapiesitzung.

Ein junger Mann aus gutem Hause – sagen wir im 16. Jahrhundert – schlendert über den Marktplatz und hält Ausschau. Es herrscht dort ein buntes Treiben. Der junge Mann (elegant, mit guten Manieren) sieht eine junge hübsche Frau, offensichtlich eine Dienstmagd. Er geht zu ihr hin, schaut sie mit einem ernsten Blick an und sagt zu ihr nur ein Wort: »Komm«. Die Dienstmagd ist etwas verstört, Unsicherheit spiegelt sich in ihrem Gesicht, doch auch Angezogensein und Gehorchenmüssen. Er geht voraus, sie folgt ihm. Er geht in ein Haus, in ein Zimmer, sie folgt – zögernd zwar, doch sie folgt –, und sodann sagt er: »Zieh dich aus.« Er sagt es noch nicht einmal als Befehl. Zögernd tut sie, was er verlangt. Schließlich steht sie nackt vor ihm, zitternd, gefangen und erregt gleichermaßen. Der Mann zieht ein sehr dünnes, degenartiges Messer aus seinem Gürtel und sticht der Frau wortlos in den Bauch. Die Frau erstarrt vor Schmerz und Angst. Der Mann sagt: »Still«. Aus lauter Angst und Entsetzen wagt die Frau nicht, zu schreien. Der Mann weiß, sie hat nur noch wenige Minuten zu leben. Jetzt zwingt er sie auf das Bett – die Wunde blutet kaum – und vollzieht die sexuelle Vereinigung. Die Frau windet sich vor Schmerzen, doch sie gibt sich dem Mann auch hin, unternimmt nichts, was sein Verlangen stören könnte. Nach einigen Minuten ist sie tot. Der Mann findet noch mehrere Opfer, bis er eines Tages dabei gefaßt und zum Tod durch das Rad verurteilt wird. Es ist ein Tod, der Stunden dauert.

Bei dieser Hinrichtungsart werden erst alle Glieder mit einem schweren Wagenrad mehrfach zerschmettert, und dann wird der Verurteilte in die Speichen des Rades geflochten, so daß sein zerbrochener Körper einen Kreis bildet, bei dem Anfang und Ende (Kopf und Füße) sich im »Idealfall« berühren. So wird er dann oben auf einer Stange zur Schau gestellt. Merkst du etwas?

Und so hast auch du – in ähnlicher Weise – im Laufe vieler Leben so manche Wunde mit deinem Stachel geschlagen. Die Menschen sagten zu dir, du wärest vom »Teufel besessen« bzw. du hättest den »Teufel im Leib«. Du warst Hexer oder Hexe (doch, das gab es wirklich) und dieses Gefühl steckt dir noch heute in den Knochen, auch die Angst, die mit diesen Leben (und ihrem Ende) verbunden waren, hast du noch in deinen Gliedern. Auch heute noch geht von dir ein Hauch dieser alten Geschichte aus, weshalb sich viele Menschen zu dir hingezogen und gleichzeitig auch von dir abgestoßen fühlen. Deine Narben sind noch nicht verheilt, du fühlst dich von dieser Todesart, auf das Rad gebunden worden zu sein, noch ganz zerschlagen.

Du bist das Sexualorgan der Schlange. Die eigentliche Triebfeder deines Wollens liegt in deinem Wunsch, den anderen mit Haut und Haaren zu besitzen. Ein Hilfsmittel, dieses Ziel zu erreichen, ist deine Sexualität. Und zwar alle extremen Formen, die zur Hörigkeit führen sollen. Natürlich gilt hier auch das Gegenteil. Wo soviel Wille zur Macht vorhanden ist, wächst die Ohnmacht im gleichen Maße und so bringst du dich unaufhörlich in Abhängigkeits- und in Leidsituationen. Und wie gern gehst du ins Leid! Du bestrafst dich am liebsten selbst, jagst dir den Stachel ins eigene Fleisch, weil du dich am liebsten selbst zerstören würdest. Du glaubst, mit deinen Selbstquälereien, mit deinem Selbstmord deine Schuld loswerden zu können. Zwar ist das eigentliche Ziel des Menschen der *Tod des Egos* und darin liegt auch ein Grund, daß der Stachel im Schwanz sitzt und den Kopf (das Ego) mit seinem Gift heilen soll. Doch solange du dich stichst, kannst du nicht geheilt werden. Und nur solange du andere (und dich) stichst, kannst du geheilt werden. Du gehst den tödlichen Weg. Viele Tode mußt du erleiden, bevor du leben kannst. Du hast nichts zu verlieren, außer deinem Ego!

Aszendent Schütze

Wer könnte auf die Idee kommen, anderen Menschen etwas über Schuld, über ihre Schuld zu erzählen, gar ein Buch darüber zu schreiben, ja, sich anzumaßen, überhaupt über Schuld etwas wissen zu können, außer jemandem, der seinen Aszendenten im Schützen hat? Meine (deine) Schuld als Schütze ist die Anmaßung. Die Vermessenheit. Ein Bild für die offenkundige Vermessenheit liegt in der historischen Rolle des Priesters.

Im Prinzip des Schützen wird es an der Figur des Zentauren sichtbar. Im unteren Teil *Tier*seele, im oberen *Mensch*enseele, sollte er jemand sein, der den *Übergang* des Animalischen in das Menschliche vollführen hilft. Er sollte die Brücke sein, auf der das eine zum anderen gelangen kann, der Wegbegleiter. Pontifex, der Brückenschläger, der das oben mit dem Unten verbindet. *Über ihn* laufen die anderen hinweg. Darum darf er selbst keinen eigenen Willen, kein eigenes Ego mehr haben – der wahre Priester (den es freilich nicht geben kann) wäre nur noch Werkzeug.

Doch in Schuld, in tiefe Schuld fällt er in dem Augenblick, in dem er glaubt, anderen Sittengesetze geben zu müssen. Es ist seine Schuld zu *predigen*. Und damit, was immer er auch predigt, führt er die anderen in die Irre.

Natürlich bist du kein Priester (du sollst auch keiner werden); dennoch ist deine Schuld die, aus moralischer Überheblichkeit, aus religiösem Eifer, aus Besserwisserei, andere Menschen verraten zu haben. Sie haben dir vertraut, sie haben geglaubt, du führtest sie zum anderen Ufer, zur *Menschseele,* doch du hast nur dein eigenes Geschäft im Auge gehabt, deine eigene Großartigkeit. Und so ist die Brücke eingestürzt, und du hast viele Menschen ins Verderben geführt – von dir selbst ganz zu schweigen. Du hast aus deinem Amt heraus fanatische Kreuzzüge organisiert gegen die Ungläubigen und hast damit diese, deine eigenen Leute und dich selbst zugrunde gerichtet. Und da gibt es auch nicht die Ausrede, du habest im guten Glauben gehandelt, denn du *weißt* und wußtest es besser. Du hast dich von der Macht, die in diesem Weg als Versuchung liegt, verführen lassen. Schließlich bist du zum Verräter an diesem Weg geworden.

Als Schütze war es deine Aufgabe, die Menschen auf diesem schweren Pfad zu schützen, so wie ein Förster seine Bäume und Tiere hegen und pflegen muß. Es war deine Aufgabe, sie zu hüten, doch du hast daraus ein Geschäft gemacht. Du hast ihnen Ablässe verkauft. Und so bist du wahrlich tief gestürzt. Du hast angefangen, ihnen Sittengesetze zu geben, hast dich als Gottes Stellvertreter auf Erden gefühlt, obwohl du doch wußtest, daß das in ihre Seele einen tiefen Haß pflanzt. Und so bist du verantwortlich für den Haß der Welt. Schließlich wurdest du zum Inquisitor, der *pein*lich über eben diese Sittengesetze wachte und sie mit einem flammenden Schwert auf die entblößten Rücken seiner Opfer schrieb. Ihre Schreie gellen noch heute in deinen Ohren. Dein brennender Pfeil, den du auf deinem gespannten Bogen trägst und der dazu gedacht war, neue Weiten, innere Horizonte zu erschließen, hast du auf die Rücken derer abgefeuert, die erkannten, daß von dir keine Rettung zu erwarten war. Sie, die du verraten hast, nanntest du Ungläubige, Ketzer und Hexen. Und so geht deine Spur des Brennens und des Mordens durch die Weltgeschichte, in deinem Anspruch, jene auszumerzen, die den »wahren Glauben« nicht haben. Doch deine Priesterschaft, dein Therapeutendasein oder wie auch immer du deine Besserwisserei lebst, ist verlogen. Du bist nicht der Helfer der Menschheit, du bist ein machtgieriger Prophet des Profits. Nur auf deinen Vorteil bedacht ist dein Ritual – und du umgibst dich gern mit Ritualen – zu einem Tanz um das goldene Kalb geworden. Du wähnst dich bereits als Mensch oder doch zumindest auf dem Weg dorthin und so hast du dich über die anderen Menschen herausgehoben, bist *überheblich* geworden. Doch die Größe, die du dir selbst beimißt, ist ein Wahn, ist Größenwahn.

Je höher du steigst, desto tiefer fällst du. Das einzige, was dir helfen kann: scheitere!

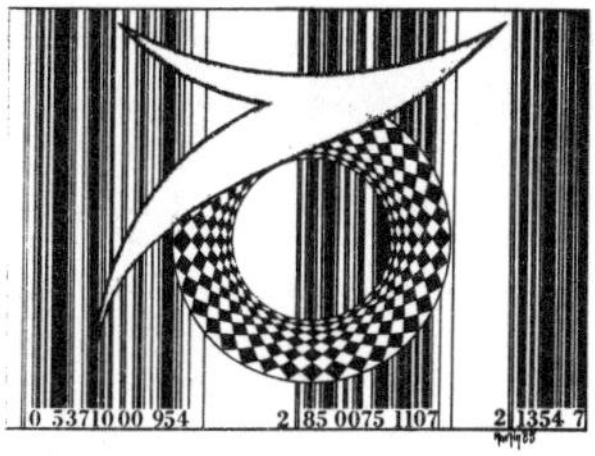

Aszendent Steinbock

Deine Schuld ist die Schuld der Diktatur.

Ja, du bist der Diktator des Tierkreises. Auch du hast dich emporgeschwungen – ebenso wie dein Vorgänger im Zeichen Schütze –, herausgehoben aus der Masse der dich Umgebenden und jetzt nimmst du das zum Anlaß, den anderen Gesetze zu geben, freilich keine religiösen oder philosophischen; denn du verkörperst das gesellschaftliche Gesetz, das gesellschaftliche Ganze. Und so versuchtest du, jedem Gemeinwesen – sei es im Großen (dem Staat) oder im Kleinen (der Familie) – deinen Stempel aufzudrükken, daß er zu einer Norm für ihr Verhalten werde. Dagegen sei, so sagst du, nichts einzuwenden? Schließlich muß jeder soziale Verband Regeln haben, ansonsten sei schließlich einer des anderen Wolf; Anarchie entstünde. Und schließlich würdest du es ja nicht zu deinem Vergnügen machen, denn du wärest ja derjenige, der diese Regeln selbst aufs i-Tüpfelchen befolgte. Derjenige, der sich selbst die schwersten *Verpflichtungen* auferlegt. Das ist richtig, doch du hast dabei eines übersehen: Im Laufe dieser Tätigkeit bist du hartherzig, kalt und starr geworden. Du bist selbst zu einer Verkörperung deiner Regeln, deiner Gesetze geworden, jetzt sind sie das einzige, was in dir noch lebendig ist. Du hast ein *Herz aus Stein*. Und jetzt verlangt dieser Stein, daß alle anderen ebenfalls zu einem Stein verkümmern. Alle Menschen um dich herum, die aus Fleisch und Blut bestehen, sollen ebenfalls erstarren. Du siehst nicht, daß deine Welt ernst und alt geworden ist. Was dir gänzlich fehlt, ist Mitleid.

Schau dich um in dieser Welt, so siehst du, daß Greise diese Erde regieren, sie verkörpern das Gesetz. Und auch du – egal, wie alt du bist – bist seit deiner Geburt bereits ein greises Kind, du bist nie jung gewesen. Und jetzt streckst du deine knochige Hand aus nach den Lebendigen, du möchtest auch ihnen austreiben, jung zu sein, neu zu sein.

Das ist der tiefe Grund für deinen Drang, Gesetze aufzustellen. Du siehst um dich herum »glückliche Kinder« und das kannst du nicht vertragen. Es erinnert dich an deine fehlende Kindheit. Jetzt versuchst du, diese Kinder in deine Regeln, Gesetze und Moralvorstellungen zu pressen, versuchst, das Leben in ihnen abzuschnüren, es zum Absterben zu bringen. Du bist der Vater, der im Lehnstuhl sitzt und die Todesanzeigen in der Zeitung liest; um dein Haus herum lärmen deine Kinder in glücklichem Spiel, und das stört dich. Jetzt hältst du ihnen viele Vorträge über die Rücksicht, die man nehmen müßte. Das tust du so lange, bis du auch deine Kinder dazu gebracht hast, neben dir zu sitzen und ebenfalls die Todesanzeigen zu lesen. Wo das nicht gelingt, wirst du zum Ankläger. Zum Staatsanwalt.

Jeder, der sich dem Diktat deiner Senilität nicht beugen will, wird als Störenfried aus der Gemeinschaft verstoßen. Abgeurteilt. Nicht, daß es dir Spaß machte, aus den anderen das Leben herauszuwürgen, für dich ist es eine bittere Notwendigkeit, und du tust dir sogar leid in dieser Aufgabe.

Und so bist du das Knochengerüst der Schlange, das Rückgrad der Schlange, und mit diesem Knochengerüst kannst du dich um die anderen herumwinden, sie erdrücken.

Und so ist auch der Tod, den du als Steinbock den anderen zudenkst. Langsam drückst du alles Leben aus ihnen heraus. Machst sie zu gesetzestreuen Untertanen. Du hast ein tiefes Verlangen in dir, daß jeder in deinem Umkreis die gleiche Last auf seinen Schultern trägt wie du. Eine Last aus Teilnahmslosigkeit, Hartherzigkeit und Kälte. Du verdüsterst die Welt und machst sie alt. So bist du – im übertragenen Sinne – Herodes, der die Kinder tötet.

Glaube nicht, du könntest *weise* werden (mitunter bildest du dir ein, du wärest es schon); weise werden nur die Junggebliebenen – du warst immer schon so alt wie Methusalem.

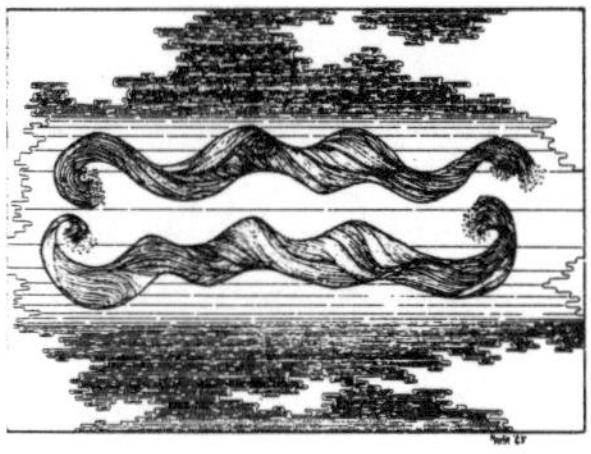

Aszendent Wassermann

Deine Schuld als Wassermann ist so leicht nicht in einem Wort zusammenzuziehen, es ist eine Mischung aus Menschenverachtung, Stolz und Träumerei, und doch treffen auch diese Worte es nicht ganz. Je weiter die Bilder des Tierkreises sich dem Ende (der Schlange) nähern, desto ungreifbarer wird die Schuld – will man sie in Worte fassen. Noch am ehesten kann dir deine Schuld am Bild eines Revolutionärs deutlich werden. Zuerst einmal: Die Welt der Menschen ist für dich nicht attraktiv, d. h., dich interessieren andere Menschen überhaupt nicht. Ja, du bist tief davon überzeugt, daß es eigentlich außer dir keine anderen Menschen auf dieser Welt gibt. In deinen Gedanken und Träumen bist du ein Auserwählter – hoch über den anderen stehend. Du errichtest dir eine originelle Welt aus Gedanken, ein Wolkenkuckucksheim. In dieser Welt lebst du. Ganz ähnlich dem Steinbock, der eine Welt aus Regeln und Gesetzen in sich aufbaut, mit denen er das Alte bewahren will, zimmerst du dir einen Weltentwurf, der *das Neue heraufbeschwören* möchte. Das Alte ist dir tot, es lebe die Utopie, deren Entwurf du in deinem Inneren errichtest. Und so schaust du auf die Welt der Menschen – wie sie jetzt leben – und empfindest *Verachtung* für die Kleinheit und Kleinlichkeit der anderen.

Niemals würdest du einen anderen Maßstab für dein Denken dulden, niemals ein Vorbild akzeptieren. Und so wirst du zum Revolutionär. Dabei bist du das Maß aller Dinge. Hast du dir dieses innere Bild deiner utopischen Welt gezimmert, so gehst du in die Welt der Menschen zurück, mischt dich leutselig (doch mit großer innerer Verachtung, die du sogar vor dir selbst verheimlichst) unter sie und versuchst, diese *neue Welt* zu errichten.

Deine tiefe Schuld beginnt an der Stelle, an der du – und das ist der Schuldkern jeder Revolution – ein *Feindbild* errichtest. Du bist jetzt Robespierre und dein Feind ist der Adel und die Monarchie, du bist Karl Marx und der Feind ist die Bourgeoisie, du bist Adolf

Hitler und der Feind ist der Jude. Jede Revolution braucht einen Feind, weshalb sie auch scheitert.

Deine innere Menschenverachtung, die sich auf jeden Menschen bezieht, projizierst du jetzt auf den Klassenfeind, weshalb du dich mit jedem, der in deinen Reihen steht, über ein (in seiner Verlogenheit sehr tiefes) Zauberwort verbindest: »Solidarität«. Jetzt gehst du den *Weg des Protestes,* der immer einen Kriegszustand gegenüber theoretisch konstruierten Feinden beinhaltet. Und natürlich beginnt jetzt Blut zu fließen. Jede Revolution richtet ein Blutbad sondergleichen an, jeder Protest wird im Blute zugrunde gerichtet, früher ebenso wie heute.

So besteht deine Schuld darin, daß du aus Gründen, die in deiner Menschenverachtung liegen, viele andere Menschen in den Tod geschickt hast. Sie wurden ein Opfer deiner Idee, und du wähntest dich dabei immer noch unschuldig. Denn du glaubst nach wie vor, es ginge dir um die Menschheit, um ein besseres Leben für alle. Das ist die tiefe Lüge, die es in dir zu entdecken gilt. Du hast dich noch nie um einen anderen geschert; das Bewußtsein, tatsächlich ein Gleicher unter Gleichen zu sein, würde dich krank machen.

Du nennst dich einen Atheisten, leugnest Gott, und allein daran kannst du ermessen, wie hoch du dich über alles stellst. Du kannst es einfach nicht ertragen, daß es jemanden geben könnte, für den du eine Ameise bist. Daran siehst du nur, wie sehr du die anderen, die Menschen unter dir, für Ameisen hältst. So zahlt jede Form der Verachtung ihren Preis. Auch du, der du dich für etwas Besseres hältst, der du dich über die anderen erhebst, fühlst dich schließlich von den anderen verachtet. Jetzt fällst du ganz tief. Ganz am Ende bleibt dir nur noch die Hoffnung, du mögest ein großer, anerkannter Märtyrer werden. Und darüber lachen sich alle anderen Märtyrer – die von einer hohen Wolke auf dich herabblicken – scheckig.

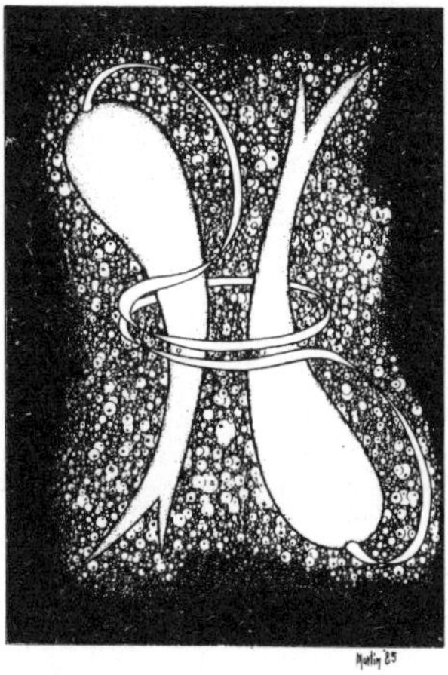

Aszendent Fische

Hier sind wir jetzt bei der letzten Ausprägung der Schuld innerhalb der Gesamtschuld des Tierkreises angelangt. Und während du im ersten Baum der absolute Täter warst, ist deine Schuld hier im zwölften Baum die, daß du absolut *Opfer* bist.

Buchstäblich alles kann in dich eindringen und so entwickeltest du eine Einstellung, die man nur als den *Weg des Leidens* bezeichnen kann. Du gehörst zu den Verfolgten der Weltgeschichte. Zu denen, die immer auf der Flucht sind. In deiner Seele spiegelt sich der »Menschheit ganzer Jammer«. Und eigentlich lebst du in einer Welt des Traumes. Du bist Martin Luther King, der sagt: »Ich hatte einmal einen Traum ...« Und dann wirst du erschossen. Ja, du hattest einmal einen Traum von einer heilen Welt, von Frieden und Liebe, von Freundschaft, Lachen und Tanz. Und du lebst in dieser Welt des Traumes, die wahre Welt ist durch einen Schleier von dir getrennt, und ab und zu fragst du dich, ob du nicht tatsächlich dein eigener Traum wärest und was wohl passierte, wenn du wach würdest.

Man kann dein Schicksal mit einem Satz zusammenfassen: du bist nicht – wie der Krebs – ein Kind, das sein Leben lang kleingeblieben ist, sondern du bist ein Fötus, der noch gar nicht geboren wurde. Du bist immer noch von deiner Mutter umgeben, in der Umhüllung ihres Schoßes. Deinen Lebenskampf hast du nicht etwa aufgegeben, du hast ihn noch gar nicht begonnen. Und doch ist das Leben da und stellt seine Forderungen an dich.

Traurig genug, sagst du, und was denn jetzt daran deine Schuld ausmache?

Nun, bei Licht besehen – das du freilich scheust – ist deine Schuld die tiefste, obwohl es nach unseren gewohnten moralischen Maßstäben so aussieht, als wäre sie die Geringste.

Aber da ja, wie du inzwischen weißt, Schuld nur aus Abspaltung, aus dem Hinausprojizieren der eigenen Teile besteht, so mußt du sehen, daß du dich fast gänzlich in deinen Traum hinauskatapuliert hast, so daß kaum noch Reste von dir übriggeblieben sind. Natürlich ist das auch der Grund, warum dich jetzt – durch die Jahrhunderte hindurch – alle verfolgen. Warum jedes Progrom dir gilt.

Verfolgt wird nur der, *der nicht da ist*. Vergewaltigt wird nur der, der sich ent-gewaltigt hat. Warum sollte dich jemand verfolgen, wenn du da wärest? Dieser Gedanke ist nicht so leicht zu verstehen, stellt er doch endgültig dein Weltbild auf den Kopf: Warum muß jemand leiden? Weil er nur im Leiden spürt, daß es ihn noch gibt. Daß *er jetzt hier ist.*
Er kann sich noch nicht davonschleichen, solange es ihn gibt. Und im Zeichen Fische bist du der Meister im Davonschleichen. Du hast eine wahre Meisterschaft darin erreicht, dich unsichtbar machen zu können, indem du einfach in deinen Traum verschwindest, und jetzt ist die Welt dazu aufgerufen, dich wieder wachzukriegen. Das kann sie am besten, indem sie dich leiden läßt.

Es ist der Krankenhausweg. Der Verfolgungsweg. Der Weg des Märtyrers. Du gehst ihn – anders als der Wassermann, der erst am Ende seines Weges dorthin gelangen möchte – von Anbeginn an. Du weißt vielleicht, daß die ersten Christen, die zu Tausenden verfolgt und gemordet wurden, als ihr Geheimzeichen den Fisch in den Sand malten. In ihren Reihen gab es die meisten Märtyrer der Weltgeschichte. Doch so wie ihnen geht es jeder verfolgten Gruppe: sie verbeißt sich in ihr Opfer-Sein. Du hast eine einzige Stärke und das ist deine bewußt betonte *Schwachheit*. Jetzt kommen die Starken dieser Welt und drücken dir ihren Stempel auf. Warum? Damit du wach wirst. Aufwachst aus deinem Traum.

Du hast nie gelernt, Verantwortung zu übernehmen, weder für dein Opfer-Sein, noch für dein Krank-Sein. Am liebsten sitzt du im Rollstuhl, so daß es für jeden augenfällig ist, daß du ja nun wahrlich nichts dafür kannst, daß es ja nicht *deine* Schuld ist. Dafür forderst du Nach-Sicht, Rück-Sicht, Mit-Leid.

Doch du mußt erkennen, daß es nur um deine Schuld geht. Deine Schuld, die darin besteht, daß du dich so weit verrannt hast, so weit weggerannt bist, daß kaum noch etwas von dir zu finden ist. Du hast so viele Teile von dir auf einen Fluchtweg geschickt, daß jetzt das Schicksal an den gerade noch vorhandenen Resten schon sehr massiv rütteln muß, damit du wiederkehrst.

Am liebsten siehst du dich als Bettler, der keine Habe mehr hat, der schon auf alles verzichtet hat. Der schon fast im Jenseitigen verschwunden, im Göttlichen aufgegangen ist. Doch du *täuschst* dich. Nur ein König, einer, der alles hat, kann darauf verzichten. Bei jemandem, der nichts hat, ist es kein Verzicht, sondern Augenwischerei. Dein ganzes Leben, viele Leben, hast du auf Täuschungen aufgebaut. Auf Illusionen.

Jetzt ist das einzige, was dir helfen kann, die Ent-täuschung. Sie ist dein großer Lehrmeister: lasse dich enttäuschen. In dir ist jetzt die Schlange an ihrem Ende angelangt. Das stimmt und stimmt doch wieder nicht. Denn wie du weißt, ist das Schlangenende nicht der Abschluß *dieser* Schlange. Physiologisch ist es das Ende der Schlange, aber wir behandeln hier nicht die physische Schlange. Astrologisch, d. h. symbolisch, ist das Schwanzende dieser Schlange ja gar nicht sichtbar. Es steckt ja immer noch in ihrem eigenen Rachen, im Widder. Der Widder hat seine Zähne, seinen Biß in dieses Schwanzendstück gegraben. Er ist ja der Täter, der seine Zähne in das Opfer geschlagen hat. Aus dieser Anordnung gibt es – was den Aszendenten anbelangt – kein Entkommen. Jetzt siehst du auch, warum du, als Fische, das tiefste Leiden empfindest. Weil du dir als Widder in den eigenen Schwanz beißt. Jetzt siehst du auch, daß du als Täter und Mörder im Widder immer dich selbst triffst, dich selbst umbringst, *deinen eigenen Schwanz frißt.* Natürlich bildest du dir ein, du ermordetest andere und darauf bräuchtest du keine Rücksicht zu nehmen. Nähmest du freilich Rücksicht, also blicktest du nach hinten – statt immer nur ungestüm nach vorne –, so könntest du sehen, daß du dich selbst tötest. Mit deinem eigenen Biß. Von vorn ist es ein Schwanzende und du beißt zu. Mit dem Blick nach hinten, sähest du, du bist es selbst.

So gilt es auch für dich als Fische. Blicktest du zurück, an deinem Körper entlang zu seinem Ende (der hier der Anfang wäre), so sähest du, daß du es selbst bist, der sich in seinen eigenen Schwanz beißt. Du bist für dein Leben selbst verantwortlich.

So schließt sich der Kreis. Es gibt nur eine Schuld, nur eine Schlange. Es ist *deine Schuld.* Alles ist deine Schuld. Und es gibt nur einen Weg, die Schuld zu lösen: Wende dich um! Kehre um! Dann siehst du sie. Erkenne, daß die ganze Welt nur deine Schuld ist. Mehr mußt du nicht tun, aber auch nicht weniger.

Es genügt nicht, von Schuld zu sprechen
und sie zu bekennen:
sie muß dargestellt werden.

Hans Blüher

IV
Die Konfrontation mit der Schuld

Alles, was im letzten Kapitel gesagt worden ist, ist gefährlich. Es ist sogar extrem gefährlich.

Die Passagen über dein Schuld-Thema könnten dich im Laufe der Zeit leicht in Sicherheit wiegen; in der Sicherheit, du *wüßtest* jetzt, worum es geht.

Möglicherweise ordnest du dein Weltbild ein wenig neu und dann wird es schon irgendwie gehen. Es kann sein, daß du zu der Schuld, mit der du jetzt bekannt geworden bist, äußerlich »ja« sagst: »Ja, das stimmt, das habe ich alles auf dem Buckel!« Es erleichtet dich, daß es endlich einer ausgesprochen hat und das war es dann. Die Gefährlichkeit der Sätze des letzten Kapitels könnte darin liegen (wenn ich sage »könnte«, so heißt das, ich weiß es nicht genau), daß du deine Unschuld verloren hast. Bereits im Lesen bist du auf eine eigenartige Weise schuldig geworden. Und ich, der es dir gesagt habe, dazu. Jetzt kannst du dich nicht mehr so leicht blauäugig verhalten, wie du es vorher noch konntest. Und sollte nur ein winziger Nebensatz aus den vielen Worten, die ich verloren habe, dich in die Nähe deiner Schuld gebracht haben, so bist du doch hier *noch einmal* erkennend geworden – und ich bin dabei möglicherweise die Schlange. Jetzt besteht die erhöhte Gefahr darin, daß du dir, indem du deine Nacktheit erkannt hast, wieder einmal einen Schurz umbindest, da du dich schämst. Denn so, wie dieser Nebensatz es dir verdeutlicht haben mag, möchtest du nicht sein, jetzt bastelst du dir etwas zurecht, was Schuld zum Verschwinden bringen soll. Oder sie wiedergutmachen soll. Du könntest »mea culpa« sagen, und schon hätte dich der Schoß der Kirche wieder. Da ich diese Schuld nicht auf mich laden möchte (obwohl ich doch weiß, daß ich sie habe), werde ich dir ein ganzes Kapitel lang noch etwas über die Logik der Schuld mit auf den Weg geben.

Der Satz von Hans Blüher – als Motto diesem Kapitel vorangestellt – enthält alles, was zu sagen wäre, bereits in sich. »Es genügt nicht, von Schuld zu sprechen« (das habe *ich* bisher getan) »und sie zu bekennen« (das hast möglicherweise *du* getan), »sie muß *dargestellt* werden.« Schauen wir uns an, wie das gemacht werden könnte. Tauchen wir wieder ein wenig ein in die Geschichte der Völker, möglicherweise gibt uns das einige Fingerzeige, wie diese Art der Schulddarstellung aussehen könnte.

In einem Bibelvers erfahren wir, daß die eherne Schlange, die Moses einst aufgerichtet hatte, den Israeliten auch weiterhin als Kultfigur gedient haben muß:

(Der König Hiskia) ... war es, der die Höhen abschaffte, die Malsteine zertrümmerte, die Ascheren umhieb und die eherne Schlange zuerschlug, die Mose hatte aufrichten lassen; denn bis zu jener Zeit hatten die Israeliten ihr Rauchopfer dargebracht; man nannte sie Nechuschtan.
2. Buch der Könige, 18.4

Mit den »Höhen«, die Hiskia abschaffte, waren die Höhenheiligtümer gemeint, Heiligtümer in der Höhe. Wir wissen ja auch schon, daß die eherne Schlange ebenfalls hoch oben errichtet war. Im Inneren des Tempels war also die Schlange – als Symbol der SCHuld (NechuSCHtan) – ›dargestellt‹. Vor einigen Tagen fiel mir ein Buch in die Hände: Hans Egli, »Das Schlangensymbol«. Diesem Buch können wir noch einige Beispiele aus anderen Kulturen entnehmen.

In weiten Teilen Indiens wird jedes Jahr im August – mitten in der Regenzeit – das große Schlangenfest Nagapanchami gefeiert. (...) An diesem Morgen stellt jede Familie eine Schlange aus Ton auf oder malt eine Gruppe von fünf, sieben oder neun Schlangen an die Wand. Die zeremonialen Geräte werden davor aufgestellt. Gerichte, Früchte und Blumen werden den Schlangen dargebracht. Auch Milch wird aufgestellt. Lampen werden angezündet und brennen den ganzen Tag. Weihrauch wird verbrannt. (...)
Am Abend werden dem Schlangenbild im Hause wieder Gerichte, Blumen und Weihrauch dargebracht. Die Lampen brennen. Die Leute bleiben die ganze Nacht auf. Man nennt das: die Schlangen wachhalten.
(Egli, S. 69)

Das klingt für meine Ohren sehr tief: Die Schlange wachhalten! Und wir können diesen unscheinbaren Satz sofort für unseren Zusammenhang der Konfrontation mit der Schlange verwenden. Mitunter werden in Indien sogar Schlangensteine (also Bildnisse der Schlange aus Stein gehauen) am Dorfeingang aufgerichtet, so daß jeder, der in das Dorf hineingeht, die Schlange passieren muß. (Siehe dazu das Photo in Egli, S. 112) Hier ist noch ein Zitat, das die enge Verbindung von Schlange und Heiland dokumentiert, von der ich im ersten Kapitel bereits gesprochen habe. Es stammt aus dem 6. Jahrhundert nach Christus:

Die Vita Sancti Barbati berichtet uns ... daß die getauften Langobarden immer noch Riten des Heidentums beibehielten, indem sie sich im Verborgenen vor dem Bildnis der Schlange verbeugten, was sie doch nur vor dem Christengott tun sollten. (EGLI, S. 114)

Und Egli schreibt dazu: »Es gibt viele Hinweise, daß bei den Germanen nicht nur metallene Schlangennachbildungen verehrt wurden, sondern daß tatsächlich lebende Schlangen im Haus gehalten wurden.«

Dieser Hinweis erinnert uns daran, daß auch im Inneren der Asklepiaden, also der griechischen Heilungstempel, zu Zwecken des Heilungsrituals ebenfalls lebende Schlangen eingesetzt wurden. Sie mußten dort mit Honigkuchen gefüttert werden, d. h. also, man mußte sich ihnen nähern!

Wir wissen aus vielen Votivtafeln, die die Geheilten zu Ehren des Gottes Asklepios aufstellten, daß der Heilungsprozeß in der Tat mit den Schlangen in einer Verbindung stand:

Ein Mann wurde von einer Schlange an der Zehe geheilt. Als ihn der Schlaf ergriff (die Patienten legten sich in das Innere des Tempels zum sog. Heilschlaf nieder), kam eine Schlange aus dem innersten Gemach des Heiligtums, heilte seine Zehe mit der Zunge und zog sich dann wieder zurück. Als er erwachte und geheilt war, sagte er, er habe ein Gesicht gehabt; er habe geträumt, ein Jüngling von schöner Gestalt habe eine Arznei auf seine Zehe gestrichen.

Wir wissen heute, daß die Schlange nicht allein kam. Es war schon ein Priester dabei. Aber er kam wahrhaftig mit einer lebendigen Schlange!

Als ein stummes Mädchen im Heiligtum herumlief, sah es eine Schlange von einem der Bäume im Hain herabkriechen. Voller Frucht schrie es sofort nach Vater und Mutter. Und geheilt ging es weg. (Beide Zitate aus EGLI)

Diese Beispiele sollen genügen. Nicht, daß sie etwas beweisen sollen, doch möglicherweise werden sie helfen, unsere Gedankengänge zu beflügeln.

Was immer diese Beispiele bedeuten mögen, in jedem Fall geht es darum, sich mit der Schlange auseinanderzusetzen, sich mit ihr zu konfrontieren. In jedem dieser Bilder wird die Schlange dargestellt. Es wird nicht über sie geredet – wie es hier in diesem Buch geschieht –, sondern sie wird physisch (entweder lebendig oder in gegenständlicher Form) präsentiert. Und das reicht aus, wirst du fragen, um meine Schuld zu mir zu holen? Natürlich reicht es nicht. Jedenfalls nicht in den Breiten und Zeiten, in denen wir heute leben. Mit einer Schlange kannst du heute nicht mehr allzuviel ausrichten. Frage dich einmal, wie eklig du eine Schlange findest. Hast du eine große Ekelschwelle, wie die meisten Menschen, so kann dir eine Konfrontation mit einer richtigen Schlange dennoch relativ viel Zugang zu dir ermöglichen. Ein Nachmittag im Exotarium ist also auf keinen Fall vergeudete Zeit. Das heißt, du mußt schon an den Gegenstandsbereich heran, den ich dir als deinen Aszendenten aufgezeigt habe. Mußt an jene Stelle gehen, wo es dir mulmig ist.

Hier gibt es jetzt für mich wieder eine gefährliche Klippe – ich kann und darf dir nicht beschreiben, wie du das tun kannst, denn möglicherweise zimmertest du dir daraus sofort ein System und alles wäre für die Katz. Außerdem gibt es für jeden Typus einer Schuld (also für jeden Aszendenten) etwa 1000 Arten des Herangehens. Wähle ich eine aus, so denkst du, das wäre jetzt das Heilmittel. So einfach kannst du es dir nicht machen.

Aber dennoch möchte ich dir ein Bild geben. Ich muß also jetzt einen größeren Maßstab wählen, einen Maßstab, den du nicht so ohne weiteres auf dich beziehen kannst. Dieser größere Maßstab soll dir also exemplarisch zeigen, welche idealtypischen Bedingungen bei einer Arbeit mit der Schuld verlangt werden. Das Bild, das du im folgenden erhältst, muß – um für dich folgenreich werden zu können – von dir wieder heruntertransformiert und auf deinen Aszendenten bezogen werden.

Keine leichte Sache, aber es geht.

Im ersten Kapitel habe ich das Thema der weltweiten Schuld schon ein wenig dargelegt. Es geht um die Friedensbewegung und ihren Schatten, die Atombombe. Jede Bewegung (Partei, Organisation, Sekte etc.) hat einen *Schatten*. Und natürlich ist auch der SCHatten nichts anderes als ein Ausdruck für SCHuld.

Der Schatten der Friedensbewegung ist die Atombombe. Hier ist jetzt die Schuld in materialistischer, energetischer Form eingelagert in die Atombunker der Welt.

Doch wie du weißt, ist die Bombe im Moment nicht so genau das Problem, es geht heute gar nicht so sehr um die Bombe (eine Bewegung gegen sie gibt es schon seit mehr als 30 Jahren), sondern die Gemüter entzünden sich heute mehr an der Frage der Stationierung der *Träger*-Raketen. Schuld braucht Träger. Hier wie dort. Unten wie oben.

Damit sind wir bei der heutigen Friedensbewegung. Wir Europäer wollen in unserem Land keine Trägerraketen. Wir wollen die Schuld weder selbst tragen, noch sollen irgendwelche fremden Trägerraketen in unserem Land stehen. Wir wollen Frieden. Das ist sehr edel, löst jedoch nicht das kleinste Problem.

Was passiert also? Jetzt kommen die anderen, die Sowjets, die Amerikaner, und stellen ihre Trägerraketen mit *unserer* Schuld in unserem Lande auf. Das erste, was wir tun: Wir schreien auf, das ist nicht unser Mist, wir wollen es nicht haben! Wir wollen Frieden! Wir wollen Freiheit von der Bombe, wir wollen Freiheit von der Schuld, *wir wollen unschuldig sein*. Macht das gefälligst unter Euch aus, wir haben damit nichts zu tun! Wir haben Angst, daß eure Bombe unser Land zerstört.

Nicht, daß die Amerikaner keine Schuld hätten, nicht, daß die Sowjets keine Schuld hätten, auch sie haben ihre eigenen Länder vollgespickt mit Trägerraketen. Nur, in ihren Ländern ist das so selbstverständlich geworden, daß es darüber eigentlich kaum noch Diskussionen gibt.

Wir aber – bleiben wir mal bei uns Deutschen – haben keine eigenen Atomwaffen. Warum? Etwa weil wir keine wollen? Das ja wohl kaum. Etwa weil wir keine Schuld haben? Das ja wohl kaum. Nein, historisches Faktum ist, die anderen haben uns verboten, aus gutem Grund verboten, unsere Schuld auf diese Art und Weise darzustellen. Wir dürfen unsere Schuld nicht selbst in diese kleinen runden Metallbehälter stecken und sie in das Innere der Erde versenken. Jetzt nimmt Gerechtigkeit, du kannst auch sagen, psychische Hygiene, ihren Lauf. Wir bekommen unsere Schuld portionsweise zugeordnet. Von den anderen wird sie in unserem Land aufgestellt. Gegen den Widerstand vieler Menschen.

Es ist gut möglich, daß du als Leser diesen Zusammenhang ganz anders siehst. Es geht hier nicht so sehr darum, ob ich mit diesen Ausführungen recht habe, ob also *meine Meinung* über die Friedensbewegung richtig ist oder nicht; es geht hier um ein Modell für das Annehmen von Schuld auf einer tieferen Ebene.

Natürlich gibt es für die Amerikaner gute Gründe für die Stationierung in der BRD. Es gibt immer gute Gründe dafür, warum etwas geschieht. Damit das Gleichgewicht des Schreckens hergestellt wird. Damit sich keiner seiner Schuld in einem unbeobachteten Augenblick entledigt, indem er sie in einem fremden Land entzündet. Das ist nun wahrlich ein tiefer Grund.

Wir sollten nicht vergessen, daß sich die Welt historisch in einer absolut neuen Situation befindet. So weit wir es weltgeschichtlich überblicken, haben wir noch nie so viel Schuld aufhäufen können wie in den letzten 40 Jahren (seit es die Atombombe gibt). Noch nie haben wir so viel Haß, so viel Böses, so viel zerstörerische Kraft, so viel mörderisches Feuer auf so geringem Raum verstauen können wie heute. Die Formel $E = mc^2$ ist in der Tat zu einer Zauberformel für die Verpackung und Lagerhaltung von Schuld geworden. Das gab es in der geschriebenen Geschichte bisher nicht. Und wir erinnern uns: in diesen Bomben, die in unserem Lande stehen, steckt das projizierte Böse, das unseren eigenen Leibern entsprungen, d. h. entlaufen ist.

Die Projektionen der ganzen Welt stecken heute in einem Arsenal von Atombomben, das ausreicht, der Welt mehrfach den Garaus zu machen. Wieso mehrfach? Weil schon mehrere Generationen daran stricken und somit darin verstrickt sind.

Die in der Welt immer wieder aufflackernden Rest-Kriege (ein grausiges Wort) wurden also mit den noch nicht eingelagerten Energien ausgefochten.

Ja, so paradox es klingt, je mehr projizierte Energie eingelagert wird, desto mehr Sicherheit haben wir – für einen Moment! Denn natürlich ist das keine Lösung auf Dauer. Diese Energien des »Bösen« sind ja nicht etwa in der Bombe verschwunden und jetzt weg. (Und wir erinnern uns noch einmal: »böse« heißt nur, es steht uns nicht direkt zur Verfügung, es ist hinausgeschickt, nicht mehr bei uns.)

Das Böse ist damit nur von der Oberfläche weggebracht worden, es liegt eine Etage tiefer. In den Silos. Lauernd. Bewacht von den Hütern der Unterwelt, den Militärs. Jederzeit bereit, auf Knopfdruck auszubrechen. Wir, die wir mit diesen Silos nichts zu tun haben, sind jetzt fein raus, besonders wenn wir Anhänger der Friedensbewegung sind; denn uns gehört davon nichts. Wir haben besonders saubere Hände, denn wir können jedem beweisen, daß wir im Gegenteil die Silos mit den Bomben abschaffen wollen.

Und jetzt beginnt die Geschichte gefährlich zu werden. Wir sagen nicht nur »Nein« zu unserer Schuld, wir sagen auch »Nein« zur Darstellung der Schuld, zu den Bomben. Wir wollen – jetzt beginnt die Abrüstungsdebatte – Schuld vernichten. Die Bomben sollen abgebaut werden, was immer das heißt. Weil wir die Gesetzmäßigkeit der Bombe nicht erkennen, glauben wir, man könne Atombomben = Schuld einfach so zum Verschwinden bringen, indem man sie vernichtet.

Ich wage eine These, die den Anhängern der Friedensbewegung nicht gefallen wird: Wir haben nur deshalb in den letzten 40 Jahren *keinen* Atomkrieg gehabt, *weil* immer mehr Atombomben gebaut worden sind. Sollte diese These (ich sage nicht, ich wüßte, daß sie stimmt!) richtig sein, dann ist die Vernichtung, das Unschädlichmachen jeder der schon vorhandenen Atombomben eine gefährliche Sache. Denn jetzt würde das Gleichgewicht zwischen projizierter Schuld und vorhandener Atombombe zerstört. Es ist auf einmal mehr Böses da, als in den Silos eingelagert d. h. eingefroren ist. Das Gleichgewicht des Schreckens – nicht zu verwechseln mit dem zwischen Rußland und Amerika – wird instabil. Wenn Bomben vernichtet würden, begänne ich mich zu fürchten. Denn jetzt würde die darin enthaltene Schuld freiwerden und müßte irgendwie tätig werden. Sie verschwindet nicht im Kosmos, sondern sie müßte hier aufgebraucht werden. *Zerstörung* in dem Maß dessen, was vernichtet würde, müßte stattfinden. Welchen Ausweg, welche Antwort gibt es? Welche Chancen für »Abrüstung« haben wir?

Natürlich kann ich hier keine *praktischen* Ratschläge geben. Ich kenne keine. Aber aus der Logik des Gesagten ergibt sich ein *Bild* und möglicherweise liegt in diesem Bild die Spur einer Heilungschance. Denn Bomben müssen nicht vernichtet, sie müssen geheilt werden.

Was ich jetzt sage, ist wirklich nur ein Bild, also nimm es nicht zu wörtlich. Die Lösung kann nur darin liegen, daß wir alle (auch und gerade die Friedensbewegung, denn sie ist noch am ehesten dazu in der Lage) beginnen, die Schuld, die wir in die Welt projiziert haben, zurückzuholen. D. h. es geht zunächst einmal um die Erkenntnis, daß in der Atombombe, die hier in Deutschland stationiert ist, nicht die Schuld der Amerikaner, nicht die Schuld der Sowjets, sondern unsere eigene aufbewahrt liegt. Stell dir folgendes Bild vor: In jeder Stadt, in jedem Stadtteil einer großen Stadt, in jedem Dorf, auf jedem exponierten Flecken Erde würde ein Gerüst errichtet, und auf dieses Gerüst stellte man hoch oben – daß es jeder sehen kann – eine Atombombe. Es müßte keine richtige sein – obwohl eine echte Bombe sicherlich wirksamer wäre, eine lebensechte Attrappe würde genügen. Sie wäre ein Denkmal (Denk mal!), ein Mahnmal für unsere Schuld. Und so wäre es nicht möglich, durch diese Stadt zu gehen, ohne immer wieder auf diese Schuld, die deine eigene ist, zu stoßen. Unten am Denkmal könnte man sich eine Inschrift folgenden Inhalts vorstellen:

Ich bin ein Teil von jener Kraft,
die dir jetzt fehlt.
Ich bin deine Wut, dein Haß
deine Verzweiflung, deine Machtgier,
ich bin die Zerstörungswut,
die einmal in dir wohnte,
Jetzt ist mir kalt.
Ich möchte heim.

Vielleicht merkst du an diesen Worten, die absichtlich übertrieben sind, daß du eine Bombe jetzt nicht mehr mit den gleichen Augen sehen kannst wie vorher. Sie klopft jetzt an deine Tür, verlangt Einlaß. Ohne daß du jetzt ein Bombenliebhaber werden sollst, gelingt es dir kaum noch, deinen Kampf gegen sie aufrechtzuerhalten. Im Laufe der Zeit könnten wir lernen, daß jeder Kampf *gegen* etwas nur das nährt, was bekämpft wird.

Auf diese Weise entziehen wir der Bombe die Energie. Wir nehmen uns das an ihr, was uns gehört, zurück. Jeder für sich. Es erfordert kein Handeln, keine Demonstrationen, keine spektakulären Aktionen gegen irgend etwas. »Fasten für den Frieden« ist schon eine sehr sinnvolle Aktion, weil du im Fasten Raum bekommst und in diesem Raum kannst du das einfüllen, was dir fehlt. Nur birgt das Wörtchen »für« schon wieder eine Gefahr in sich, denn in seinem Hintergrund lauert schon das »Gegen«. »Fasten gegen die Atombombe« ist nämlich schon wieder ein Projektionsslogan. Du siehst, wie schmal der Grad ist, auf dem hier gewandert werden muß. Aber du siehst jetzt auch, was ein Satz wie »Schuld muß dargestellt werden« von dir verlangt. Die Bombe muß aufgestellt werden, so daß sie jeder sehen kann. Sie muß »erhöht« werden.

Sie muß aus dem Silo, aus dem Inneren der Erde, der Unterwelt, ans ›Licht‹ gebracht werden und hoch oben (auf einer Stange) angebracht werden. Erst dann kannst du drumherumlaufen. Erst jetzt kannst du Bekenntnisse ablegen. Irgendwann kannst du dich möglicherweise zu ihr bekennen, kannst sagen: »Ja, das bin ich.« Das Wort »dargestellt« (Schuld muß dargestellt werden) hat in sich die Teile »da« (du siehst einen Zeigefinger, der auf eine bestimmte Stelle zeigt) und »(hin)gestellt« werden. Es kommt von »stehen«. Ebenso wie die Formulierung: »Ich stehe zu etwas.« Aber zu diesem Zweck mußt du wirklich stehen. Du mußt davorstehen! Das kannst du nicht vom Fernsehsessel aus erledigen. Es geht nicht im Sitzen! Du befindest dich mit dieser Handlung inmitten eines Rituals, das zu allen Zeiten bei allen Völkern durchgeführt worden ist. Entscheidest du dich freilich dafür, daß diese alten Völker etwas Dummes, Primitives ausgeübt haben, so bleibt dir kaum noch etwas zu tun. Du kannst dann höchstens noch weiter über Abrüstung Stimmen sammeln oder reden und wenn du klug genug bist, dann wird dein Diskussionsbeitrag sogar im Fernsehen übertragen – für die, die es anschauen möchten.

Es mag sein, du findest mein Beispiel weit hergeholt: »um die Bombe herumlaufen und sie immer wieder anschauen« ... Nun, eines solltest du sehen: Solange du ein Anhänger der Friedensbewegung bist, tust du ohnehin nichts anderes! Der Kern deines Handelns kreist unaufhörlich um die Bombe. Du gehst zu Tagungen, Demonstrationen, bildest eine Menschenkette, gehst zu Experten-Hearings, liest Bücher, siehst Filme, d. h., unaufhörlich unternimmst du nichts anderes, als *um die Bombe herumzulaufen*. Du schaust sie dir von allen Seiten an. Der winzige, aber gravierende Unterschied zu dem hier Vorgetragenen ist der: Solange du gegen die Bombe anrennst, gehst du in die Irre. Denn dann läufst du vor dir weg. Nur, indem du ihr entgegengehst, siehst du, sie ist ein Teil von dir. Aber erst muß sie *da* sein, muß erhöht werden, muß sichtbar sein. Solange sie im Keller liegt, liegt sie in deinem Unbewußten, ist dein Feind.

Verlassen wir jetzt unseren größeren Maßstab, den ich nur deshalb gewählt habe, um dir ein abstraktes Bild der grundsätzlichen Dynamik des Themas »Schuld muß dargestellt werden« zu geben. Damit bist du genügend ausgerüstet, um dich hinsichtlich deiner eigenen Schuld in eine kreative Auseinandersetzung zu bringen.

Ich habe gesagt, die Schuld beginnt am Aszendenten. Und jetzt hast du alles über dein Tierkreiszeichen, über die spezielle Ausprägung der Schuld, die du in dir trägst, erfahren. Jetzt muß ich diesen Gedanken noch etwas erweitern. Deine Schuld ist immer die der *ganzen* Schlange, d. h., alle Tierkreiszeichen sind in dir versammelt, du trägst alle Zeichen in dir. Daß dein Aszendent *diesmal* Stier oder Waage oder Wassermann ist, soll dir nur einen deutlichen *Anfangspunkt* für deine Arbeit liefern. Wärest du mit der ganzen Schlange auf einmal konfrontiert, so könnte es sein, daß du überhaupt keinen Mut mehr fändest, mit deiner Arbeit zu beginnen.

Solange du glaubst, deine Schuld wäre die Waage-Schuld und nur an dieser Stelle hättest du mit der Schlange etwas zu tun, so handelst du wie Teile unserer modernen Medizin. Sie sieht nicht, daß du *als Mensch* krank bist, sondern sie sieht nur deine Niere. Sie wird behandelt. Das ist insofern gefährlich, als von der Niere her niemals Heilung geschehen kann. Die Niere kann nie geheilt werden, weil sie nie krank ist. Aber der Mensch kann geheilt werden. Deine Krankheit der Niere ist nur eine Ausdrucksform deines Krankseins als Mensch. Ebenso ist es mit der Schuld: Deine Schuld als Waage ist nur eine Ausdrucksform der Tatsache, daß *du als Ganzes die Schlange bist.* Deine Schuld besteht in deinem *Dasein* als Schlange. Eine Schlange, die sich immer wieder in den Schwanz beißt. Und es kann nicht darum gehen, einzig deine Nieren-Schuld zu kurieren.

Obwohl du andererseits doch wieder irgendwo beginnen mußt. Also *beginnst* du bei deinem Aszendenten. Alles weitere kommt von ganz alleine.

Diesen Gedanken, daß die Schlange eine Einheit bildet, möchte ich noch in das Bild der Ableitungsbäume hinein erweitern. Im 3. Kapitel habe ich anderthalb Bäume gezeichnet, auf denen sich alle Gegebenheiten der Welt vorfinden lassen (als Blätter, da der Baum der Idee im Unsichtbaren verbleibt). Selbstverständlich weißt du, daß es 12 derartiger Bäume gibt und daß sie nicht in einer linearen Reihe stehen, sondern kreisförmig angeordnet sind. Malen wir diese Stämme, so sieht das ungefähr so aus.

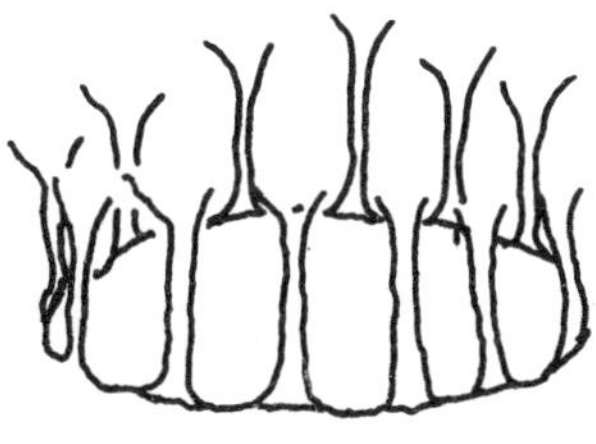

Abbildung 20

Jetzt siehst du 12 Urprinzipien. Waagerecht gesehen stehst du inmitten des Baumkreises. Aus deiner Perspektive *sieht es so aus,* als gebe es 12 Stämme, 12 Bäume.

Könntest du jedoch etwas Abstand gewinnen (was dir deshalb nicht möglich ist, weil du ja inmitten der Bäume dich aufzuhalten gezwungen bist), so säh es so aus: Unterhalb deiner Position (also in der Unterwelt), im Reich des Unbewußten, sind die Wurzeln der Bäume *eins.*

Unentwirrbar. Oberhalb von dir (also im Himmel), im Reiche mystischer Verzückung, ist das Blattwerk der Bäume *eins.* Unentwirrbar.

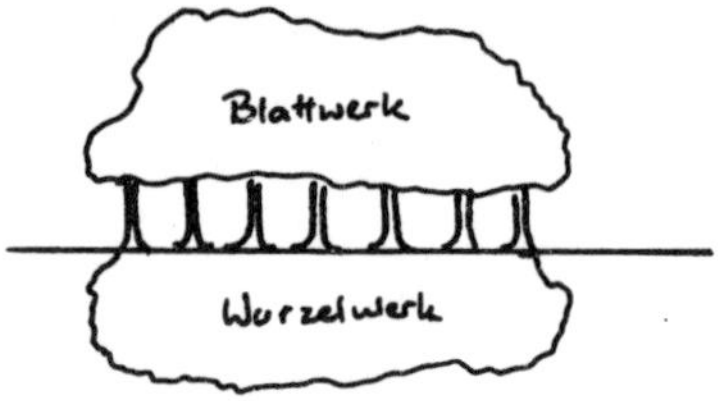

Abbildung 21

Und beide Ausprägungen sind gleich groß. *Nur* aus deiner Position, inmitten der Stämme, sieht es so aus, als gäbe es mehrere Stämme, mehrere Themen.

Die »Alten« haben von diesem Zusammenhang gewußt; sie haben sehr viel Energie aufgewendet, ihn darzustellen. Jeder Tempel mit seinen Säulen sollte auch dieses Lied singen. Am deutlichsten haben wir dieses Bild in Stonehenge (England) vor Augen. Viele riesige Steine sind senkrecht aufgerichtet, so daß ein Kreis gebildet wird. Stehst du inmitten des Kreises, so siehst du nur die senkrecht stehenden monumentalen Steine. Sie ragen nach oben. Folgt dein Blick ihnen nach oben, so siehst du, daß sie alle mit Abschlußsteinen (die waagerecht darüberliegen) zu einem geschlossenen Kreis verbunden sind. Wieder erkennst du die ganze Schlange.

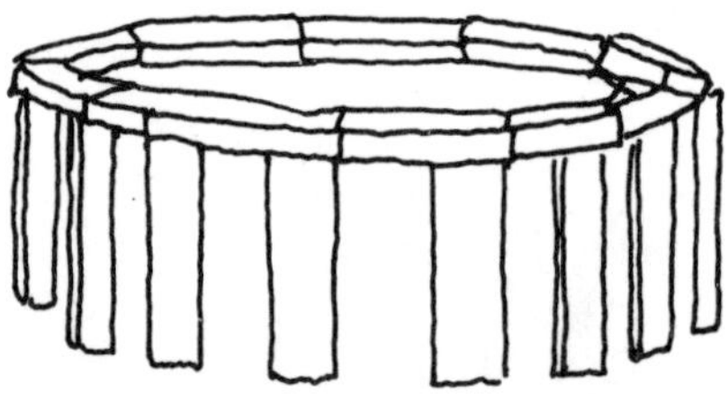
Abbildung 22

Doch Stonehenge ist zerstört, die ganze Schlange ist nicht mehr vorhanden. Einige der Deckelsteine sind herabgestürzt. So erhältst du ein Sinnbild dafür, daß das, worüber wir geredet haben, *Vergangenes* ist. Geronnene Geschichte der vergangenen Jahrtausende, die sich in dir zur Schicht verdichtet hat. Es ist deine Vergangenheit. Und es hat wenig Sinn, der Vergangenheit nachzuweinen oder sie wieder – in die Gegenwart hinein – instandsetzen zu wollen. Es reicht nicht, Stonehenge zu restaurieren. Dieses Symbol ist nur noch ein Rest; Rest- und Merkzeichen einstiger Identität. Was einst geeint war, ist auseinandergefallen. Man kann es nicht wieder kitten. Aber man kann aus diesem Symbol, das wir geerbt haben, einen Lernprozeß ableiten. Damit das, was wir von unseren Vätern geerbt haben, von uns erworben wird. Damit wir es besitzen.*

Verlassen wir jetzt die Bühne, die als Ebene A vor uns aufgespannt war und wenden uns dem Heute zu. Unser Zirkus hat, wie wir schon wissen, drei Manegen. Wir betreten jetzt die größte, jene, auf der »die Aktion ist«.

---

* Es gibt viele derartige »Orte der Kraft«. Einer davon ist der Frankfurter Lorberg. Hier steht noch heute ein Kreis von Bäumen. Es ist meine Überzeugung, daß hier vor langer Zeit ein ritueller Ort – ähnlich wie Stonehenge – war, der genau diesen Zusammenhang darstellen sollte. Heute noch kannst du es in Vollmondnächten spüren, wenn du in das Innere des Kreises trittst.

»Rabbi«, sagte er mit fast versagender Stimme, »was ist es mit diesem Gog? Es kann ihn doch da draußen nur geben, weil es ihn da drinnen gibt.« Er zeigte auf seine eigene Brust. »Die Finsternis, aus der er geschöpft ist, braucht nirgendwo anders hergenommen zu werden als aus unserem trägen und tückischen Herzen.«

MARTIN BUBER, GOG UND MOGOG

V
Der Weg der Schlange

In den ersten beiden Kapiteln habe ich das Bild eines grundsätzlichen Zusammenhanges gegeben: das Trauma der Schuld *und* an welcher Stelle du deine Schuld finden kannst. Im dritten Kapitel wollte ich zeigen, wie deine individuelle Schuld der Tendenz nach aussehen könnte, als das, was es tief im Inneren deiner Seele zu entdecken gilt. Das vierte Kapitel markierte gleichsam einen Übergang; hier ist – abstrakt – eine Brücke aufgezeigt, wie du von deiner inneren Schicht, als das, was du *bist,* zu deiner aktuellen Geschichte, also zu dem, was du *tust,* gelangen kannst. Es wurde – exemplarisch am Beispiel der Friedensbewegung – verdeutlicht, daß es einen Übergang gibt, der von der Ebene A nach B weist.

Jetzt müssen wir uns in einem zweiten Schritt B zu nähern versuchen. Doch dieser Vorgang darf nicht statisch gesehen werden, du solltest also nicht sagen, A sei nur Vergangenes und B nur Gegenwärtiges. So einfach ist es beileibe nicht. Es ist vielmehr so: In A bist du eine ganze bestimmte Schlange und in B tust du als diese Schlange etwas. Beide Ebenen gehören eng zusammen, denn als Schlange kannst du nur das tun, was deinem ganz spezifischen Naturell entspricht. So wirst du dich als Wasserschlange schwer tun, auf Bäume zu klettern und als Ringelnatter wirst du kaum ein Schwein verschlingen können. Die Aufgabe, die du auf der Bühne B hast, ist die, *zu gehen.* Die Schuld von der Ebene A muß bewegt werden, du sollst etwas damit tun. Und du weißt schon, daß diese Schuld zu sich selbst kommen soll, aber das tut sie nicht von alleine, es muß auch etwas *unternommen* werden. (Höre einmal in dieses Wort hinein.) Damit du zu dir kommen kannst, damit du bewußt wirst, damit du ein Bewußtsein deiner Schuld entwickeln kannst, mußt du auf einer Reise etwas unternehmen – mußt deine Schuld »unter nehmen« und damit irgendwo hin. Es ist eine Reise zu dir, und diese Reise hat nur ein einziges Thema: »Suche die Schlange.« Da du diese Reise, also deinen Weg durch das Leben, niemals so nennen würdest, hat sie erst einmal ein um Nuancen verändertes Thema: »Begegne der Schlange!«

Überall triffst du sie! Mit deinem Verhalten holst du sie herbei. Und ist sie mal nicht da, so reist du tausend Kilometer nach Neapel, um sie dort zu treffen. Du nennst es freilich anders, du nennst es »Urlaub«. Oder du gehst jeden Tag in die Schlangengrube, eine, die du dir sogar selbst ausgewählt hast. Du nennst sie freilich anders, du nennst sie »Beruf«. Oder du holst sie dir ins Haus, wachst jeden Tag neben ihr auf. Du nennst sie freilich anders, du nennst sie »meine Frau«, »mein Mann« etc. Oder du spürst sie in dir, wie sie eines oder mehrere deiner Organe befällt, wie sich dich innerlich in ihrem Würgegriff hält. Du nennst sie freilich anders, du nennst sie »Krankheit«. Oder du gehst zweimal in der Woche auf einen Platz, auf dem sie ihr Unwesen treibt. Und du kämpfst mit ihr. Du nennst sie »Hobby«. Sportarten wie Tennis, (Fußball etc.) sind ohnehin sehr schöne Verkörperungen des Projektionsmechanismus. Du schmetterst deinen Ball rüber zum anderen und hoffst, daß der andere ihn dir nicht zurückgeben kann. Natürlich will der andere ihn nicht auf seiner Seite haben und gibt ihn dir zurück. Am Ende ist der Sieger, der die meisten Bälle hinüber zum anderen geschafft hat. So ist fast jede Sportart nur eine bestimmte Variante des Themas »ich möchte unschuldig bleiben«. Du siehst, diese Sätze lassen sich endlos fortsetzen.

Es gibt keine Handlung in deinem Leben, die unschuldig wäre. Jede Handbewegung, jeder Schritt, den du tust, ist ein Akt, der dich in die Nähe der Schlange treibt. Dein ganzes Leben hat nur dieses Thema. Und es gibt nur zwei Arten, durch das Leben zu gehen: bewußt oder unbewußt, *suche die Schlange* oder *begegne der Schlange*. Im ersten Fall bist du Opfer. Du bist sogar dann noch Opfer, wenn du von deiner Schuld her Täter bist. Und was dir die Sache so schwer macht, ist die Tatsache, daß es nur diese beiden Arten gibt, durchs Leben zu gehen. Entweder du glaubst, du wärest unschuldig, dann begegnet dir die Schlange – überall und unangenehm. Oder du machst dich allmählich mit dem Gedanken vertraut, daß du als Mensch (?) nichts anderes bist als ein Schuld-Heimholungswerk, dann suchst du die Schlange – überall und nicht weniger unangenehm. Mehr Wahlmöglichkeiten hast du nicht.

Doch natürlich hast du Konzepte in dir, die ganz anders aussehen. Es sind die Konzepte von »Friede, Freude, Eierkuchen«. Von

Liebe und Entspannung, von Gesundheit und einem guten Leben. Doch blickst du einmal auf dein Leben zurück, so kannst du sehen, daß dieses Konzept sich noch nie realisiert hat (oder höchstens für kurze Zeit, um dich dann noch tiefer in die Hoffnungslosigkeit zu stürzen) und es wird sich auch nie realisieren.

Was macht den großen Erfolg einer ziemlich mittelmäßigen Hollywood-Schnulze wie »Love-Story« aus. Sie ist deshalb ein Renner, *weil sie die Wahrheit sagt.* Da treffen sich zwei junge Menschen. Und sie beginnen, sich zu lieben. Tief und jauchzend und in Slow-Motion durchs Kornfeld. Und dann ist die Frau auf einmal unheilbar krank und jeder weiß, sie wird sterben. Und jetzt kann die Liebe sich noch einmal für einige Wochen total und mit aller Kraft realisieren. Dann stirbt die Frau.

Was wäre passiert, wenn die Frau nicht gestorben wäre? Die Liebe wäre gestorben. So einfach ist das Leben. Er hätte Fett angesetzt, sie Migräne bekommen. Und beide wären – zusammen mit ihrem Pekinesen – in einem wunderschönen amerikanischen Vorort mit drei Kindern und jeden Dienstag »Dallas« alt geworden. Und tief im Inneren wären sie mit ihrem Leben genauso unzufrieden wie wir anderen auch.

Als das Orakel zu Delphi einmal gefragt wurde, ob eine bestimmte Sache günstig oder ungünstig ausgehen würde, so antwortete es:

So oder so,
was fragst du groß,
des Menschen Los
ist hoffnungslos.

Das einzige, was dir im Wege steht, dein Leben zu leben, sind deine Konzepte, deine Hoffnungen, deine Wünsche, deine Illusionen, dein Verlangen, deine Ziele. Du blickst nach vorne und siehst die Sonne und sagst dir innerlich: Da möchte ich hin. Und für »Sonne« setzt du jetzt alles ein, was du dir wünscht: eine tolle Frau, einen tollen Beruf, Abenteuer ... Na, du weißt schon, was du für Ziele *vor* dich gestellt hast. Und diese Sonne ist hell, leuchtend, strahlend, verlockend. Jetzt strengst du dich an, in ihre Nähe zu kommen. Sieh es einmal im Horoskop-Bild. Du stehst an deinem Aszendenten, denn er ist ja das, *was du bist.*

Und du schaust jetzt zu der Stelle hin, die vor dir liegt. Es ist jene Stelle in deinem Leben, wo die Sonne ihren höchsten Punkt erreicht. Im Horoskop ist es der Mittagspunkt, (dein Mc), das heißt jenes Sternenbild, das im Moment deiner Geburt als höchster Punkt über dir sichtbar wird und zu dem du als dein Werdeziel aufblickst.

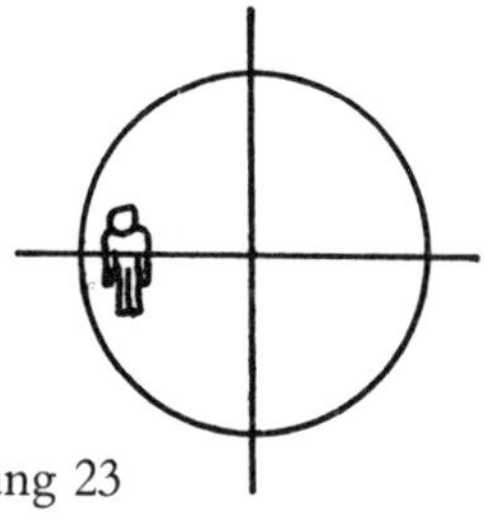

Abbildung 23

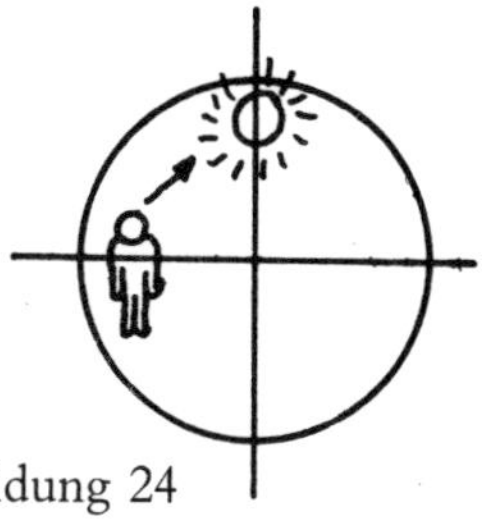

Abbildung 24

Zu dieser Stelle möchtest du hin. Und es scheint doch so einfach zu sein, es liegt ja zum Greifen nahe vor dir. Nur ein Viertel des Kreises ist zu durchmessen. Klar und deutlich siehst du sie. Und doch liegt hier deines Lebens größte *Täuschung* (und Enttäuschung) verborgen. Allein von der Logik des Tierkreises her steckt eine herbe Überraschung in diesem Weg.

Die Tierkreiszeichen, die deinen Entwicklungsweg markieren, haben eine Abfolge, gleichsam eine Zählweise, die es dir unmöglich macht, den direkten Weg vom Aszendenten zum Medium coeli zu wählen. Ihre Reihenfolge ist so

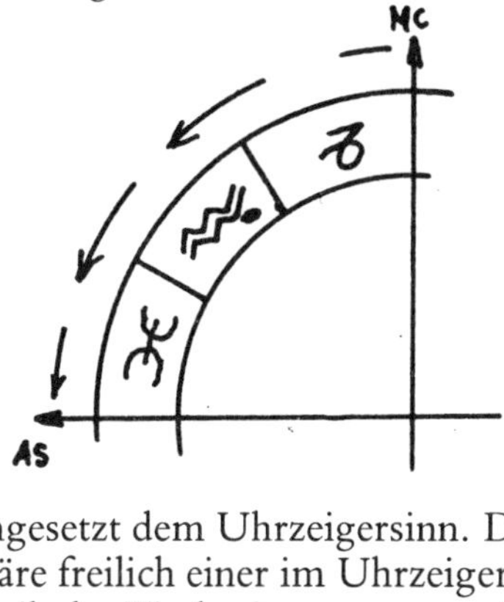

Abbildung 25

D. h. sie laufen entgegengesetzt dem Uhrzeigersinn. Dein Aufstieg (vom Ac zum Mc) wäre freilich einer im Uhrzeigersinn. Du müßtest jetzt gegen die Logik des Tierkreises anrennen. Doch das ist ausgeschlossen!

Sieh es einmal als eine Zahl von Schritten. Der Tierkreis beginnt beim 1. Schritt (Widder) und endet beim 12. Schritt (Fische). Willst du jetzt direkt von Widder zu Fische, so müßtest du nach dem 1. den 12. Schritt tun. Es geht nicht. Du kannst nur mit dem Tierkreis gehen, nicht gegen ihn. Gehst du aber mit ihm, so führt dich dein Weg zwangsläufig nach *unten*. Und jetzt merkst du sofort, worin das Problem besteht: du *entfernst* dich vom Mittagspunkt. Er entschwindet dir. Du mußt jetzt nicht mehr ins Helle, sondern du mußt in die Dunkelheit. Da die Sonne am Aszendenten aufgeht, liegt unterhalb des Aszendenten sinnbildlich das Dunkel der Nacht.

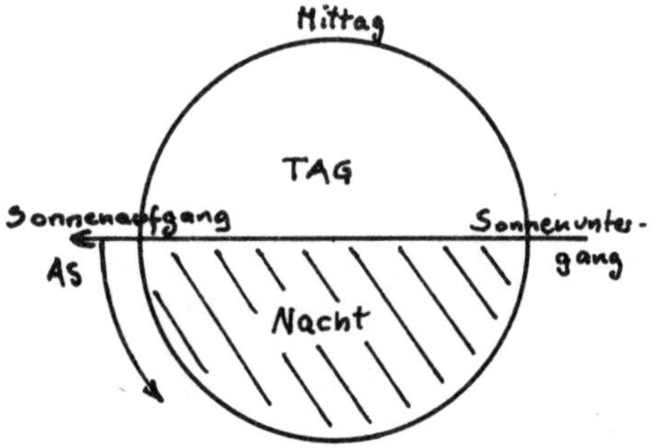

Abbildung 26

Du gehst jetzt in die Tiefe. Und natürlich schreist du so laut du nur kannst: »Da will ich nicht hin!« Denn du spürst es ja ganz deutlich: Deine Ziel entschwinden immer mehr. All das Licht, die Helligkeit, die Freundlichkeit, die Liebe, die du dir wünscht, all das entschwindet im Zwielicht. Zwei Richtungen ziehen an dir. Du merkst, wo dein Weg dich hinführt; nach unten. Aber du merkst auch, wo deine Konzepte hinwollen: nach oben. Und das zerreißt dich. Jetzt bist du endgültig in der Falle. Du bist in einem Paternoster, in den du eingestiegen bist in dem Bewußtsein, er bringe dich nach oben, doch du spürst, daß er dich immer tiefer hinabführt und jetzt klammerst du dich an die letzten Reste des Lichtes, die noch von oben einfallen. All deine Sehnsüchte bestehen nur aus dem einen Gedanken: möge doch ein Wunder geschehen und der Paternoster endlich seine Richtung ändern. Und so kannst du natürlich nicht sehen – du hast ja nur deine davonschwebenden Ziele im Blick –, an welchen Etagen du gerade vorbeifährst, welche Landschaften an dir vorüberziehen mit ihrer Einladung, doch einmal auszusteigen und zu verweilen. Du merkst nur, deine Kabine gleitet immer tiefer, dein Wehren wird immer heftiger, dein Sehnen immer dringlicher . . . Brechen wir hier ab.

Du weißt selbst, daß dieser Paternoster noch eine tiefste Stelle hat, eine Stelle, die du erreichen mußt, und du weißt ebenso, daß das Durchfahren dieser Stelle in dir die tiefsten Ängste freisetzt, derer du fähig bist. Wieder einmal drehst du dich nicht um – dein Blick ist immer noch nach oben gerichtet – denn sonst könntest du das Schild lesen, das hinter dir an der Paternosterwand klebt: »Das Durchfahren des Kellers ist gefahrlos«. Aber deine Angst hindert dich, diesen Schritt zu vollführen.

Und diese tiefste Stelle gibt es natürlich auch in deinem Horoskop. Es ist der Mitternachtspunkt. *Die dunkelste* Stelle der Nacht. Früher oder später mußt du durch diesen Punkt hindurch. Und obwohl hier die Nacht am tiefsten ist, wird an eben dieser Stelle auch das Licht geboren. Es ist freilich ein anderes Licht als das, was du als dein Licht dir zu erhoffen angewöhnt hast. Dort wird nicht nur das Licht, sondern ebenso die *Heilung* geboren. Sogar ganz personifiziert: Jeder *Heiland* wird an dieser Stelle der Nacht geboren. Du feierst es heute noch als den Heiligen Abend (der jedoch nur der Kinder wegen ein Abend ist), der in Wirklichkeit eine Heilige Nacht ist – wie dir das schöne Weihnachtslied »Stille Nacht« verdeutlicht. Alle Gottessöhne (du kannst auch sagen »Menschensöhne« – es geht um das gleiche), alle Retter der Menschenseele werden der Mythologie zufolge um Mitternacht geboren.

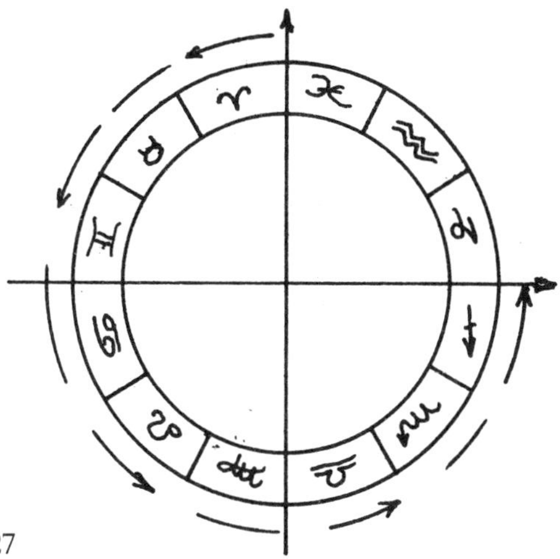

Abbildung 27

Fassen wir zusammen: Der Weg nach oben ist dir erst einmal verbaut. Nur über den Weg nach unten gelangst du zum Ziel. Wieder einmal kann dir deutlich werden, daß der Blick nach vorn dir nicht allzuviel hilft. Denn vor dir siehst du (in der Regel) drei

Zeichen, die du – wie du glaubst – zu durchwandern hättest, während du doch in Wahrheit 9 Zeichen zu durchqueren hast. Du mußt sie in deinem Leben durchwandern und du mußt sie vor dem Beginn deines Lebens durchwandern. Es sind die neun Monate jener Zeit, in der du ausgetragen wurdest. Dieser ganze Exkurs hat nun noch gar nichts mit dem zu tun, worüber ich eigentlich in diesem Kapitel reden möchte; er sollte erst einmal eine Stimmung erzeugen, in der du das folgende besser auf dich einwirken lassen kannst.

Bei der Frage: »Was ist mein Weg«, oder: »Was soll ich tun?« oder: »Worin besteht mein Handeln?« geht es nämlich nicht um die Strecke, die du zurücklegen sollst, denn eine solche gibt es nicht. Es erscheint dir so, doch ein Weg ist es wahrlich nicht. Die Wahrheit ist: Du trittst auf der Stelle. Du bist einer jener break-dance-people, die täuschend echt gehen können, die jedoch dabei auf der Stelle treten. Es ist vielmehr so, du kannst nichts tun, denn *es gibt gar nichts zu tun!* Aber du gibst dich der Täuschung hin, du tätest pausenlos etwas, legtest Strecken zurück, wärest heute schon sehr viel weiter als du es je warst. Doch das ist unmöglich, denn noch niemals ist jemand in seinem Leben weitergekommen in dem Sinne, daß er etwas getan hätte und als Ergebnis davon wäre er jetzt woanders. Ja, es sieht so aus. Aber es ist nicht so. Du kennst ja auch jene Leute, die jedes Jahr von sich behaupten, sie würden die Dinge jetzt schon ganz anders sehen als damals. Sie seien schon sehr viel weiter fortgeschritten, hätten sich verändert. Besonders bei jenen, die schon seit Jahren Therapie machen, findest du diesen Topos häufig. Letztlich stößt du hier auf die gleiche Denkfigur, die man als die *Dynamik des Fortschritts* bezeichnen kann. Man ist fortgeschritten. Hin zu neuen Ufern, hat alte Ufer hinter sich gelassen.

Wie sieht diese Ideologie der Technik aus?

Sieh dir dieses Jahrhundert an: An seinem Beginn stand die Tonwalze. Es gelang, die menschliche Stimme auf einen Tonträger zu übertragen und aus einem riesigen Rohr ertönte Musik. Dann kam der Plattenspieler. Schließlich das Radio. Funkwellen wurden in alle Welt übertragen. Schließlich ein ganz neues Erlebnis: Fernsehen. Jetzt konnte man nicht nur hören, sondern sogar sehen. Das Fernsehen wurde farbig. Es kam die Kassette, die große Schallplatte schrumpfte auf ein kleines Kästchen zusammen. Der Fortschritt wuchs. Video erschien. Man konnte jetzt sogar Bilder in kleine Kästchen stecken. In diesem Moment wird unsere Republik verkabelt. Jedes Haus wird bald angeschlossen sein an eine weltweite Multiplikationskette. Der letzte im Moment denkbare Schrei wurde (vorerst als utopische Vision) in dem Film »Projekt brainstorm« präsentiert: Man kann das, was man sieht und fühlt direkt vom Gehirn auf ein Videoband aufzeichnen. Die Technik schreitet weiter fort. Und jeder HiFi-Fan lacht heute über ein Dampfradio aus den Dreißigern. Natürlich wird es weitergehen. Doch es ist abzusehen, und das ist der einzige Schwachpunkt an der ganzen Geschichte, es wird ewig so weitergehen, *aber man kommt nirgends an*. Dieser Fortschritt, der nach vorne geht, hat kein Ziel. Er wird nie ankommen. Denn man kann es immer noch besser, kleiner, anders machen. So ist es auch mit den psychischen Veränderungen. Natürlich verändern wir uns. Je weiter wir gehen, desto raffinierter werden die Systeme. Sie schreiten fort und doch kommen sie nirgendwo an.

Unsere Gedanken spazieren irgendwohin, machen einen Entwurf für die Zukunft. Ein Einfamilienhaus. Das wäre etwas. Nach zehn entbehrungsreichen Jahren haben wir es dann endlich. (Sage hier nicht: Ach, Gott sei Dank, ich bin nicht gemeint, denn so etwas wünsche ich mir gerade nicht! Was wünschst du dir? Dein Studium zu beenden. Eine Stelle als Lehrer, als Astrologe, als Therapeut?) Aber was jetzt? Einen Swimmingpool? Und dann? Ein Boot? Und dann? Oder alternativ: ein therapeutisches Zentrum? Und dann? *Das* wichtige Buch überhaupt zu schreiben? Und dann? Ein Kind? Und dann? Erleuchtung?

Und solange die Ideologie des Fortschrittes in dir eigenmächtig ist, gibt es immer ein »Und dann?«. Immer etwas, von dem du glaubst, du müßtest dorthin. Du siehst es als einen Weg. Doch dein Horoskop kann es dir zeigen. Das, was im Horoskop deinen Weg markiert, ist ein Punkt. Ein einzelner wichtiger Punkt. Und auf diesem Punkt steht all dein Handeln. Es ist dort festgeschrieben. Es ist der Punkt, auf dem deine Sonne steht, z. B. 22° ≈. Sie steht dein ganzes Leben lang auf diesem einen Punkt.

Dieses ganze Leben lang kriegst du keinen neuen *Standpunkt*. Im Moment deiner Geburt wurde die Zeit tiefgefroren. Vorher, als du noch nicht da warst, war das große kosmische Geschehen im Fluß. Es war wie ein Film, bestehend aus Millionen und Abermillionen von Einzelbildern, und diese Bilder zogen an einem Projektor vorbei. Als du geboren wurdest, drückte der Operateur auf einen Knopf und ein Einzelbild blieb stehen. Der Film hielt an. Jetzt bist du im Lichtgang des Projektors. Das Licht, das von weither kommt, scheint jetzt durch dieses eine Bild hindurch und wirft ein Abbild auf die Leinwand, die wir Erde nennen, du erscheinst. Jetzt stehst du fest!

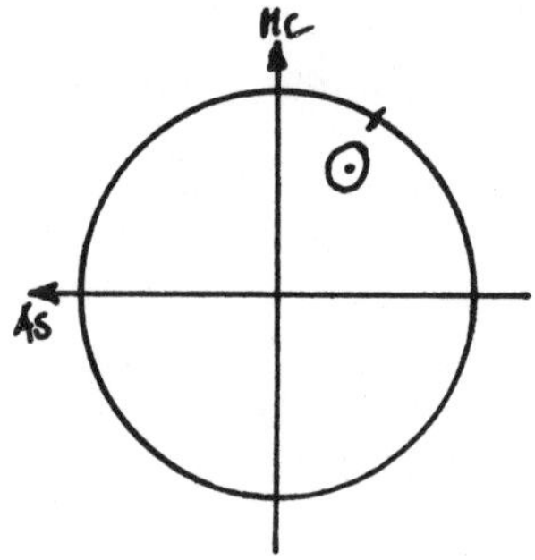

Abbildung 28

Dir *erscheint* es freilich ganz anders. Vielleicht glaubst du, *bevor* du da warst, stünde die Zeit still, gäbe es keine Zeit. Zeit tauche erst mit deinem Erscheinen auf. Möglicherweise kennst du die alte esoterische These, daß es keine Zeit gibt. Es sei nur dein Bewußtsein, das eine Zeitachse errichtet, gleichsam Zeit aufspannt. Außerhalb deiner Inkarnation gäbe es »die Zeit« nicht. Diese These ist sicher richtig. Doch ebenso richtig ist die andere These: Zeit gibt es nur, wenn du noch nicht bist. Bist du erst einmal, dann bleibt die Zeit stehen, sie läuft nicht mehr ab. Es gibt dann keinen *Fortschritt* mehr. Die unzähligen Potenzen, aus denen du bestehst, werden drastisch reduziert auf die eine, die du jetzt verkörperst. Zeit als Abfolge von Wandlungsformen hat einen Stop-Punkt erfahren und dieser Stop-Punkt bist du. Es gibt einen Zeichentrickfilm, der die Entwicklung des Lebendigen beschreibt, von der ersten Amöbe bis zum Menschen. Dieser Film beginnt bei einem kreisförmigen Gebilde und aus diesem amöbenartigen Gebilde wachsen immer neue Teile heraus, und es entstehen durch die Evolutionsgeschichte hindurch immer neue Organismen (aus der gleichen kreisförmigen Linie, die im Anfang die Amöbe gebildet hat) bis hin zum Menschen. Du mußt dir vorstellen, du hast jedes Einzelbild durchlaufen, jedes Einzelbild war ein Leben. Erst wenn du es gelebt hast, kannst du neu werden und zum nächsten Einzelbild (das dann wieder stillsteht) übergehen.

Diese beiden verschiedenen Zeitvorstellungen: »Es gibt objektiv keine Zeit (und nur dein Bewußtsein spannt eine Zeitachse auf)« *und* »Es gibt nur eine objektive Zeit, doch wenn du da bist, bleibt Zeit stehen« mögen dich verwirren. Aber wie dem auch sei, mir liegt daran, aufzuzeigen, so wie wir die Zeit sehen, ist sie ganz sicher nicht.

Das heißt jetzt nicht, daß du im Jenseits Fortschritte machen könntest. »Dich entwickeln« kannst du nur hier, wo es etwas

Materielles zu bearbeiten gibt. Wo du inmitten der anderen Formen zum Stillstand gekommen bist. Jetzt erst kannst du die Dinge anfassen, dich an ihnen reiben, so lange, bist du deine eigene Form mehr und mehr erhältst.

Für die Logik des astrologischen Weges, für den Erkenntnisprozeß, der aus dem Horoskop zu erzielen ist, solltest du davon ausgehen, daß im Moment deiner Geburt die Zeit stehenbleibt. Die Sonne als Symbol deines Weges bleibt stehen. Nur so kann Astrologie betrieben werden und nur so ist sie seit Jahrtausenden betrieben worden. Du findest in deinem Horoskop *einen* Punkt und er gibt dir an: »Hier halte dich auf!« Hier ist der Ort deiner Wahl, der Ort deines Handelns. Hier hat der Zug angehalten, also steige aus und schau dir die Landschaft an. Deine Geburt signalisiert dir diese Haltestation. Jetzt ist es an dir, den Zug zu verlassen und ins Gelände zu gehen. Er fährt nicht weiter, du bist der einzige Passagier, nur deinetwegen ist er losgefahren. Du bekommst eine Spielwiese, ein Übungsfeld, Raum für dein Manöver. Und wie du dir vielleicht vorstellen kannst, steht in dieser Landschaft wieder ein großer Baum. Einer der 12 Bäume, die du schon kennengelernt hast, einer der Ableitungsbäume, auf dem alle Ausprägungen einer Idee versammelt sind. Die Landschaft, die du siehst (den Baum kannst du nicht sehen, er ist ja für dich unsichtbar) trägt auf ihrer Oberfläche sämtliche Blätter dieses Baumes. Sie liegen dort herum. Und da das Wort »Blätter« nur ein Sinnbild ist für alle Verkörperungen dieser Uridee, müssen wir noch deutlicher werden: Es liegen hier die *materiellen Formen* dieser Idee, also ganz normale Gegebenheiten, die du so in deinem Leben um dich herum vorfindest. Angenommen deine Landschaft trägt die Signatur »Zwillinge«, so liegen hier alle Ableitungen dieser Idee: Postämter, Telefone, Fahrräder, Zahlen, Druckmaschinen, Zeitungen, Bibliotheken, Buchhandlungen, Narzissen, Petersilie, Affen usw. usw. (Über das spezifische Blattwerk einer jeden Idee erfährst du später noch mehr.)

Du bist in diese Landschaft gestellt und du nennst sie: »mein Leben«. Und die einzige Aufforderung, die hier an dich ergeht, ist: *Lebe hier.* Geh' von Blatt zu Blatt und lebe.

Bilde dir nicht ein, du schreitest fort, wenn du vom Fahrrad zum Postamt gehst und vom Postamt in die Buchhandlung. Du bleibst im gleichen Baum, in der gleichen Landschaft. Aber da du ja sehr tief in der *Ideologie des Fortschritts* (psychisches Wachstum) befangen bist, glaubst du jetzt: Fahrrad ist gut, Postamt ist besser, Druckmaschine ist gut, Buchhandlung ist besser. So könnte dein Fortschritt aussehen. Du mußt freilich irgendwann lernen, dieser Fortschritt ist eine Fiktion. Es gibt hier kein »besser« oder »schlechter«. Es gibt hier nur eine Forderung: *Durchlebe dein Leben* in dieser Landschaft. Lerne die Landschaft kennen. Alles, was dir dort begegnet, ist gleich wichtig. Für dich. Du sollst nicht besser werden, du kannst nicht besser werden! Du sollst nicht fortschreiten, weil dich das in die Falle der Sinn- und Ziellosigkeit bringt. Lebe – mit dem Fahrrad ebenso wie mit dem Buch.

Ja, aber wenn es nicht um Fortschritt und wenn es nicht um Entwicklung geht, wenn es nicht um das Gehen und nicht um das Verändern geht, worum geht es dann?

Du könntest es schon an der Frage »Worum geht es?« erkennen, daß du begierig darauf bist, herumzugehen, den Kreis zu durchmessen, endlich anzukommen. Aber mit deinem Gehen, mit deinem Tun, mit deinem Handeln kommst du nirgends an. Weil jeder Schritt, den du tust, zwangsläufig und zwanghaft den nächsten Schritt erzwingt.

Worum es geht? Die Antwort liegt schon in der Frage: daß du um diesen Baum *herumgehst,* immer um das gleiche Thema herum. Warum? Du sollst es kennenlernen. Um eine Sache kennenzulernen, mußt du um sie herumlaufen, mußt sie von allen Seiten anschauen, jede Perspektive einnehmen. Du siehst es schon an der Formulierung, du kommst dabei nirgends an, oder immer wieder da, wo du losgegangen bist. Und weil die abstrakte Idee des Baumes so schwer zu begreifen ist, so schwer zu lernen ist, bekommst du mitunter andere Äußerungsformen dieser Idee ins Leben geschickt, damit es dir nicht zu langweilig wird. Das muß allerdings nicht sein, du kannst auch 50 Jahre deines Lebens beispielsweise Briefträger sein. Doch das Thema bleibt. Gehe, aber glaube nicht, du solltest irgendwo hingehen (das wäre Fortschritt), du sollst im Kreis gehen, immer um dein Thema drumherum, damit das Thema, die Idee, *in dich hinein kann.* Du siehst, es ist etwas grundlegend anderes, wenn eine Idee, die immer um dich herum vorhanden ist, Einlaß in dich erbittet, als wenn du durch die Welt läufst und dich beständig fragst: Wo muß ich hin? Du siehst dann – buchstäblich – vor lauter Wald die Bäume nicht mehr. Du rennst durch den Wald, suchst nach einem ganz bestimmten Baum, den es gar nicht gibt. Es geht um den Wald. Du kannst um jeden Baum, der dort steht, herumtanzen – und das tust du auch –, denn dieser Wald besteht nur aus *deinen Bäumen.*

Und das einzige, das von dir gefordert wird, ist, daß du eines Tages zu deinem Weg, zu deinem Leben, zu deinen Bäumen *stehen* kannst. »Ja« sagen kannst. Solange du wie ein Blinder durch den Wald hetzt, immer auf der Suche nach deinem Baum (dem Baum deiner Phantasie), sagst du nicht »ja«, solange du gehst, sagst du nicht »ja«. Solange du auf *der Suche* (nach Fort-Schritt), solange du unterwegs bist, bist du nicht da! Dein Horoskop will es dir zeigen: Es gibt einen Punkt, da steht deine Sonne und auf diesem Punkt sollst du stehen. Und zu diesem Punkt sollst du stehen. Hier ist deine Heimat, dein Zuhause. Mehr gibt es diesmal nicht. Mehr brauchst du nicht zu tun. Dieses »dazu stehen« hat freilich noch eine weitere Konsequenz. Mit dem Instrumentarium, das du an dieser Stelle (wo deine Sonne steht) vorfindest und zu dem du »stehen« sollst, gelingt es dir (und nur mit diesem Instrumentarium kann es dir gelingen), die Schlange zu erkennen, »Schuld« zu sehen.

Die Stelle, an der deine Sonne steht, gibt dir an, in welcher Art und Weise du deiner Schlange begegnen sollst. Jetzt verstehst du auch, daß Aszendent und Sonnenstand notwendigerweise zusammengehören wie deine linke und deine rechte Hand. Sie sind nicht etwa Vergangenheit und Gegenwart, säuberlich getrennt in der Zeit (die es ohnehin nicht gibt), sondern sie sind Erkenntnisergänzungen. Mit deiner rechten Hand (Sonne) kannst du deine linke Hand (Aszendent) ergründen; oder »in die Hände klatschen«; »Die eine Hand wäscht die andere«. Aber solange du die eine Hand wie ein kleines Kind hinter deinem Rücken versteckt hältst (weil du etwas verbergen willst) kannst du deine andere Hand nicht finden. Die rechte Hand weiß dann nicht, was die linke getan hat –. Darin liegt der Sinn des Satzes: »Seine Hände in Unschuld waschen.« Hier liegt der Kern jeder Neurose. Es ist gleichermaßen der Kern jeden Fortschrittes und der Kern der Schuld: die rechte Hand will nicht wissen, was die linke tut. Denn würde sie die linke sehen, so erblickte sie auch, daß Blut an ihr klebt. Lieber nicht hinschauen. Aber beide Hände gehören zu dir (mit der rechten bist du etwas geschickter), und beide Hände wollen zusammengeführt werden.

Sieh dir die Meditationshaltungen von Buddhastatuen an. Hier sind meist beide Hände zusammengeführt, die eine Hand berührt die andere. Oder beide Hände liegen offen auf den Oberschenkeln. Sie liegen offen zutage. Auch das Beten beginnt an dieser Stelle; bevor du dich in die Andacht hineinbegibst, führst du erst einmal die rechte und die linke Hand zusammen. Allein in dieser Geste liegt schon etwas unglaublich Tiefes. Du meinst, du kennst deine linke Hand? Mache einmal folgendes Experiment: Falte deine

Hände zusammen, so als wolltest du beten. Mache das JETZT, bevor du weiterliest.

Bist du Rechtshänder, so wird aller Wahrscheinlichkeit nach dein rechter Daumen oben liegen. Jetzt versuche einmal beide Hände so zu falten, daß dein linker Daumen oben liegt.

Merkst du, wie fremd dir deine Linke (deine Schuld) ist?

Deine rechte Hand soll deine linke nach Hause holen. Der Sonnenstand gibt dir an, wie du um etwas herumlaufen sollst und zu was du stehen sollst, damit deine Schuld zu dir kommt. Und beide Hände sind miteinander verbunden, du kannst sie nicht trennen, sie gehören zur gleichen Person, sind zwei Aspekte deines Wesens.

Das Thema des Sonnenstandes, also die Aufforderung »Begegne der Schlange« ist freilich noch um einiges komplizierter als das, was ich bisher dargestellt habe. Der Grund dafür liegt darin, daß dein Sonnenstand immer zweifach definiert ist und wir bisher nur eine Ebene besprochen haben.

Jedes Horoskop besteht eigentlich aus zwei Kreisen. Der erste Kreis ist das Häusersystem.

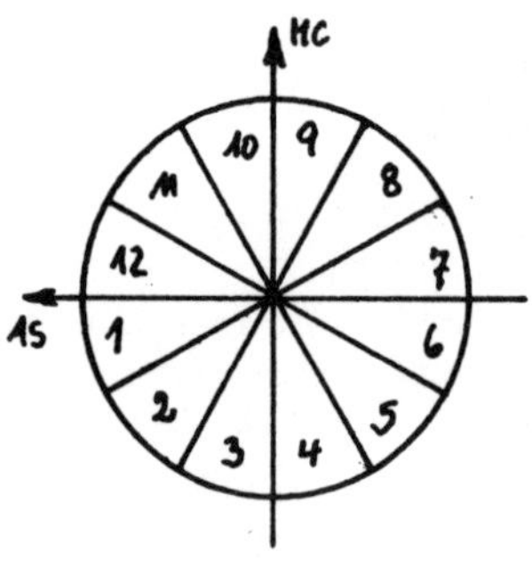

Abbildung 29

Es ist ein Kreis, der von unseren beiden Hauptachsen (Asz und Mc) und von vier weiteren Achsen (nennen wir sie einstweilen Nebenachsen) durchschnitten wird. Es entstehen insgesamt 12 Segmente. Die Achsen teilen also den Kuchen in 12 Stücke, wobei die einzelnen Kuchenstücke meist nicht gleich groß sind. Wie groß die Stücke sind, hängt ab von dem Häusersystem, das du gewählt hast. (Ich verwende das Placidus-Häusersystem, doch es gibt andere.)

Auch die Reihenfolge der Häuser unterliegt einer Numerierung. Sie beginnt am Aszendenten, wobei man sagt, der Aszendent ist die Spitze des ersten Hauses und geht dann gegen den Uhrzeigersinn durch den Kreis (also wieder erst durch die Unterwelt).
Die Sonne steht immer irgendwo, sagen wir einmal hier.

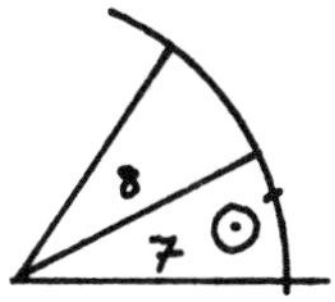

Abbildung 30

Zu dieser Position sagen wir: die Sonne steht im 7. Haus. Der zweite Kreis ist das Tierkreissystem.

Abbildung 31

Wieder gibt es 12 Segmente, doch im Gegensatz zum Häusersystem sind diese Segmente alle gleich groß, nämlich 30 Grad auf dem Kreisbogen, wobei 12 mal 30 Grad 360 Grad sind, und das ist die Winkelsumme des Gesamtkreises.
Die Schwierigkeit liegt jetzt darin, daß die Achse des Aszendenten als der Punkt, an dem die Himmelsrichtung Osten den Tierkreis (an der Stelle deiner Schuld) schneidet, ja fast nie auf 0 Grad Widder liegt, sondern im Tierkreis irgendwo. D. h. der Tierkreis liegt innerhalb des Häusersystems so, wie es ihm gerade gefällt. Immer irgendwie verdreht.
Nehmen wir an, der Aszendent liege auf 24 Grad Zwillinge, dann kann dein Horoskop-Mandala so aussehen.

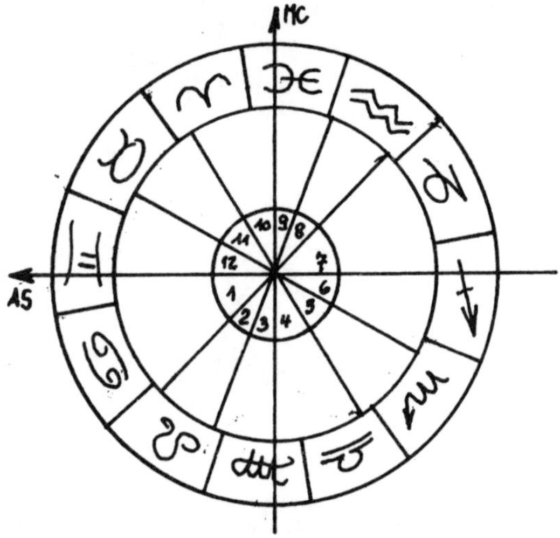

Abbildung 32

Jetzt siehst du aber sofort, daß deine Sonne, die weiterhin im 7. Haus steht, zusätzlich eine 2. Bestimmung erhält. Sie steht nämlich im 7. Haus *und* im Zeichen Steinbock.

Die Sonne hat jetzt gleichsam 2 Koordinaten, eine Hauskoordinate und eine Zeichenkoordinate. Das hat sie immer, sie ist immer zweifach bestimmt.*

Du mußt jetzt nur noch wissen, daß die *Häuserabschnitte* (von 1–12) die gleiche inhaltliche Ausrichtung haben wie die Tierkreiszeichen. D. h. das erste Haus, das immer am Aszendenten beginnt, trägt immer die Attribute des Zeichens Widder und das 7. Haus, das immer am Deszendenten beginnt, immer die Attribute der Waage usw. Steht jetzt die Sonne im 7. Haus, so hat sie auf jeden Fall zu tun mit den Merkmalsausprägungen des 7. Baumes und das ist immer die Waage-Idee. Sie hat aber zusätzlich und gleichberechtigt zu tun mit dem Zeichen, in dem sie steht. Das kann freilich jedes Zeichen sein, in unserem Beispiel ist es der Steinbock. Du mußt also beide Merkmalsdimensionen zusammenbringen.

Hast du diesen Gedanken verstanden, so verstehst du schnell einen anderen. Steht deine Sonne im Steinbock, und das tut sie

* Außer bei Astrologenschulen (wie z. B. der »Hamburger Schule«), die gar kein Häusersystem verwenden. Diese Schule interessiert sich nur für das Zeichen in dem die Sonne steht. Es gibt viele verschiedene Wege, Astrologie zu betreiben.

immer, wenn du zwischen dem 21. 12. und dem 20. 1. geboren bist, dann nennst du dich einen »Steinbock«. Doch damit weißt du noch lange nicht, in welchem Haus deine Sonne steht. Das erfährst du erst, wenn du dir die Mühe machst, das Häusersystem auszurechnen. (Vgl. Anhang S. 238)

Und so kennst du erst die eine Hälfte dessen, was du tun sollst. Da wir schon wissen, daß das, was du bist, von deinem Aszendenten angegeben wird, und da der Sonnenstand dir deinen Weg durchs Leben angibt, weißt du bis jetzt nur eine Hälfte deines Weges. Die andere Hälfte bleibt vorerst einmal im Dunkeln.

Blicken wir noch einmal zurück, was weiter vorne in diesem Kapitel gesagt worden ist: Der Sonnenstand gibt dir die *Landschaft* an, auf der du tätig werden sollst. Diese Aussage können wir jetzt präzisieren. »Landschaft« heißt in diesem neuen Verständnis der zweifachen Determination immer die Haus-Ebene der Sonne.

Die Haus-Ebene ist somit das Gelände, in das du dich hineinversetzt findest. Die Zeichen-Ebene (in unserem Beispiel Steinbock) gibt dir an, *auf welche Art* du diese Landschaft zu erkunden hast, sie gibt dir das *Wie* an im Gegensatz zur Häuser-Ebene, auf der du das *Wo* findest.

Sieh es noch einmal als Bild. Du bist der Wanderer, der Schuld auf seinen Schultern trägt (Aszendent); wo du wandern sollst, sagt dir die Haus-Ebene der Sonne; wie du wandern sollst (also trödelnd, zügig schnell, ernst, aggressiv, allein, in einer Meute anderer Menschen, als kleines Kind oder ganz versteckt usw.), sagt dir dein Sonnenzeichen.

Eines freilich bleibt immer gleich: Du wanderst nur, *weil* du eine Last trägst, sie ist der Sinn deines Wanderns. Und es könnte dir erscheinen (Ideologie des Fortschrittes), als solltest du die Last irgendwohin tragen – sozusagen von hier nach da –, und hättest du dieses Ziel dann erreicht, so könntest du deine Last abladen und alle Mühe hätte ein Ende. Aber so ist es nicht.

Es gibt kein Ziel, wo du dann deine Last absetzen könntest. Im Gegenteil, je mehr du an ein Ziel glaubst, desto schwerer wird die Last. Das Wandern ist das Ziel. Der Weg ist das Ziel. Das Wandern ist alles, was ist. Du trägst dein Bündel, deine Bürde. Solange du noch daran glaubst, daß du das Päckchen irgendwo abliefern müßtest (»Noch drei Jahre Therapie und dann bin ich durch!« Nach deiner verschwiemelten Vorstellung liegt das Paket dann im Raum des Therapeuten und du gehst pfeifend von dannen), wird es immer schwerer für dich, zu sehen, daß du und dein Bündel eins sind. Es ist nämlich gar nicht so, daß du einen Rucksack trägst, du hast vielmehr einen Buckel. Und wie willst du den je abschnallen? Du wirst deine Schuld nicht los. Nie und nimmer.

Warum du dann »Astrologie als Therapie« betreiben sollst, magst du einwenden. Vor allem deshalb, um deine Schuld anzuschauen. Je mehr du sie zu dir holst, desto weniger ist sie eine *drückende* Last.

Nicht die Schlange tötet, sondern die Sünde tötet.

TALMUD

Wisse, daß die Schlange vom Anbeginn ihrer Erschaffung an etwas Wichtiges und Notwendiges für die Harmonie der Schöpfung darstellte, solange sie an ihrem Ort stand. Sie war ein großer Diener, der erschaffen war, um das Joch der Herrschaft und des Dienstes zu tragen. Ihr Haupt überragte die Höhen der Erde, und ihr Schwanz reichte in die Tiefen der Hölle.

JOSEF GIKATILLA (geb. 1248), DAS GEHEIMNIS DER SCHLANGE

VI
Die Sonne

Damit deine Beine etwas sicherer auf dem Boden stehen, erläutere ich erst einmal das Astronomische. Die Sonne durchläuft einmal im Jahr den gesamten Tierkreis. d. h., etwa am 21. März (Frühlingspunkt) beginnt sie in 0 Grad Widder, erreicht etwa am 22. Juni 0 Grad Krebs (Sommeranfang), hat am 23. September (bei 0 Grad Waage) im Herbstpunkt die Mitte ihres Weges zurückgelegt, kommt am 21. Dezember auf 0 Grad Steinbock (Winteranfang) und beendet etwa am 20. März auf 29 Grad 59 Minuten 59 Sekunden im Zeichen Fische ihren Durchgang, um einen neuen zu beginnen. So sehen es die Astrologen.

Astronomisch ist das nicht richtig, denn die Sonne läuft nicht um die Erde; es ist gerade andersherum. Die Erde läuft um die Sonne.

Stell es dir so vor: Im fernen Sternenhimmel liegt ein kreisförmiges Band, das Tierkreisband.

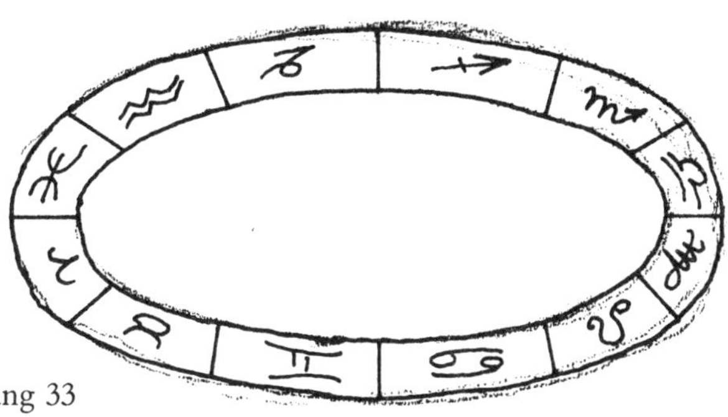

Abbildung 33

Es liegt so weit außen, so weit entfernt, daß es sich in der Weite des Alls verliert. In dem Bild schauen wir von oben auf dieses Band. Inmitten dieses Bandes ziehen Sonne, Erde und unsere Planeten ihre Bahn. Stellen wir uns ruhig vor, die Sonne läge in der Mitte dieses Bandes (was sie nicht tut) und die Erde sause jetzt einmal im Jahr um die Sonne.

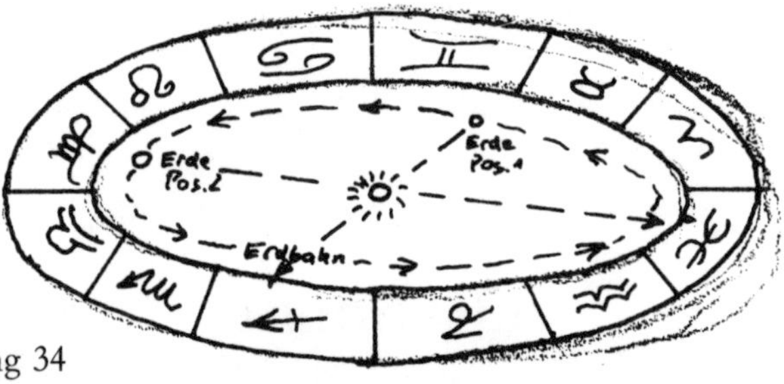

Abbildung 34

Je nachdem, in welcher Position die Erde gerade ist, so schauen wir *von der Erde* auf die Sonne. Und sehen – in der Verlängerung unseres Blickes –, daß sie jetzt auf 9 Grad Schütze steht. (Position 1) 3 Monate später (die Erde ist jetzt weitergelaufen) steht sie in der Position 2 und *wir sagen:* Die Sonne steht auf 9 Grad Fische. An dem Schaubild sehen wir sofort, daß nicht die Sonne den Tierkreis durchläuft, sondern die Erde. Wir schauen zur Sonne hin und sehen, vor welchem Hintergrund sie gerade scheint.

Allein dieser simple Zusammenhang kann uns wieder ein Licht aufstecken, worum es bei der gesamten Astrologie geht. Es geht um Projektionen. Wir sehen die Sonne an und sagen: du bist es, die läuft. Die Wahrheit ist, die Sonne bleibt stehen, sie rührt sich nicht, *wir* sind die einzigen, die etwas tun. Es ist nicht die Sonne, die etwas über dich aussagen kann. Du mußt dir selbst anschauen, *wo du bist.* Wieder werden wir auf uns zurückgeworfen. Die Sonne ist nur unser Spiegel, der Spiegel, in dem wir sehen können, wer wir sind. Wir sind auf *unserem* Weg, aber die Sonne zeigt uns den Weg an. Ohne sie hätten wir keinen Kompaß und könnten nicht bestimmen, wo wir gerade stehen. So ist es nicht die Sonne, die unser Zeichen bestimmt, sie ist nur der Zeiger des Meßinstrumentes, an dessen Ausschlag wir etwas über uns erkennen können. Sie steht still und tut gar nichts. Sie sagt höchstens: »Schau mich an, und du siehst deinen Weg.« Sie ist eine wunderschöne Metapher. Sie bewirkt nichts, und gerade weil sie kein eigenes Thema hat, ist sie so gut geeignet, daß du dich in ihr finden kannst. Sie steht nie im

Steinbock oder im Wassermann, sie steht in der Mitte und strahlt. Das ist alles. Du läufst drum herum und je nachdem, wo du stehst, sagst du: Jetzt ist sie traurig, jetzt ist sie fröhlich, jetzt ist sie verliebt usw. Der Sonne ist das gleichgültig, sie strahlt niemals anders. Aber du (auf der Erde) bist manchmal weiter weg, manchmal näher dran, und das alles schiebst du der Sonne in die Schuhe, indem du sagst, jetzt sei sie im Steinbock, und es wäre kalt draußen (Winteranfang in unseren Breiten).

Allein aus dieser kleinen Überlegung heraus kannst du das gesamte Thema der Astrologie ableiten: »Erkenne dich selbst.« Versuchst du jedoch den Lauf der Sonne zu ergründen, so unternimmst du etwas Idiotisches; denn sie läuft nicht. Doch an ihr kannst du deine Position erkennen.

Und so beginnen wir jetzt mit unserem Erkundungsgang durch jenen *Punkt* innerhalb deines Lebens, der dein *Tun* symbolisiert. Jenen Punkt also, der immer *zweifach* definiert ist und dir angibt, was du in deinem Leben wo tun sollst, damit deine Schuld näher zu dir gelangt. Damit du du wirst.

Möglicherweise erscheint es dir abwegig (oder unsinnig), was du alles tun sollst, damit du Kenntnis erlangst. Aber so ist das nun einmal. Jakob Böhme konnte Vollkommenheit nur erlangen, indem er jahrelang Schuhe besohlte. Er mußte vorher Schuster werden. Sein Weg verlangte das. Er mußte lange Jahre das Oben mit dem Unten, das Oberleder mit dem Unterleder verbinden, und so konnte er die Zerrissenheit seiner Seele und damit die Zerrissenheit der Welt heilen – so sagt man.

Auch deine Seele hat ein Ziel, auch deine Seele wird irgendwann ankommen, nach Hause kommen.* Und es ist deine Sonne, die dir zeigt, *wie* du etwas *wo* tun sollst. Wenn ich von deiner Sonne spreche, so meine ich die Position der Sonne in deinem Horoskop, an der du ablesen kannst, was du zu tun hast. Da du schon weißt, daß deine Sonne immer zwei Koordinaten hat, eine Haus- und eine Zeichenposition, möchte ich dir *zwei* TIERKREISDURCHGÄNGE anbieten.

Der erste Durchgang besteht darin, daß ich dir die Landschaft deines Weges ein wenig beschreibe, dir also die *Haus-Ebene* erläutere!

---

* Wenn ich vorher gesagt habe, daß es keinen Fortschritt gibt, so bezieht sich das erst einmal nur auf das Sichtbare, also eigentlich auf deinen Körper. Er wird nie Fortschritte machen, denn jeder Schritt bringt ihn dem Verfall näher. Die Seele freilich kann nur näher an ihr Ziel kommen. Wenn dazwischen auch noch so viele Hürden liegen.

Der zweite Durchgang enthält das, was den eigentlichen Kern landläufiger Astrologie ausmacht. Hier versuche ich, dir die Art deines Wanderns zu verdeutlichen.

Und es ist wichtig, daß immer beide Koordinaten *zusammen* gesehen werden müssen, denn gerade aus der Zusammenschau ergibt sich mitunter ein total widersprüchliches Bild, das du jedoch leben mußt.

Stell dir beispielsweise vor, dein *Zeichen* gäbe dir an, du wärest Vegetarier (so konkret sind Zeichen nie, es ist ja nur ein Beispiel), aber deine Landschaft (dein Haus) wäre die Wüste. Es gibt dort kein Grün, sondern nur Tiere. Willst du überleben, so mußt du Fleisch essen. Ein großer Konflikt entsteht in dir. Denn du wirst in deinem Herzen immer ein Vegetarier bleiben, und du wirst immer Fleisch essen. Natürlich bist du ziemlich unglücklich, etwas an einer Stelle leben zu müssen, was im Widerspruch zu deinem Wollen steht. Jetzt versuchst du dein ganzes Leben lang, einen kleinen Gemüsegarten in der Wüste anzulegen, und du kannst dir selber ausmalen, welche Erfolge du dabei haben wirst. Du träumst dein ganzes Leben lang von einer Oase. Aber in der Zwischenzeit lebst du von Fleisch.

Was ich sagen will: Mitunter vertragen sich Haus und Zeichen auf den ersten Blick überhaupt nicht. Sie stehen im Widerstreit und geben dir das Gefühl, es lasse sich in dieser Zerrissenheit nicht leben.

Du kennst dieses Gefühl? Also dann ...

Die 12 Häuser (Bühnenbilder)

HINWEIS: Hausebene und Zeichenebene lassen sich nicht immer streng abgrenzen. Solltest du schon über astrologische Erfahrungen verfügen, so mag es dir erscheinen, daß ich hier, wo es um das Haus geht, viele Dinge sage, die eigentlich in das entsprechende Zeichen gehören. Wenn du das so siehst, hast du recht. Nach meinem Gefühl läßt sich jedoch eine strikte Trennung nur schwer bewerkstelligen. Solltest du neu im Bereich der Astrologie sein, so hilft dir am ehesten folgendes Bild: Der Vorhang geht auf und das Bühnenbild erscheint, du siehst die Kulissen, in denen das Stück spielen wird. Das ist die Hausebene. Sodann tritt der Schauspieler auf und beginnt mit seinem Text oder tut irgend etwas anderes. Das Tun entspricht seinem Zeichen. Mitunter habe ich bei der Beschreibung des Bühnenbildes (Landschaft) den Schauspieler schon ein wenig hineingemogelt. Es erschien mir lebendiger so.

Die folgenden Beschreibungen beziehen sich immer auf die Position der SONNE im jeweiligen Haus.

Haus I

entspricht dem Zeichen Widder

Steht deine Sonne im 1. Haus (du bist also kurz vor Sonnenaufgang geboren), so tritt damit jenes Phänomen auf, daß du gezwungen bist, dich sehr stark in der Nähe deiner Schuld aufzuhalten. Je näher deine Sonne deiner Sonnenaufgangsachse kommt, desto ähnlicher werden sich Schuld (Aszendent) und Heimholungs-Werk der Schuld (Sonne). Das muß nun nicht bedeuten, daß du in die gleiche Schuld dich immer wieder verstricken mußt, aber es heißt, daß du immer wieder die gleiche Ebene, auf der auch schon deine Schuld lag, betreten mußt. Und die Ebene des ersten Hauses bist du selbst »mit deiner ganzen Figur«.

Da deine Schuld – wie auch immer sie im Tierkreis gelagert sein mag – darin besteht, daß du dich weggegeben hast, ist die Aufforderung hier im ersten Haus: *Beschäftige dich mit dir.* Du bist der Nabel der Welt. Die hochenergetische Landschaft, in die du gesetzt bist, enthält nur ein Ding: Dich. Und so gibt es nichts anderes zu tun für dich, als überall nur dich selbst zu entdecken. Der Vorhang geht also auf, die Kulisse ist dunkel, es ist ein Ein-Personen-Stück. Du bist alles, was zählt, alles, was auf der Bühne steht.

So, wie ich es hier sage, mag es für dich angenehm klingen, doch sieh es einmal mit den Augen der anderen Menschen. Sie haben jemanden vor sich, der nur einem Gott dient, sich selbst. Der nur *seinen* Impulsen nachgeht, *seinem* Wollen, *seinen* Trieben. Die Umwelt nennt ihn: Egoist, Narziß, Macho (die gibt es natürlich auch weiblich), Selbstbespiegeler. Kurz, jemanden, der nur sich durchsetzen will und nur sich sehen kann.

Es ist die Regel, daß du ein ganz anderes Bild von dir hast, ein Bild, das viel edler und heldenhafter ist, denn deine Landschaft gaukelt dir ein gerüttelt Maß an Abenteuertum und Pioniergeist vor. Möglicherweise siehst du dich lieber als Parzival, der den Gral sucht. Doch mache dir ruhig klar, daß das alles nur zur Verkleidung dient. Denn selbstverständlich hat man dir – von Anfang an – für deinen Eigennutz auf die Finger gehauen, so daß du gelernt hast, das Egoistische an dir unter einer Maskerade von wohltönenden Rationalisierungen verborgen zu halten. Doch die Sonne bringt es an den Tag: Dein Thema bist du. Du bist die einzige Person, die dich interessiert.

Das ist so und *soll auch so sein.* (Auch wenn du es nicht so gerne hörst.) Immer wieder du! Sollen die anderen dich doch einen absoluten Egoisten nennen, du mußt lernen, daß sie recht haben. Damit deine Schuld nach Hause kommen kann, bist du dazu aufgerufen, dich in einer Landschaft von Spiegeln aufzuhalten. Und dazu mußt du in die Welt hinausgehen, in die Welt der Spiegel, um alles, was dir aus dieser Welt entgegentritt, nach dieser einen Antwort zu fragen: »Wie bin ich?« Ja, das ist der Sinn deines Hinausgehens. Wie Narziß mußt du dich über jede Wasserfläche beugen, immer zu neuen Ufern unterwegs, neue Abenteuer unternehmen, neuen Gefahren entgegentreten. Denn alle Spiegel, die dich allzu bereitwillig spiegeln, werden dir bald langweilig, so daß du auf die Suche nach neuen, noch entfernteren und gefährlicheren Bespiegelungen gehen mußt. Und dazu ist dir kein Weg zu beschwerlich, zu steil, kein Kampf zu mühsam, wenn nur am Ende wieder jemand steht, durch dessen Widerstand du dich hindurchgerungen hast. Mit deiner Frage: »Wie findest du mich?« Und ist die Frage beantwortet, so mußt du weiterziehen. Denn deine Landschaft ist eine Landschaft der Tat. Du *mußt* handeln, du mußt gehen. Was du auf dich genommen hast – mit deiner Sonne im ersten Haus – ist schier unmöglich und doch mußt du es tun. Du kannst dich nur so verhalten, daß die anderen dich für ein Ekel halten, und dennoch sollst du dir ihre Kritik zu Herzen nehmen.

Solltest die anderen dich loben, so hast du ihnen nur eine Maske gezeigt. Und maskiert bringst du deine Schuld nicht nach Hause. Nur indem du dich rücksichtslos um dich kümmerst, stößt du eines Tages auf deine Schuld. Denn die anderen führen sie dir immer wieder vor Augen.

Haus II

entspricht dem Zeichen Stier

Steht deine Sonne im zweiten Haus, so ist das auffallende Charakteristikum deiner Landschaft, daß sie begrenzt ist. Man kann es kaum für eine Landschaft halten, es ist eine Parzelle, ein abgegrenztes Stück Erde, das du dein eigen nennst und eifersüchtig darüber wachst, daß kein anderer die Umzäunung verletzt.

So hast du einen hohen Drang, mit Hilfe eines Zaunes dein Grundstück zu *sichern*. Und du sitzt dann inmitten deiner Blumenbeete und hoffst, daß nur keine Veränderung stattfinden werde. Du machst es dir hübsch, richtest dich inmitten dieser *materiellen Wirklichkeit* ein und verharrst in größtmöglicher Trägheit. Im ersten Haus gab es diese Begrenzung nicht, hier warst du noch grenzenlos auf deiner ungestümen Suche. Im 2. Haus sieht es fast so aus, als hättest du den Gral gefunden und in sicherer Verwahrung. Er steht jetzt, hübsch anzusehen, in deinem Wohnzimmer. Möge ihn mir nur niemand wegnehmen, denkst du jetzt. (Natürlich hast du nicht den Gral, sondern nur irgend eine wertvolle alte Schüssel, die du zu dem übrigen alten Plunder, der sich im Laufe der Zeit bei dir angesammelt hat, dazustellst.) So hängst du an dieser kleinen Parzelle, auf der du alles angesammelt hast, was aus alten Zeiten stammt und schaust dir voller Zufriedenheit deine kleine Welt an: »My home is my castle.« Das eigentliche Thema deiner Landschaft ist der Be-Sitz, d. h., um etwas zu halten, setzt du dich darauf, drückst es nieder, damit es nie wieder wegkann. Das machst du mit Menschen ebenso wie mit Meinungen und natürlich, daran erkennt man dich am leichtesten, mit Dingen, die man anfassen kann. Eigentum. So gibst du dich als der Bewahrer des Überlieferten, des Alten. Manche, die dich von außen sehen, sagen daraufhin, du seist konservativ und deine Tätigkeit die des Konservierens. Sie haben recht, im zweiten Haus bist du ein Gefangener deiner Werte. Schwer halten diese dich fest, machen dich träge. Ja, du bist dem Überkommenen hörig, bist in der Falle. Vollgestopft wie ein Mensch, der zu viel gegessen hat und sich jetzt nicht mehr richtig bewegen kann. Das ist deine Landschaft.

Versuche nicht, sie zu tarnen. Lebe in ihr, denn hier findest du deine Schuld und nur hier. Versuche nicht, dieser Landschaft zu fliehen, es gibt keine andere für dich. Traue keinem, der dir zuflüstert: »Loslassen«. (Es ist sein Thema.) Das Ansammeln, das in dich Hineinfressen, das *Wert-volle* ist deine Art, die Grenzen zu sprengen. Je enger der Zaun wird, desto mehr von deiner Schuld kannst du spüren. Sei Zaunkönig.

Haus III

entspricht dem Zeichen Zwillinge

Die Landschaft dieses Hauses ist die Umgebung, die du betrittst, wenn du die Parzelle des 2. Hauses verlassen hast. Deine Sonne im dritten Haus zeigt dir die interessante Welt jenseits deiner kleinen Stier-Umzäunung. Dieses Feld ist ebenso grenzenlos, wie es schon das erste Haus war, doch du bist nicht so sehr an der Weite interessiert, sondern mehr daran, was es in der nächsten Umgebung deines Hauses an spannenden Dingen gibt.

Hier hast du schon begriffen, daß es nicht der Gral war, den du im Wohnzimmer stehen hast, und so trittst du wieder vor die Tür, suchst und versuchst, probierst aus. Du bist wie ein Schmetterling, der jetzt über die Wiese gaukelt und eine Blume nach der anderen wird von dir besucht und untersucht. Alles ist herrlich bunt. Diese Landschaft durchquerst du mit einer gewissen Ruhelosigkeit, einer Art Richtungslosigkeit, im Zickzack, spielst hier ein wenig, schnupperst da ein wenig, hebst hier einen Stein hoch, erkundest dort einen Baum, bis du eines Tages bemerkst (die anderen haben es dir schon oft gesagt), daß dir bei all diesem Herumflattern eines fehlt: ein Ziel. Du hast nun schon alle Teile der Landschaft registriert, weißt, wie viele Blütenpollen der Ginster hat und wie viele Beine die Ameise, das alles hast du in dich aufgenommen und es gibt keinen zweiten Menschen, der die Landschaft so gut kennt: alle Wesen auf ihr, alle Tiere, alle Blumen, alle Farben. Du hattest ja *Kontakt* mit allem, und dennoch spürst du, daß in dir eine tiefe Unentschlossenheit, eine tiefe Oberflächlichkeit sich breit gemacht hat. Du kennst alle Richtungen, hast alle Wege erforscht und du bist dabei richtungslos geblieben, bist ein Fliegenbeinzähler geworden (du nennst dich möglicherweise »Wissenschaftler«), und du merkst, daß dir die Seele der Fliege ebenso unbekannt ist wie deine eigene.

Und noch etwas wird dir klar: In dem ganzen Gewimmel, das du dein Leben nennst, hast du längst aufgegeben, den Gral zu suchen. Ja, möglicherweise hast du gar Angst davor, ihn zu finden. Nur nicht daran rühren, denkst du. Und so lebst du weiter in dieser Landschaft, die dir so vieles bietet und doch so wenig.

Versuche jetzt nicht, einen Sinn in dein Leben zu bringen, gar dich zu ändern. Du bist genau in der richtigen Landschaft. Laß die anderen ihren Gral suchen. Du bist ein Maikäfer, also flieg...

Haus IV

entspricht dem Zeichen Krebs

Steht deine Sonne im vierten Haus, so verändert sich auf einmal die Landschaft gravierend: Jetzt betrittst du die Innenwelt. Hast du dich in den ersten drei Häusern im Außen aufgehalten, in der Welt – wie groß oder klein sie auch war –, so findest du dich jetzt im Inneren deiner Seele. Auch hier bist in einer Landschaft, doch besteht sie nicht aus Hügeln und Wäldern, Blumen oder Tieren, sondern sie ist gebildet aus Stimmungen, Launen, Gefühlen, Leidenschaften, Wallungen, aus Bildern also, die in dir strömen, fluten und die dich beuteln.

Diese Bilder zeigen dich als ein *Abkömmling,* als ein Mensch, der Vorfahren hat. Und im eigentlichen Sinne spült und flutet um dich herum die Geschichte deiner Vorfahren in einem magischen Panoptikum.

Du bist der, der an der Spitze eines riesigen Gebäudes steht, und wenn du genauer hinschaust, so stellst du fest, daß dieses Gebäude nicht aus Stein errichtet wurde, sondern eine Menschenpyramide ist, die aus den lebenden Leibern deiner Vorfahren besteht. Du bist in diesem Zirkusakt der lebenden Pyramide an ihrer Spitze und entsprechend schwankend ist deine Position. Dieses Bild findet natürlich nur in deinem Inneren statt, doch die Schwankungen sind real. Die herkömmliche Astrologie sieht das vierte Haus als das Reich der Mütter und das ist insoweit richtig, als die Mutter diejenige ist, auf deren Schultern du stehst. Doch es ist wichtig zu begreifen, daß auch sie auf Schultern ruht in der langen Kette derer, die vor ihr da waren. Auch deine eigene Mutterschaft ruht hier in dir (egal ob du Mann oder Frau bist) und drängt dich dazu, (anderen) Schutz vor den seelischen Fluten zu gewähren, wie andererseits das kleine Kind in dir hofft, diesen mütterlichen Schutz (von anderen) auch weiterhin zu erhalten.

So zieht die Flut der Bilder in dir herauf und ebbt wieder ab, im Fluß der Gezeiten, die vom Stand des Mondes symbolisiert werden. Seelisch bist du nackt, hast keine Hütte in dieser Landschaft und bist deshalb gern auf der Suche nach noch hilfloseren Wesen, als deren Beschützer du deine eigene Schutzlosigkeit eine Weile vergessen darfst.

So ist deine Landschaft ein großer Kindergarten, in dem du Gärtner und Kind zugleich bist. Mal kleines Kind, mal Beschützer der Kinder und alle kommen zu dir, die mühsam und beladen sind, auf ihrer Suche nach der Mutter. Sind sie einmal nicht da, dann bist du es, der als weinendes kleines Kind durch diese Landschaft läuft; deine Hände leer nach vorn gestreckt, traurigen Auges, Rotz läuft dir aus der Nase.

Oft schwankst du zwischen seelischem Schmerz und kindlichem Spiel, und mitunter glaubt man, du wählst lieber den Schmerz. Du suchst dir dann ganz schnell ein schützendes Häuschen, in das du dich verkriechen kannst. Bis du die Nase wieder hinaussteckst...

Haus V

entspricht dem Zeichen Löwe

Steht deine Sonne in diesem Haus, so ist deine Landschaft immer noch der Innenraum. Und das Bild der Menschenpyramide, an deren Spitze du dich befindest, taugt auch hier sehr schön dazu, dir das Thema dieses Hauses zu verdeutlichen. Doch während du mit deiner Sonne im vierten Haus noch deren ganzes Schwanken so überstark empfunden hast, macht sich hier im fünften Haus ein Gefühl der Sicherheit breit, das ungefähr so aussieht: »*Ich* stehe an ihrer Spitze«, »Sie waren alle nur da um *meinetwegen«!* Und aus diesem Gefühl heraus erstrahlt deine innere Landschaft in einer fast unverschämten Überzeugungskraft: »Sie waren alle nur dazu da, um mich hervorzubringen.« Das astrologisch dem Löwen zugeordnete Planetenprinzip ist die Sonne, die von sich sagen kann: »Alles (alle Planeten) dreht sich um mich!« Es sind jetzt nicht mehr die anderen, als deren schwankender Teil du dich empfindest, sondern du strahlst und funkelst aus der Überlegenheit heraus, an die Spitze gestellt worden zu sein. So dreht sich alles um dich. Du bist der Mittelpunkt, der Punkt an der Spitze der Bühne. Nach außen strahlst du dieses Bild ab als ein hohes Maß und eine große Konzentration deines *Wollens.* Du lebst in einer Selbstbewußtheit, in einem Stolz, der sich freilich hinüberbeugt zu Genußsucht, zu einer Jagd nach Vergnügungen, zu dem, was in den Augen der anderen leicht als Verantwortungslosigkeit und Rücksichtslosigkeit interpretiert wird. Du bist derjenige, der die anderen an die Peripherie verweist, sie zu deinen Bewunderern machst (nicht jedoch zu deinen Freunden). Du hast allzu oft die Pose des Siegers eingenommen. Erobert auf erotischem Gebiet. Du *dringst ein* in die Welt der anderen, du über-*zeugst* durch deine Schöpfungskraft. Ja, du bist schöpferisch, aber um dich zu erschaffen, verbrauchst du die anderen. Du verschleißt sie; haben sie dir dazu gedient, deine Vergnügungen zu befriedigen, dir wieder einmal zu bestätigen, daß du an ihre Spitze gehörst, so entziehst du dich wieder, verschwindest in deiner inneren Landschaft und vergißt. So bist du, und so soll es sein. Um an der Spitze zu sein, tust du den anderen weh, stehst mit deinen Schuhen auf ihren Schultern und drückst sie. Natürlich gaukelt dir dein Inneres vor, daß du ein Gralsritter seist, romantisch, ritterlich und ehrenhaft. Doch das ist deine Maskerade.

Haus VI

entspricht dem Zeichen Jungfrau

Steht deine Sonne im 6. Haus, so ist immer noch das Innere deiner Seele die Landschaft, in der du dich aufhältst. Immer noch empfindest du dich als getragen von denen, die vor dir da waren. Doch während du im 4. Haus überstark den emotionalen Schwankungen ausgesetzt warst und im 5. Haus deine Position an der Spitze dir großen Auftrieb gegeben hat, so siehst du im 6. Haus, daß diese exponierte Stellung dich hat ausufern lassen. Jetzt suchst du sicheren Boden. Du möchtest auf eigenen Füßen stehen, wünscht dir einen soliden Kontakt mit den Realitäten der Welt (deines Inneren). Denn da es immer noch die Innenwelt ist, die dich beschäftigt, ziehst du dich jetzt aus der anstrengenden Tätigkeit des Herrschens und Strahlens (5. Haus) zurück, suchst dir eine sichere Bastion, gleichsam eine innere Studierstube und versuchst, deine Innenwelt ins Gleichgewicht zu bringen: das Auf und Ab zu beobachten, zu analysieren, zu synthetisieren. So wirst du zu einem *Beobachter der Innenwelt.* Warst du im dritten Haus der Erkunder der äußeren Welt, so wirst du im 6. Haus ein Chronist der Seele. Und da jeder Chronist die Aufgabe hat, aus der Beschreibung des Vergangenen Hinweise für das Zukünftige erwachsen zu lassen, so ist deine Arbeit die, das Kommende vorauszuberechnen. Das Wort »Vorsicht« (= Vor-Sicht, also das, was kommt, vorherzusehen) spiegelt in seiner Doppeldeutigkeit die Tätigkeit deiner Landschaftsbetrachtung sehr genau wider. Aus dieser Arbeit heraus bringst du dich natürlich nicht in eine vordere Position, sondern in die des abwartenden Registrierens, das bis zu erstarrendem Mißtrauen gehen kann. So wird deine Landschaft zu einem Zaubergarten mit Wegweisern auf der Suche nach einer seelischen Ordnung. Du hast erlebt, die Welt ist voller Gefahren, und nur wenn alle Schritte bis ins kleinste durchdacht sind – so glaubst du – entkommt man den Fallstricken und dem Flugsand des Lebens. Zu oft bist du schon gescheitert, als daß du jetzt so einfach drauflos gehen könntest. So bleibst du im Hintergrund der Bühne, arbeitest Systeme aus, Sicherheitssysteme, stellst überall Warnschilder hin, bist zurück-haltend, pedantisch. Alles in deiner Landschaft soll an einem bestimmten, wohlmarkierten Platz stehen.

Natürlich ist es kein Wunder, daß du darüber mit dem Phänomen Krankheit zu tun bekommst, denn sie ist es, die eine Störung der Ordnung innerhalb der menschlichen Seele bevorzugt anzeigt. Sei es, daß du vor lauter Ängsten, etwas übersehen zu haben, selbst krank wirst, sei es, daß andere deine Gabe des seelischen Ordnens erkennen und in ihrem Kranksein zu dir laufen, in der Hoffnung, dein Rat bringe ihre Unordnung zum Verschwinden. So wird deine Landschaft schnell zum Wartezimmer für die in Unordnung geratenen Seelen, denen zu dienen deine Gabe dich nötigt.

Haus VII

entspricht dem Zeichen Waage

Steht deine Sonne im 7. Haus, so hat sich deine Landschaft gegenüber den vorherigen drei Häusern gravierend gewandelt. Gemäß einer alten philosophisch-hermetischen Überlieferung teilt sich der Schöpfungsplan einer jeden lebendigen Idee schwerpunkthaft in drei Teile: Körper – Seele – Geist.

Und um die Einheit und das Zusammenwirken dieser drei Teile ringt der Mensch, solange er strebt. Waren die ersten drei Häuser eher dem Kennenlernen der *körperlichen* Idee gewidmet, und zielten die Häuser drei bis sechs eher auf eine Einweihung in die *seelische* Grundidee, so beginnt jetzt – im siebenten Haus – das Grundmuster der Geistidee zu schwingen. Das fängt im siebten Haus – gleichsam auf der untersten Ebene des Geistes – im Reich der Ideen an: in der Landschaft der Gedanken, oder, wie wir auch sagen können, im Denken.

Und weil wir uns im Bereich des Menschlichen aufhalten, gilt das Denken auf dieser Ebene dem Menschen, präziser: dem *anderen Menschen,* dem Du. Denn im Denken über den anderen Menschen befindet sich der Mensch an seinem ureigensten Ort. So ist deine Landschaft des siebenten Hauses bevölkert von deinen Ideen über den anderen – sie spazieren als imaginierte Personen über deine innere Wiese. Du selbst, der du ja im ersten Haus deine eigentliche Heimat hast, begegnest jetzt, genau dir gegenüber (denn das siebente Haus steht 180 Grad vom ersten entfernt und somit in Opposition), deinem anderen Teil, deinem alter ego, der freilich erst einmal eine Idee, deine Idee ist. Hierin siehst du auch den tiefen Grund, daß dieses Haus auch das »Haus der Begegnungen« oder der »Beziehungen« genannt wird, so als ob deine Begegnungen in diesem Haus stattfänden. Nun, das tun sie in der Tat, du selbst rufst diese Begegnungen mit deinen Ideen über sie auf den Plan. So enthält das 7. Haus das von dir (unbewußt) aufgespannte Spinnennetz der Ideen, in dem sich all die Personen, für die dieser Passer zugeschnitten ist, verfangen. Hier findest du deinen inneren Bruder, deine Schwester, deinen verlorengegangenen anderen Teil, dessen Idee du zutiefst in dir trägst. Es liegt hier – psychologisch gesehen – dein »Schatten«, jenes Gebilde, das aus deinen Verdrängungen besteht und das du dir gar nicht gerne anschaust. Auch das, was du *Liebe* nennst (denn immerhin ist dieses Haus vom Prinzip der Venus durchdrungen), findet hier seine Abstrahlung. Doch du solltest verstehen, daß auch dieses Phänomen im siebenten Himmel erst einmal eine Idee ist, ein geistiges Konstrukt, eine Vorstellung. Mit deiner Sonne im 7. Haus bist du freilich dieser Vorstellung der Liebe sehr verfallen und bist in deinem ganzen Sein sehr viel mehr bei anderen Menschen zu Hause als bei dir selbst. So, als wärest du in ein fernes Land ausgewandert und jetzt sehr bemüht, dich an die Sitten des Landes anzupassen. Darüber vergißt du oft, daß ja in dir selbst auch noch heimatliche Gefühle stecken. Die Tragik deines siebenten Hauses ist, daß du vor lauter fremden Menschen, die du in deine Erwägungen einbeziehst, Heimweh hast und jetzt auf der Suche nach einem anderen Menschen bist, der dir Heimat bieten könnte. Und so entwickelst du ein »Konzept« von dem anderen Menschen, versuchst, den anderen, anstatt ihn wie im ersten Haus zu greifen, zu *begreifen,* ihn auf den Begriff zu bringen. So wird deine Landschaft eher zu einem Denkraum. Der Gral ist hier keine Schale, kein Kelch, sondern ein Mensch, den du in deiner Vorstellung irgendwann einmal zu finden hoffst. Wenn auch unscharf, so hast du dir doch einmal ein Bild gemacht, und so läufst du durch das Menschen-Gewimmel deines siebenten Hauses, hast ein Jugendphoto in der Hand und entsprichst dem Bild eines jener Menschen, die du aus der Wochenschau nach dem 2. Weltkrieg kennst: Du stehst auf dem Bahnsteig und fragst die heimkehrenden Kriegsgefangenen nach der Person auf deinem Photo.

Haus VIII

entspricht dem Zeichen Skorpion

Mit deiner Sonne im 8. Haus ist das Geistige (aus der Dreiteilung: Körper-Seele-Geist) auch weiterhin deine Lebens-Landschaft. Doch während du im 7. Haus eher einen Rundflug über die Oberfläche dieses Hauses unternahmst (weshalb dich auch einige »oberflächlich« nannten) kannst du es dir im achten Haus so leicht nicht mehr machen. Die geistige Landschaft, die Landschaft der Ideen, hat nämlich auch noch eine inwendige Seite, ein System von Höhlen, Tunneln und engen Röhren, kurz das, was manche als *Unterwelt* begreifen. Und hier gleitest du nicht mehr schmerzlos darüber hinweg, in diese Landschaft kannst du nur hinabtauchen, eindringen und gefährliche Expeditionen in das Innere der Erde unternehmen. So ist diese Landschaft verbunden mit der Aufforderung, alle Konzepte und Ideen zu durchdringen, in sie einzudringen und somit *von ihnen durchdrungen* zu sein. Du gehst *unter die Oberfläche* und da das 8. Haus der Bereich ist, der dir von außen entgegentritt* und dir in erster Linie Menschen entgegentreten, so gehst du den Menschen unter die Haut.

---

* Auch Ideen kommen immer von außen. Das ist auch so etwas, was deine Hybris, dieser kleine Dämon in dir, nicht zulassen mag: *du* hast noch nie eine Idee entwickelt. Ideen kommen von außen, offenbaren sich jemandem, der sie dann mühselig in Sprache einbindet. So wie aus dem Apfel, der Newton auf den Kopf fiel, Newton die Idee der Schwerkraft buchstäblich von außen überliefert bekam, so gewährt die Natur mitunter einigen Menschen Einlaß in ihre Ideen.
Du freilich beziehst deine Ideen von Büchern, Menschen oder aus dem Fernsehen, also auch von außen, doch aus zweiter Hand (meist aus zwanzigster Hand). Willst du Ideen aus erster Hand in Empfang nehmen, so brauchst du nicht unbedingt klug zu sein, aber auf jeden Fall mußt du Mut mitbringen. Den Mut nämlich, gegen den Strom der Bücher, zu den Quellen der Ideen zu gehen. So kannst du die ›Idee‹ des Baumes niemals aus Büchern begreifen. Du kannst sie nur von einem Baum lernen, der bereit ist, dir sein Geheimnis preiszugeben.

In dieser Landschaft begnügst du dich nicht damit, die Menschen in ihrem äußeren Schein zu betrachten, sondern du betrittst – gebeten oder ungebeten – ihre Innenwelt. Das, was du dort findest, ist dir Nahrung für deinen Weg. So weißt du um die dunkle Seite in dir ebenso wie in den anderen, du kennst das Gute und das Böse. Jetzt hast du natürlich auch ein gieriges Verlangen nach Beziehung, denn sie ist es, aus der du Kenntnis über deine Welt erlangst, sie ist es, die dir Macht verleiht. Ja, dich dürstet nach Nahrung aus dem quellenden Seelenleben der Menschen, die du zum Aufbau deiner Weltsicht benötigst.

Du weißt, es ist uns Menschen nicht gegeben, zu wissen, was Gut und Böse ist. Das weiß nur Gott. Wir Menschen leiden hier die Qualen der Ungewißheit und behelfen uns mühselig, indem wir uns Gesetze oder Moral geben. Hier im 8. Haus betritt diese Frage nach Gut und Böse das Rampenlicht der Welt, und wenn du es schon auch nicht weißt (manchmal bildest du dir ein, du wärest im Besitz dieses Wissens, dann wirst du leicht zum Dogmatiker, zum Fanatiker), so bist du doch aufgerufen, dir die extremen Äußerungsformen der menschlichen Seele zu betrachten, um zumindest den Variationsbogen, den das Gute wie das Böse umspannen kann, zutiefst auszuloten. Und so ist deine Landschaft die, in der das Leid der Welt geschaut zu werden vermag. »Der Menschheit ganzer Jammer faßt mich an.«.

Diese Landschaft verstehst du am ehesten in manchen Gemälden von Hieronymus Bosch oder in den Bildern des Schweizer Malers Giger, (»Necronomicon« und »N. Y.«). Auf deiner Suche nach dem Gral wanderst du durch die Finsternis, durch die Unterwelt, wohlwissend, daß dieser lichtspendende gleißende Kelch erst am Ende der Dunkelheit gefunden werden kann.

Haus IX

entspricht dem Zeichen Schütze

Hier im neunten Haus eröffnet sich deiner Sonne die *weiteste* Landschaft, die du in deinem Horoskop vorfinden kannst. Es ist dies die Ebene, die von den blauen Bergen zu den blauen Bergen reicht (vgl. mein Buch: »Die Reise des Helden«), und dazwischen liegt die unendliche Weite deines Lebens. Du bist auf ihr der Reisende, der Wanderer und du gehst von einem Haltepunkt zum nächsten. Doch Haltepunkte sind es nur deshalb, weil dir diese *geistige Weite* immer wieder vorgaukelt, du müßtest nur noch bis zum nächsten Punkt gelangen, dort könntest du verweilen, dort wäre dein Ziel. Hast du jene Stelle dann erreicht, so merkst du schnell: ganz weit draußen, ganz am Horizont ist noch eine Oase, viel schöner anzusehen, mit noch mehr Bäumen und wieder – kaum hast du dieses Ziel erreicht – packst du dein Bündel und ziehst weiter. Wieder in die Weite, wieder zum Horizont, wieder in die Zukunft. Du bist der personifizierte Aufbruch, das »zu neuen Ufern schreiten müssen«.

Doch nimm dieses Bild einer Landschaft nicht allzu wörtlich, die wirkliche Welt ist nur mitunter gemeint. Primär spielt sich dieses Geschehen in einer geistigen Landschaft, der inneren Welt des Geistes ab, die sich unaufhörlich weiten will. Du reist gleichsam von einer Erkenntnis zur nächsten, von einem Theoriegebäude zum nächsten. Im Geiste bist du ein Wanderer, und jedes Gedankengebäude wird dir schnell zu eng. Langeweile ist dein Feind, dein Schatten. Das ist es, was deine Landschaft sofort verdüstert, daß du zu lange weilst, zu lange an einem geistigen Ort bleibst. Für manche Menschen bedeutet eine bestimmte Meinung, eine Theorie, Sicherheit; haben sie einmal ihr Weltbild darin eingerichtet, ist es so, als hätten sie einen schützenden Hafen erreicht und sagen jetzt: Gott sei Dank, nie wieder muß ich hinaus auf diese stürmische und unberechenbare See. Du bist da anders! Ein Hafen ist auch für dich wichtig, aber nur perspektivisch, als Zukunftsvision. Hast du einen Hafen erreicht, macht sich in dir Unsicherheit breit. Du mußt wieder hinaus, weiter suchen. Es ist mit Theorien ebenso wie mit Menschen. Hast du jemanden, der dir etwas vermitteln kann über ein neues Gebiet, so nimmst du ihn begeistert an, lauscht ihm, wirst sein Freund, sein Schüler. Kennst du dann alles, was er zu erzählen weiß, so siehst du in der Ferne bereits jemand anderen, der noch mehr versteht. Jetzt läßt du den ersten fallen – er hat seine Schuldigkeit getan – und du wendest dich dem neuen Menschen, der neuen Theorie zu.

Hier wie bei den anderen Häusern sage ich das alles nicht, weil ich dich animieren möchte, zu verweilen oder es anders zu machen. Ich möchte, daß du verstehst: Es ist so. Du mußt wandern, mußt verlassen, mußt weiterziehen. Das ist dein Leben. Das »auf der Suche sein«.

Hier im 9. Haus bist du jetzt wirklich auf der Suche nach dem Gral, auf der Suche nach den Rätseln deines Lebens. Du wirst den Gral auch hier nicht finden, denn er ist in keinem Haus zu Hause, doch hier bist du ganz bewußt auf der Suche. Und dieses Suchen ist wichtig. Du suchst den Gral in der Form, in der Landschaft, in fernen Ländern, in der Philosophie, der Religion. So stößt du vor in fremde Landschaften des Geistes, und weil es in diesem Haus immer noch um den anderen Menschen geht, so dringst du ebenfalls ein in die seelischen Landschaften der anderen. Doch – jetzt unter Kenntnis des 8. Hauses – hast du im 9. Haus die Gabe, dich in andere seelische Landschaften hineinzuversetzen, die Seele des anderen zu verstehen.

Doch dieses Verhalten trägt die Gefahr in sich, daß du dich geistig über die anderen erhebst, also deine Einsichten in den Dienst der geistigen Machtausübung stellst. So wird aus der Gabe, die Seele des anderen mit Weite erfüllen zu können, leicht eine einmischende Besserwisserei.

Haus X

entspricht dem Zeichen Steinbock

Aus der Weite der Landschaft des 9. Hauses hast du jetzt die Berge erreicht. Nein, es sind nicht die blauen Berge, es ist ein Gebirgszug, der noch weit vor ihnen liegt. Hier wird die Landschaft karg, steinig, mitunter steil. Und du spürst – hier im 10. Haus – einen tief in dir sitzenden Ehrgeiz: Du wirst es schaffen, du wirst die Berge meistern, sie zu besiegen ist dein Ziel. Ihre Bezwingung, das weißt du, fordert von dir Härte, Disziplin und auch ein hohes Maß an Verzicht; Verzicht auf Bequemlichkeit und Komfort. Doch du weißt auch, du bist zäh, du bist ausdauernd, beharrlich. Jetzt hast du ein Ziel vor dir, und du wirst nicht locker lassen. Keinerlei Gefühle, seien es Hunger, Durst, Kälte oder Einsamkeit, können dich von diesem Plan, *die Höhen* zu erobern, die Erhöhung zu erreichen, abhalten. Kein Mensch wird dich aufhalten, indem er sagt: »Verweile doch, es ist so schön.« Nein, du mußt zum Gipfel. Fast empfindest du es, als ob dieser Gewaltmarsch wie eine Verpflichtung auf deiner Seele läge, so, als müßtest du zeigen, daß das Menschsein einer gewaltigen Anstrengung bedarf. Du glaubst nicht, daß es so ist, wie dir manche Menschen vorwerfen, daß du diesen Aufstieg nur aus persönlichen Motiven unternimmst, des Ruhmes oder der Anerkennung wegen, nein, du glaubst, du müßtest zeigen, daß der Mensch dieser Leistung fähig ist. Du willst einen Beweis antreten, den Paracelsus so formuliert hat: »Nur die Höhe des Menschen ist der Mensch.« Und dieser Beweis gilt der Menschheit schlechthin. So gehst du auch mit dem notwendigen Ernst zu Werke. Dein Plan besteht darin, als Mensch deine Last zum Gipfel zu tragen. Nicht so sehr als Individuum, das du freilich bist, sondern es geht dir darum, zu zeigen, was in der »Idee« des Menschen enthalten ist. Und hier bist du unbeugsam, duldest keine Schwächen, weder bei dir noch bei anderen.

Im übertragenen Sinne spielst du die Rolle des Vaters, des Stammesoberhauptes, des Patriarchen – eines Moses, der, als er vom Berge zurückkam, die Gesetze Gottes mit hinunterbrachte. Und diese Gesetze sind es, die dir bereits den Aufstieg ermöglicht haben. Sie sind es, die du lange Zeit als Ergebnis deiner Gralssuche mißverstehst.

Aber nicht nur dein eigenes Vater-sein, dein inneres Patriarchat, liegt auf diesem kargen Boden. Wenn du genau hinschaust, dann erkennst du in dieser Landschaft auch eine Ebene, die du schon lange überwunden zu haben glaubst. Es ist dein leiblicher Vater, der dir in dieser Landschaft entgegentritt, der von dieser Landschaft gespiegelt wird. In deinen Träumen betrittst du sie mitunter: Der Boden, den du dann vor dir hast, ist das genaue Ebenbild jener Gefühlslandschaft, die dir der Vater deiner Kindheit bereitete. Du stehst auf seinem Boden. So, wie du im 4. Haus auf den schwankend-unsicheren Schultern deiner Mutter dich wähntest, so stehst du hier auf dem von deinem Vater bearbeiteten Boden. Möglicherweise erkennst du, daß es in dir den Drang gibt, ihm zuliebe so hoch hinauszuwollen, seine Liebe mit deiner Leistung zu erringen. Ihm – deiner Qualen wegen – ein anerkennendes Wort abringen zu können. Ja, ihm vielleicht sogar zu zeigen, daß du es mit ihm aufnehmen kannst. Doch irgendwann, deine Knie sind schon ganz zerschunden, merkst du auch, daß es zu spät ist, das erlösende Wort von seiner Seite fällt nicht mehr!

Jetzt kannst du nur hoffen, daß du, der du ja auf dem gleichen Boden stehst, selbst dieses erlösende Wort irgendwann einmal sprechen wirst. Es gäbe viele, die – ebenso wie du früher – heute auf dieses Wort *von dir* warten. Wie dieses Wort heißt? Es gibt nicht nur eines; du freilich mußt deines finden. Auf deinem Weg zum Gipfel – ganz allein.

Haus XI

entspricht dem Zeichen Wassermann

Du wirst dich schon gefragt haben, welche philosophisch-hermetische oder gar religiöse Entsprechung es für die letzten drei Häuser zu entdecken gilt. Wenn die ersten drei Häuser eher (nimm es nicht als unumstößliche Wahrheit) der körperlichen Ebene, die Häuser vier bis sechs eher der seelischen Ebene, und die Häuser sieben bis neun eher der geistigen (ideellen) Ebene entsprechen, so bleiben die letzten drei Häuser für einen Bereich reserviert, dem mit Worten nicht so recht beizukommen ist. Als Herbert Fritsche einmal von seinem Verleger Ernst Klett nach dem »Geheimnis« der esoterischen Einweihung gefragt wurde, war die Antwort:

»›Das kann ich Ihnen doch nicht so mitten auf der Straße sagen. Dazu braucht's eine Brücke über stetig fließendem Wasser.‹

Eines Tages auf einer Brücke, unter uns die kraftvoll strömende Murg: ›Nun, auf der Brücke über dem Fluß, was ist das Geheimnis?‹

Lange schaut er hinunter, dann, Trauer in Blick und Stimme: ›Es sagt sich nicht‹.«

Fritsche, Briefe an Freunde, Stuttgart 1970

Dieser Satz ist nicht etwa der Versuch, sich besonders geheimnisvoll zu präsentieren, es ist eine Antwort, die aus der Natur des Gegenstandes kommt. Eine Antwort, die davon weiß, daß es ein »Jenseits der Worte« gibt. Denn das Reich der Natur ist »einfältig«. Es gibt Kräfte, die aus dem Menschen heraus auf Entfaltung drängen (Häuser 1–9), und es gibt Kräfte, die aus dem Reich der Natur auf den Menschen drücken. Je nach Gusto und geistiger Überzeugung haben wir den letzteren Bereich »Gott«, »Schicksal«, »Tao« oder »Gnade« genannt, Kräfte also, die von außen auf uns einfallen. Dieser Bereich ist noch am ehesten der, den das schlichte Gemüt mit dem Wort »Zufall« belegt. Ein Reich, das jedenfalls lange, sehr lange, vom Menschen unbeeinflußbar seinen Gang nimmt, uns also »zufällt«. Sieh es einmal ganz banal: Mit deinem Körper kannst du arbeiten (ihn ertüchtigen), mit deiner Seele kannst du arbeiten (Therapie etc.), auch mit deinem Geist kannst du arbeiten (Erkenntnis suchen), doch in den letzten drei Häusern kannst du nichts mehr tun. Hier gibt es nur noch ein Zurückwirken auf die unteren drei Ebenen. Und dieses Wirken zeigt sich darin, daß es etwas mit dir tut.

Hier im 11. Haus stehen wir jetzt inmitten dieser von uns nicht mehr zu benennenden, nicht mehr zu handhabenden Landschaft. Doch weil dieses hier ein Buch werden will, ich also Worte verwenden muß, so ist es noch am ehesten zu begreifen als eine Landschaft, die in sich den Wunsch nach Freiheit, nach Frei-Sein trägt.

Stell dir vor, du wärest eine Wolke, und als diese Wolke zögest du über eine Landschaft hinweg. Du siehst den Berg (des 10. Hauses), und du siehst hinter dem Berg das Tal, in das du wieder hinab mußt. Du siehst den Sommer (5. Haus) und etwas später siehst du den Winter, Schnee und Eis. Du siehst hier, wie ein Mensch geboren wird, und weil du keine singuläre Wolke bist, sondern die Idee der Wolke, die außerhalb der Zeit liegt, siehst du den gleichen Menschen einen Augenblick später wieder sterben. Da du als Wolke den nötigen Abstand hast und in diese Dinge, die sich da vor deinen Augen abspielen, nicht verwickelt bist, siehst du jetzt, daß es einen gigantischen Kreislauf von Werden und Vergehen gibt.

Du bist die Vogelperspektive, ja, du bist der Vogel, der von oben aus dem Reich der Freiheit nach unten in das Reich der Notwendigkeit schaut. Doch eigentlich bist du die Verbindung dieser beiden Reiche, du bist der Blick, der die Dinge unbefangen und ungefangen schauen will. Natürlich hast du das, was ich hier als Bild dargestellt habe, noch nicht verwirklicht. Es geht also darum, zu lernen, daß alles, was dort unten wertvoll ist, was unten bewertet wird, von hier oben gesehen ein Rhythmus ist. Tag und Nacht. Gut und Böse. Keines ist wert-voll an sich, nur das Haften, das Festkleben an einer Seite ergibt eine magnetische Ladung, die jetzt auch den anderen Pol herbeizaubert. Von hier oben kannst du vielleicht eines Tages sehen, daß nur dein Haften am Vegetariertum dich in die Wüste versetzt hat. Oder daß nur dein langes Haften an einem saftigen Steak dich so arm gemacht hat, daß du dir höchstens eine Gemüsesuppe leisten kannst. Ja, diese Landschaft will dich an unsichtbaren Fäden in die Freiheit von diesem Verhaftet-Sein führen. Dazu freilich benötigst du diese abgehobene Perspektive, der Blick muß weit sein. Hier bist du hoch oben und blickst herab. Welche Gefahren darin liegen, siehst du schon an dem Wort »herabschauen« (Herablassend sein) und du siehst auch welche Einsamkeit hier oben in dieser Zirkuskuppel herrscht. Keiner ist bei dir. Nur du und dein Trapez. Ja, hier bist du Artist, glänzend, begabt, perfekt. Mitunter jubelt dir die Menge zu. Doch das tut sie nur, wenn du Auftritt hast. Bei den Proben – und 99 Prozent deiner

Arbeit ist Probe – bist du allein. Und du läufst immer Gefahr abzustürzen. Dein Feind ist die Schwerkraft, die dich am Boden haften lassen will.

Haus XII

entspricht dem Zeichen Fische

Du weißt schon, daß in den letzten drei Häusern das *Überpersönliche* herrscht, jene Bewußtseinsanteile, die von der Persönlichkeit nicht zu beeinflussen sind. Im 12. und letzten Haus deines Horoskops kann man jetzt von einer »Landschaft« überhaupt nicht mehr sprechen. Hier trittst du ein in einen Dunstkreis, in ein Gespinnst aus Nebel, Wolken, Nichtigkeiten, Illusionen und Sehnsüchten. Es ist die Landschaft des Traumes, stets in Wandlung begriffen und wo man hingreift, löst sich die Kulisse in Rauch auf. Es ist das Reich der Tiefe, der Urbilder, der Archetypen, des Meeres, der tiefen Wasser des Unbewußten. Alles ist vielschichtig, fließend. Folgender Vers aus Hermann Hesses IRIS drückt die Atmosphäre dieses Lebensgebildes in seiner ganzen Ungreifbarkeit aus:

Jede Erscheinung auf Erden ist nur ein Gleichnis
und jedes Gleichnis ist ein offenes Tor
durch welches die Seele – wenn sie bereit ist –
in das Innere der Welt zu gehen vermag
wo Du und ich und Tag und Nacht alle eines sind.

Das 12. Haus ist in der Tat ein Tor, welches in das »Innere der Welt« führt. Wie ein Traumwandler lebst du hier im letzten Haus deines Horoskopes ein Leben, das mit der äußeren Welt kaum noch etwas zu tun hat. Ja, du weißt es, daß jene Welt, die die anderen Menschen »wirklich« nennen, nicht deine Heimat ist, daß du hier, auf diesen Planeten, nicht hingehörst. Mitunter beklagst du dich darüber bitterlich. Du fragst dich, was du denn hier sollst; hier sei nicht dein Platz und du möchtest nach Hause. Dann wieder fällt dir auf, daß du mit dieser Meinung so ziemlich allein dastehst (die anderen scheinen sich hier wohl zu fühlen) und so versuchst du, dich und dein Fremdsein hier zu tarnen. Möglicherweise hältst du dich lange Zeit für einen Sonderling und da du nicht möchtest, daß die anderen das merken, umgibst du dich mit den äußeren Attributen der Welt. Du tust dann so, als seist du interessiert und eine Zeitlang gelingt es dir auch, dich und die anderen zu täuschen. Doch dann kommt immer wieder das Gefühl der Heimatlosigkeit in dir hoch, und du entfliehst diesem Schein, dieser Täuschung.

Die Wahrheit ist: Du bist ein Wanderer im Namenlosen. Noch am ehesten kennst du dich aus in den Bereichen des Wahnsinnes, des Schlafes, der Hypnose, der Trance, der Droge. In diesen Bereichen liegen auch Möglichkeiten für dich, dieser Welt zu fliehen.

Wir alle spielen hienieden eine Rolle; wir tun das mehr oder weniger gut, mit mehr oder weniger Ernst; meist glauben wir, diese Rolle sei identisch mit dem, was wir sind. Und wir alle täuschen uns. Du mit deiner Sonne im 12. Haus bist dir der Fragwürdigkeit dieser Rollen am deutlichsten bewußt. In diesem Wissen über deine Schwäche liegt deine ganze Stärke.

Sieh es einmal als eine Parabel: Die Menschen der normalen Welt schlafen sehr tief, und sie bilden sich ein, ihr Tiefschlaf sei die einzige Form der Wachheit, die möglich ist. Von dieser Warte her gesehen, halten sie dich für den absoluten Träumer (der du in der Tat bist). Sie sehen, daß deine Welt aus Drogen besteht, denn du hast eine hohe Affinität zu Giften aller Art. Drogen wie Alkohol, Nikotin, Morphium, Heroin, Sehnsuchts-Drogen wie Fernsehen, Kino, Musik, Meditation sind dir wesensverwandt. Mitunter gelingt es dir sogar – mit oder ohne Drogen – für einen winzigen Moment wach zu werden. Dann durchbrichst du den Schlaf der Welt und siehst einen Funken »Wahrheit«. Du siehst, daß die Welt eine grandiose Einheit ist, eine Ganzheit, in der jeder mit jedem und Alles mit Allem auf das tiefste verbunden ist. Eine Welt, in der es keine Täuschung gibt. Doch dann versinkst du wieder in den Schlaf, den wir normale Welt nennen.

Mit Drogen – das merkst du im Laufe der Jahre – kommst du nicht nach Hause, obwohl es mitunter sehr verlockend erscheint. Da du der normalen Welt der Tiefschläfer am weitesten entrückt bist (weshalb sie dich einen Träumer nennt), bist du der »Wirklichkeit« am nähesten. Wenn Jesus sagt: »Mein Reich ist nicht von dieser Welt«, so bist du derjenige, der ihn am ehesten versteht.

Du bist das Medium, der Mittler zwischen hier und dort. Nirgends zu Hause ist es deine Aufgabe, beiden Welten zu dienen, beide zu vermitteln: Hier zu sein und da zu sein. Auch hier triffst du auf Parzival. Die Übersetzung seines Namens lautet: »mitten durch«. Es gilt, beiden Welten zu dienen, der irdischen und auch der göttlichen. Das, was dir hier gezeigt wird, ist wahrlich nicht leicht.

Damit ist der Tierkreis beschlossen. Du erinnerst dich, daß wir bei dieser Umrundung der Frage nachgegangen sind, auf welchem Boden du dich bei deiner Reise durch das Leben befindest.

Wenn du jetzt den Text deines Hauses gelesen hast, so kennst du noch nicht deine Aufgabe, sondern du weißt nur, innerhalb welchen Feldes du deine Aufgabe zu leben hast, kennst nur das Bühnenbild, die Kulisse. Deine Rolle steht noch nicht fest; denn in jedem der 12 Bühnenbilder kannst du jede Rolle zu spielen. Dieses Bild aus der Welt des Theaters können wir noch etwas weiterverfolgen. Du weißt, für die Kulissen ist der Bühnenbildner zuständig; er hat sich große Mühe gegeben, das Bühnenbild, die Landschaft, dem Stück entsprechend zu gestalten. Ist das Bild fertig, tritt er ab. Seine Aufgabe ist beendet. Für die Art des Spielens ist er nicht mehr zuständig. Hier gibt es andere Instanzen, das Drehbuch und den Regisseur (wer immer das sein mag). Dein Spiel, d. h. die Art und Weise wie du die Rolle anlegst, wird dir nicht von der Kulisse vorgegeben, obwohl du gut daran tust, nicht gegen die Kulisse anzuspielen. Befindest du dich in einem Schlafzimmer und nimmst dabei die Pose ein, als wärest du im Bundestag, so passen auf einmal Kulisse und Rolle nicht mehr zusammen. Und doch ist es so: Regisseur und Bühnenbildner haben – auch wenn es dir lange nicht so erscheinen mag – vorher sehr viel Zeit damit zugebracht, Rolle und Bühnenbild der Inszenierung, die du dein Leben nennst, entsprechend aufeinander abzustimmen.

Jetzt also zu deiner Rolle. Was ist das für ein Stück, das da aufgeführt wird?* Oder besser: Wie legst du deine Rolle an? Dein Sonnenzeichen!

---

* Es ist nicht ganz richtig, zu sagen: die Sonne gebe dir das Theaterstück an. Denn schließlich spielen noch andere Personen in deinem Stück mit (Mond, Planeten, Mondknoten), und auch sie sind Teile, die zu dir gehören.

I can walk through the forest of the trees of knowledge
and listen to the lessons of the leaves

BARBRA STREISAND in *Yentl*

Die 12 Zeichen (Rollen)

Wieder betrachten wir die gleichen Bäume (der Erkenntnis), denen wir uns jetzt schon zweimal zugewendet haben, wieder schauen wir uns die Blätter der Bäume unter einer neuen Fragestellung an. Wieder wissen wir, die Idee des Baumes wird hinter den einzelnen Blättern im Unsichtbaren verbleiben, denn wieder werden wir scheitern in unserem vermessenen Wunsch, die Uridee (be)greifen zu können. Und dennoch werden wir es tun. Wieder und wieder. Wieder werden wir den Blättern zuhören, die uns ihr Lied flüstern, denn wir haben eine neue Frage an die Bäume: »Was soll ich tun?« »Wie soll ich es tun?« Und es ist so, als schauten wir zu dem kleinen Kasten, mitten auf der Bühne, in dem der Souffleur sitzt – denn unsere Rolle beherrschen wir alle noch nicht –, und wir lauschen, was er uns zu sagen hat.

Hinweis: Bei der Beschreibung des Zeichens, deines Sonnenstandes, werde ich nicht nur angeben, was du zu tun hast, sondern auch die verschiedenen äußeren Formen, an denen du das Prinzip lernen kannst (und mußt). In der Theatersprache: Ich habe dir einige der Verkleidungen deiner Mitspieler ebenso angegeben, wie die Requisiten, die du für die Rolle »Widder« benötigst. Doch alle Angaben sind Blätter des Baumes, dessen irdischer Name Widder ist. Das heißt jetzt nicht, daß du *allen* aufgezählten Formen begegnen wirst oder mußt, es zeigt dir nur das SPEKTRUM dieses Prinzips, die Vielfalt der Themen dieses einen Baumes, an der du dein Verhalten zu lernen hast. Außerdem gelten die folgenden Aussagen über die Prinzipien nicht nur für jemanden, der seine Sonne im jeweiligen Zeichen hat. Da jeder Mensch in seinem Horoskop alle Zeichen, Planeten und Häuser hat, die vom jeweiligen Thema dieses Prinzips durchdrungen sind, gilt: Begegnet dir eines der unterstrichenen Blätter, so hast du *jetzt* mit diesem Prinzip zu tun – unabhängig davon, wo deine Sonne steht.

Widder

21. März bis 20. April

Du, Widder, (sagt der Souffleur) hast nur eine Aufgabe: »Setze dich durch!« Sei wie jenes Tier, das mit gesenkten Hörnern blindlings in die Welt hinausrennt.

Ja, du hast für diese Rolle genügend *Kraft* und *Energie* mitbekommen, also kümmere dich nicht um die anderen; sie weichen entweder aus, oder setzen dir den Widerstand entgegen, den du für deinen Weg benötigst.

Sei ungestüm!

Du weißt, in deinem Zeichen *beginnt* der Tierkreis. Und so trägst du das Signum des *voraussetzungslosen Anfangens,* des *Neubeginns* in dir, das Bild der *Frische.* Deine Kraft – und es ist sehr viel Kraft da – ist noch *unverbraucht,* also *setze die Kraft ein.* Du bist wie der junge *Morgen,* der *Sonnenaufgang,* der Tag liegt vor dir. »Es gibt viel zu tun, packen wir's an!« so lautet der diesbezügliche Werbeslogan*. So bist du *aufgebrochen* wie ein Kind; denn bereits ganz am Anfang deines Lebens ist dieses Prinzip wirksam geworden, als du angefangen hast, dieses, dein Leben zu leben. Du mußtest *hinaus* in den Raum, mußtest den *Raum ergreifen,* bist IN DIE ERSCHEINUNG GETRETEN. Hast dich in dein *Revier hinein durchgesetzt.* Und du hast alle Energien durch *Strampeln, Schreien,* ja voll *Wut* nach außen gerichtet. Mit *Aktivität* mußtest du dich *behaupten.* In dir *keimt* alles, du merkst es an dem *Frühlings*-vers: »Die Bäume *schlagen* aus.«

Deine Energien sind das, was man landläufig ›aggressiv‹ nennt. Das wird an einem weiteren Symbol dieses Baumes deutlich: das durchsetzende Beginnen ist dem Planeten ›Mars‹ zugeordnet (der auch der Herrscher des Zeichens Widder ist) und er ist – seit alters her – der *rote* Planet des *Eisens* und des *Kampfes.*

---

* Versuche die Zeichen, die ich hier beschreibe, gegebenenfalls mit der für dich relevanten Haus-Ebene zu kombinieren. Steht beispielsweise deine Sonne im Widder und im 12. Haus, so solltest du nicht übersehen, daß es im 12. Haus kaum etwas anzupacken gibt. Du stehst dann da, willst deine Kraft einsetzen, aber alles, was du in die Hand nimmst, löst sich in Rauch auf. Es gibt hier keinen Widerstand, keine umgrenzten Kulissen, an denen du dir die Hörner abstoßen kannst. Wo du kämpfst, wird es zum Schattenboxen, erst einmal wirst du die vielen Energien nicht los. Nur als Bild: Du zappelst dich ab und dein Gegner bleibt unsichtbar, davon bekommst du leicht einen roten Kopf. Dennoch ist das Thema »Widder« natürlich auch im 12. Haus zu leben. Nur: es dauert relativ lange, bis du deinen Weg der Umsetzung gefunden hast.

Auch der Planet Mars symbolisiert die materiellen Energien, die körperlichen Energien, die zur *Welterschließung* zur Verfügung stehen. So verkörpert auch jeder *Krieger*, jeder *Soldat*, ja, der *Krieg* insgesamt die *Attacke* marsischer Kräfte in den Raum. Mit dem *Eisen* der *Waffen* schlägt das Prinzip des Kriegsgottes Mars eine *blutige*, eine *rote* Bahn in die Welt. Eine Bahn auch des *Brennens* und des *Feuers*.

Und so hat auch – wie Leboyer zeigen konnte – deine *Geburt*, der *Morgen* deines Lebens, tief in dir diese Eindrücke von Blut und Feuer, von Kampf und *Durchstoßen* hinterlassen. In Zeiten, in denen es keine Kriege gibt, lebt dieses Bild in dir als der Mythos des *Helden*, des *Heroen*, der mit seiner *Direktheit* und seiner *Tapferkeit* den Boden bestimmter *Herausforderungen* oder schwieriger Probleme betritt. So siehst du dich oft als edler Ritter (mit *Schwert* oder als Cowboy (mit dem 45er *Colt*) an *Orten der Gefahr*.

Aber auch auf der sexuellen Ebene ist dieses Prinzip als das Bild des *Eindringens* in dir wirksam. Die starke *Erregung* bei der sexuellen Stimulierung, der *Blutstau* im Genitalbereich, die gesteigerte *Wärme* und *Röte* und das *Anschwellen* sind ebenso Ausdruck der marsischen Kräfte wie der *Impuls*, mit dem *Penis* in die Vagina *einzudringen*. Und während der Kampf und der Krieg eine Extremform des Widder-Prinzips nach außen hin darstellt, so stellen *Entzündungen, Schwellungen* und *Rötungen* Extremformen des Prinzips in deinem Inneren dar.

Du kannst am Krieg, am *Zünden von Sprengsätzen*, ebenso wie an der Entzündung feststellen, daß das Prinzip der Durchsetzung und der Energie in dir jetzt angesprochen ist. *Fieber, Kopfschmerzen, Gallenkoliken, Reizungen, Entzündungen, Tumore, Rötungen*, kurz, der *Stachel* im Fleisch, all diese Manifestationen zeigen dir an, daß es jetzt um die Blätter im Baum des Prinzips Widder geht. Denn möglicherweise hast du dieses Prinzip in dir so sehr gehemmt, hältst es so sehr zurück, willst es in dir nicht haben (»Wissen Sie, ich bin ein sehr friedlicher Mensch!«), daß es sich dann körperlich *ausdrücken* muß, und dir somit einen Hinweis auf seine Befreiung geben will. Oder daß es sich von außen – vor deinen Augen – abspielen muß, in Form von Gewalt, die dir von außen entgegentritt, sei es als körperliche Auseinandersetzung, in die du verwikkelt wirst, sei es als Gewalt, mit der jemand in dich eindringen will, sei es als Vergewaltigung. Nur wer sich ent-gewaltigt hat, wird ver-gewaltigt.

All diese Figuren deines Lebens – wann immer du ihnen begegnest – zeigen dir an, daß jetzt die Idee des ersten Baumes (der

Erkenntnis) in dein Leben hineingelangen möchte, daß du jetzt diesem Thema so lange begegnen sollst, bis du es zu deinem gemacht hast.

Es ist dein Anfang, dein Beginn, dein Mars, es ist ebenso die *Zahl 9* oder das Metall Eisen, es ist die *Zwiebel,* der *Rubin* und noch vieles mehr. Es ist all das zusammen als ein Prinzip, das in dir verlorengegangen sein kann. Denn nur dann, wenn es dir – deinem Bewußtsein – fehlt, mußt du ihm außen oder innen (möglicherweise schmerzhaft) begegnen. Und diese Begegnung und der Schmerz haben nur den einen Sinn, dir zu zeigen, daß dieses Prinzip in sich noch ein Geheimnis birgt, das von dir noch nicht gekannt und damit nicht gelebt wird und daß deine Aufgabe jetzt darin besteht, es dir zurückzuholen, es zu erlösen.

Du weißt, du bist auf der Suche nach deiner Schuld und alles, was dir unterwegs begegnet, ist gemeint als Gleichnis, das dich auf etwas hinweisen will, was du in dir noch nicht entdeckt hast. Und erst, wenn du deinen Weg, den Weg des Widders, konsequent gehst, hast du die Chance, der Schlange nach und nach näher zu kommen. Nutze deine Kraft, geh' deinen Weg.

Stier

20. April bis 21. Mai

Es ist eine überkommene philosophische Erkenntnis, daß das Neue immer auf dem Alten aufbaut und daß das Neue nur der verstehen kann, der das Alte bereits verstanden hat. So ist es auch in bezug auf den Tierkreis. Jedes neue Zeichen, das hier beschrieben wird, bringt das alte Zeichen einerseits zur Zäsur und stellt andererseits die konsequente Fortführung eben dieses Zeichens dar. Der Stier schließt den Widder ab und führt ihn auf eine eigenartige Weise fort.

Da wir im Bild des Widders das Prinzip der hinausströmenden Energien kennengelernt haben, die sich in der äußeren Welt abarbeiten und durchsetzen wollten, so bringt das anschließende Zeichen Stier diese hinausdrängenden Energien zum Stillstand, veranlaßt sie, in die *Beharrung* zu gehen. Zu dem (im Tierkreis) ersten Stadium des blinden Nach-außen-Drängens der Energien tritt jetzt also ein zweites Stadium, in dem diese Energien zur Ruhe kommen. Fast so, als hätten sie in ihrem Drängen nach außen ein Becken gefunden, in das sie jetzt hineinfließen können, sich ansammeln können. Es kommt zu einer *Konservierung* der Energien, sie kommen zum Stehen, werden zum *Bestand* (Döbereiner). Als Bild: Im Anfang zogen die Menschen planlos herum, waren Nomaden, Krieger, Eroberer. Jetzt, nachdem sie sich ausgetobt haben, finden sie ein sicheres Tal, werden *seßhaft* und errichten kleine Dorfgemeinschaften. Da sie ihre eigene Erbschaft noch tief in sich haben und um die Gefährlichkeit herumziehender Horden – die sie ja selbst einmal waren – wissen, *grenzen sie sich ein, grenzen* sie sich gegen das Umland *ab*. Sie organisieren sich auf ein *Zentrum hin* und bauen einen *Zaun,* eine *Mauer,* einen *Wassergraben* um sich herum. Und so geht es bei diesem zweiten Prinzip, das du jetzt kennenlernst, um das Prinzip des *Speicherns,* des Zurück-*haltens,* des *Ansammelns* und *Eingrenzens*. Dieses Urmuster des Lebens ist ein erdiges Prinzip, d. h., es wird ein sicherer Boden gesucht, der dich, deine Persönlichkeit, tragen kann. Aus dieser Tragfestigkeit, um die du sehr besorgt bist, erwächst auch eine Art Verlangen nach größtmöglicher *Trägheit,* die von dir freilich *Festigkeit, Stabilität, Solidität* genannt wird. Jetzt leistest du allen Veränderungen gegenüber *passiven Widerstand,* befindest dich gleichsam im *Sitzstreik*. Damit du dieses Wort nicht falsch verstehst oder gar glaubst, du solltest mal wieder aktiv werden, möchte ich dir noch ein Bild aus der Individualentwicklung geben: Der Widder symbolisiert die noch ungebundenen Energien des Säuglings, die nach allen Richtungen – vollkommen ungelenkt nach außen drängen. Das Prinzip des Stiers beschäftigt sich nun in einem zweiten Schritt damit, aus diesen unstrukturierten Energien langsam ein Ich zu gestalten. Das gelingt nur, indem die Energien sich mit einem *Mantel* umgeben, als ein Ich eingrenzen und damit ein Stück Bestand, ein Stück Persönlichkeit werden. Dazu muß sich in dir etwas *festsetzen* (Begriffe, Weltansichten, Namen etc.), und so steckt in jedem Eingegrenzten sofort etwas *Festsitzendes* (daher das Wort »Sitzstreik«), etwas *Zentriertes* und daraus abgeleitet ein Stück *Sicherheit*.

Und erst in dieser Sicherheit kann das Prinzip das entwickeln, was ein Hauptmerkmal des dazugehörigen Planetenprinzips Venus ist: *die Fähigkeit, zu genießen*.

Aus dem Ansammeln, dem Bewahren, dem Erhalten, dem Konservieren erhält das Prinzip ›Stier‹ seine eigentliche Bestimmung. Es geht um das *Hineinnehmen* und um den Genuß, der darin liegt, Dinge zu *inkorporieren,* egal, ob sie in den Mund geschoben oder hinter die eigene Hecke gezogen werden. Und so ist das Prinzip Stier (das 2. Haus, der Planet Venus) natürlich auch ein symbolischer Ausdruck für jede Art des *Besitzes*. Sieh es einmal so: Energie kann eine fließende Form haben (Widder-Prinzip), sie kann aber auch eine kristallisierte Form annehmen, sie ist dann zur Form verdichtet. Diese zur Materie gewordene Energie findest du ringsumher in der Natur. Tritt jetzt der Mensch dazwischen (der ebenfalls verdichtete Energie ist) so kann es passieren, daß er diese vergegenständlichte Form in seine Eingrenzung bzw. in seine Persönlichkeit hineinziehen möchte; er sagt dann: »Das ist meine Ziege«, und so erhalten wir die psychische Figur, die wir »Besitz« nennen. Natürlich erwächst aus diesem seelischen Akt sofort der Wunsch, meinen Besitz gegen dich zu sichern. So siehst du, daß es bei diesem Besitzstreben im übertragenen Sinne immer darum geht, die Grenzen der eigenen Person zu stabilisieren, den *Wert* der eigenen Persönlichkeit zu erhöhen. Der dazugehörige Werbeslogan lautet jetzt natürlich: »Hast du was, dann bist du was!« So ist mit diesem Prinzip die Frage verbunden, auf welche Weise du dich selbst wertschätzt. Und da in unserer Zeit der Wert der eigenen Person nicht mehr in Ziegen gemessen wird, sondern nur noch symbolisch durch die *Finanzen* ausgedrückt wird, so findest du im Zeichen Stier auch den Drang und die Fähigkeit, *Geld zu verdienen* und anzusammeln.

Eher am Rande sei bemerkt, daß sich aus der Form des *Hineinnehmens,* die dem Prinzip Stier zugehört, auch ein Hinweis auf die Form der *Nahrungs*-aufnahme ergibt. *Nahrungs*genuß und *sexueller Genuß* liegen nun freilich auf derselben Ebene, denn die Venus ist gleichermaßen das Prinzip des *sexuellen Kontaktes* (worin ebenfalls die Wert- und Genußproblematik steckt). Es gilt der Satz: Sag mir, wie du ißt und ich sage dir, wie du dich sexuell verhältst. Das gilt sogar bis in die organischen Entsprechungen hinein. So kann man von der Zunge schließen auf die Klitoris bzw. auf die Eichel, vom Gebärmutterhals auf die Mandeln etc.* Ich will damit sagen, daß die Sexualproblematik ebenfalls ein Thema der Wertproblematik ist, wie sich am Phänomen der Eifersucht sehr schön dokumentieren läßt. Hat man diese Analogieebene einmal begriffen, so geht einem schon ein Licht auf in bezug auf die eigene Mundraumproblematik, die ein Spiegel der Genitalproblematik ist.

Zurück zum Prinzip. Es geht also um das Bewahren des Erworbenen (des Wertes), es geht um das *Hüten,* es geht ebenso um die *Halsregion,* und den *Schlund,* denn er ist der *Wächter,* der *Pfleger* der *Stimme* und des *Essens*. Es geht auch – im Analogieschluß – um

* Wer diese Form der anatomischen Analogien detailliert bekommen möchte, kann sie nachlesen bei Ebertin: »Die anatomischen Entsprechungen der Tierkreisgrade«, S. 85

die Genitalregion als Wächterin des Wertes oder als *Anhäuferin* des Wertes.

Kehren wir zur allgemeinen Form des Prinzips zurück, so finden wir, daß jede Form der Abgrenzung, sei es als *Zaun, Hecke, Mauer, Schutzschild, Festung* (siehe Aszendent), *Grenzstein,* oder als *Umfriedung,* jede Form des Schutzes, jedes *Sicherheitsbedürfnis,* die Sicherung des Ichs, jede Sicherung durch *Türen, Tore, Zugbrücken, Schlösser, Schlüssel,* jede Form des *Konservierens,* des *Sammelns,* des *Hamsterns,* jedes *Depot,* jeder *Vorrat,* jede *Bank,* in der Gelder angesammelt werden, jede *Batterie* in der Strom angesammelt wird, daß all dies (und vieles mehr) symbolische Hinweise auf das eben beschriebene Prinzip sind: auf das Prinzip der Ansammlung, des Bestandes, des Beharrens, des Wertes und des daraus erwachsenden Genusses.

Die Venus als der diesem Prinzip zugeordnete Planet, steht nicht nur als Repräsentant für das Zeichen Stier, sondern ebenso als Symbol für das Zeichen Waage. So haben die Besonderheiten der Venus, die gleich beschrieben werden, also auch in bezug auf das Tierkreiszeichen Waage ihre Geltung.

Bei der Venus geht es um Harmonie, um Ausgleich und um Liebe, es geht um Sympathie, Zuneigung, Ästhetik und Schönheit, es geht um die Fähigkeit, *körperlichen Kontakt* aufzunehmen. Man sagt, es gehe bei der Stier-Venus eher um eine rustikale, erdhafte, bäuerliche Ästhetik und Schönheit, um derben, handgreiflichen Kontakt. Immer jedoch strebt die Venus nach *Geselligkeit,* nach Geborgenheit inmitten einer Gruppe von Gleichgesinnten. Der Stier lebt in der Gruppe, in der heimeligen Wärme (warst du schon mal in einem Kuhstall?) inmitten der anderen, wobei ihm die Art der Gruppe und ihre Zielsetzungen erst in zweiter Linie wichtig ist. Manche, die das Prinzip von außen anschauen, sagen daraufhin, es sei ein auf Opportunismus errichtetes Mitläuferprinzip. Doch diese Wertung versteht nicht den tiefen Sinn, der nämlich darin besteht, daß ein *isolierter Stier sofort Angst empfände.* Also verbündet er sich.

Es ist gut möglich, daß dir dieses Prinzip nicht edel genug erscheint und du dich fragst, ob dieses Lebensthema nicht in einer verfeinerten Form existiert, in der es nicht immer nur um das *Heranraffen* geht? Es mag sein, daß es so etwas gibt, denn einige Astrologiebücher geben dir eine »erlöste« Form an (z. B. beim Stier: »Entwicklung eines realen Wertbewußtseins«), aber hier und an dieser Stelle wollen wir uns nicht auf die Schulter klopfen, sondern über »Unerlöstes« sprechen.

Der Stier ist ein *Erdzeichen* und alle Erdzeichen haben mit dem Prinzip der *Realität* zu tun. Was zählt, ist das Reale, das Anfaßbare*. Und so wirst du nur über *Beharrlichkeit* und *Ausdauer,* über die Verfolgung solcher Ziele wie *Reichtum, Besitz,* ein *schönes Zuhause* und *Geborgenheit* im Familienverbande in die Nähe deiner Schuld gerückt. Denn da sollst du ja im Endeffekt mit Hilfe deiner Sonne hin: zu dir, zu deinem Aszendenten, zu deiner Schlange, zu deiner Schuld.

Nur wenn du dich von liebgewordenen Gewohnheiten nicht lösen kannst, nur wenn du die Erde nicht mehr losläßt, nur wenn dein Spruch lautet: »Man muß mit beiden Beinen auf der Erde stehen«, hast du die Chance, in die Nähe der Schlange zu gelangen.

Die Aufforderung des Schicksals lautet: »Suche die Schlange« und nicht: »Werde ein edler Mensch«!

---

* Noch einmal: Beziehe immer die Hausebene mit ein. Steht deine Sonne z. B. im Stier im 7. Haus, dann sammelst du eben die Begegnungen mit anderen Menschen. Ja, du sammelst Menschen wie andere Leute Schmetterlinge.

Zwillinge

21. Mai bis 21. Juni

Hier noch rasch eine Bemerkung für denjenigen, der unversehens wieder zu tief in die Astrologie abgeglitten ist. Obwohl dieses Buch sich astrologischer Kenntnisse bedient und auch (im gewissem Maße) astrologische Kenntnisse vermitteln will, so möchte ich dich doch daran erinnern, daß hier *Lebensthemen* beschrieben werden, mit denen jeder Mensch konfrontiert ist. Du kannst also nicht sagen, ich bin kein Zwilling und ich kenne auch keinen, also geht mich dieses Zeichen nichts an. Als Lebensthema ist dieser Bereich für dich sehr wohl wirksam, auch wenn in deinem Horoskop kein einziger Planet im Zeichen Zwillinge steht. Du kannst dann lediglich feststellen, daß dieser Bereich für dich nicht so dominant ist und du dich erst einmal um andere Dinge zu kümmern hast. Doch früher oder später mußt du dich auch mit diesem Prinzip auseinandersetzen. Denn es gehört zum *Leben* und deshalb auch zu dir.

Andererseits darfst du nun auch nicht glauben, du *wärest* das Prinzip, bloß weil deine Sonne oder dein Aszendent oder einige Planeten sich hier aufhalten. Es gibt *keinen* Menschen, der ausschließlich Zwilling (oder was auch immer) wäre.

Der Tierkreis ist ein Kontinuum, ja er ist *das* Kontinuum schlechthin, denn er hat weder Anfang noch Ende wie die meisten Kontinua. Darin ist er nur noch vergleichbar dem Farbkreis.

Der Tierkreis ist ein Meßkreis, ein Meßinstrument, eine Skala, an der du etwas ablesen kannst. Doch da alle Skalen von irgendwoher kommen und irgendwohin gehen, sind sie dem Tierkreis unterlegen, denn er kehrt immer wieder in sich selbst zurück. Stellte der Widder noch das ungeordnete Eindringen der Energien in den Raum dar und wurde diese Energie im Stier zum Beharren zusammengezogen, zentriert und zum Besitz verdichtet, so muß jetzt eine neue Bewegung deshalb erfolgen, weil alles Lebendige aus sich heraus immer wieder die Tendenz hat, das Gegenteil zum vorherigen Zustand anzunehmen. Aus diesem Grund ist das dritte Prinzip mit dem Künstlernamen »Zwillinge« das Prinzip der *Ergreifung des Raumes,* es ist die Bewegung der *Funktion in den Raum hinein.* Das, was ehedem im Bestand verharrte, setzt jetzt seinen *Fuß* und seine *Hand* wieder *hinaus in den Raum.* Aha, magst du denken, eine Art Widder, und dieser Gedanke ist gar nicht so falsch, denn in der Tat ist dieses Zeichen dem ersten Prinzip verwandt. Und doch gibt es einen gravierenden Unterschied; denn im dritten Prinzip geschieht die *Raumergreifung*, das Sich-Ausdrükken-in-den-Raum-hinein jetzt sehr viel *gezielter* und nicht mehr so ungeordnet und aggressiv nach allen Richtungen gleichzeitig wie im ersten Zeichen.

Der Unterschied ist vergleichbar mit zwei Kindern, von denen das eine einen Monat alt ist und das andere drei Jahre. Das erste kann seine Energien nur brüllend und strampelnd nach allen Seiten von sich geben, das zweite kann ganz gezielt bestimmte Dinge mit seinen Energien *erkunden* und *erschließen*.

Es kann sehr genau *greifen*, mit der *Hand* den Raum konkret aufschließen und sich die Dinge holen, die es haben will.

Und so liegen in diesem Prinzip, das durch das Zeichen Zwillinge, den Planeten *Merkur* und das 3. Haus symbolisiert wird, in diesem Prinzip der Ergreifung des Raumes sehr viele Ausdrucksmöglichkeiten nebeneinander im gleichen Baum, denn es gibt viele verschiedene Arten, sich in den Raum hinein auszudrücken.

Man kann es mit der Hand tun, indem man etwas *greift*, man kann es mit *Gedanken* tun, indem man *begreift*, was im Raum vor sich geht (Denken sei »Probehandeln« sagt die Psychoanalyse), man kann es mit *Sprache* tun, indem man etwas in *Worten ausdrückt*. Und so stellen sich im Bild des Zwillings (Merkur, 3. Haus) auch die *manuellen* Fähigkeiten des Greifens, die *intellektuellen* Fähigkeiten des *Begreifens* und *Unterscheidens* und die sprachlichen Fähigkeiten der Kommunikation dar. So zählen die *Hand* und der *Tastsinn*, und *Sprechen* und der gesamte *Spracherwerbsmechanismus* und überhaupt alle *Kommunikationsmittel* und *-Medien* sowie die *Analyse*, die *Unterscheidung*, der *Intellekt* zu den Inhalten des Prinzips.

Du kannst dir das so denken, daß der Mensch, der sich im 2. Haus abgegrenzt hat, jetzt im 3. Haus die Verbindung nach außen wiederherstellt. Und er tut das, indem er sich *Werkzeuge* schafft und ausbildet, um eine *Linie von sich zum Gegenstand* der Außenwelt zu legen. Das Wort »Intellekt« stellt diesen Zusammenhang sehr deutlich dar, es kommt aus dem Lateinischen und bedeutet »dazwischenlegen«. Zwischen sich und dem Gegenstand der Welt versucht der Mensch den Raum zu überbrücken. Er holt sich, mit dem *Intellekt als Hilfsmittel*, das Außen heran. Natürlich schaltet er auch andere *Hilfsmittel* dazwischen, die deshalb ebenfalls dem Prinzip entsprechen: *Botschaften, Sprachen, Schreiben, Briefe (Post), Telefonate, Telegramme, Nachrichten, Gedrucktes, Bücher, Zeitungen, Journale* und andere *Verlagsprodukte*.

Eine sehr deutliche Analogie dieses Prinzips findest du im römischen Gott Merkur (griech.: Hermes). Er gilt als Götter*bote*,

d. h., er überbringt *Botschaften* zwischen der Menschen- und der Götterwelt; er ist ein schneller Wanderer, denn er trägt Flügel an den Schuhen; er ist pfiffig, originell und, da er auch als Gott des Handels (Waren*austausch)* fungiert, mitunter leicht betrügerisch.

Diese *vermittelnde* Rolle zwischen dem Oben und dem Unten, zwischen der Götterwelt und der Menschenwelt, entspricht der Kernsubstanz des Zwillings-Symbols. In ihm wird ein Menschenpaar dargestellt und man sagt, der Vater des einen sei Gott, der des anderen ein Mensch, und so tragen sie einen Zwiespalt in sich herum. Vereint, und sie sind ja vereint, gehören sie nirgends hin, weder in die Menschenwelt noch in die Götterwelt. Aus dieser inneren Heimatlosigkeit erwächst dem Prinzip eine Unrast, die Ruhelosigkeit einer gespannten Feder. Einzig wenn sie *unterwegs* sind, wenn sie *Verbindungen* herstellen, sind sie ihren beiden Richtungen einigermaßen nahe. Aus diesem ewigen Hin und Her ergibt sich letztlich auch die *Ziellosigkeit* des Prinzips. Heimatlos zu sein und doch in den Raum hinausgreifen zu müssen, erzwingt nun doch einen Tribut.

Wir finden hier wieder eine Figur, die uns schon im ersten Kapitel beschäftigt hat. Um nicht an dem sinnlosen Unterfangen des ewigen Hin und Her zu verzweifeln, um nicht an der eigenen Namenlosigkeit zu ersticken, beginnt das Prinzip der Raumergreifung sich an der verwirrenden Vielfalt der Erscheinungen zu orientieren. Es beginnt, den *Dingen Namen zu geben,* beginnt, die Welt in *Begriffen* und *Zahlen* und *Ordnungsprinzipien* festzulegen. Vergleichbar einem Botaniker, der eine neu gefundene Pflanze *kategorisiert* und *einordnet,* ihr einen Namen gibt und *genau beschreibt,* wo sie wächst, so ist das Zwillings-Prinzip damit beschäftigt, die Welt zu messen und zu wiegen. Es legt *Gemeinsamkeiten fest* und *bestimmt die Unterschiede.*

Nun sind das *Zählen, Wiegen, Messen, Benennen* und *Kategorisieren* natürlich Tätigkeiten, die der Qualität der Dinge nicht gerecht werden. Mit diesen Eigenarten werden ja nur die Erscheinungsformen der Gegenstände bezeichnet und nicht deren inhaltliche Struktur oder ihr Sinn. Doch auch dieser Sachverhalt trifft sich genau mit der Natur des Zwillings-Prinzips, das in der Tat kein Interesse an der tiefen philosophischen Durchdringung eines Gegenstandes hat. Hier reizt die Entdeckerfreude, die Neugierde (die Gier nach Neuem).

Der Werbeslogan lautet hier: »Er läuft . . . und läuft . . . und läuft!« Und keiner weiß genau wohin und weshalb.

So gehört es auch nicht zur Art dieses Prinzips, Dinge zu bewerten oder tiefe Gefühlsbeziehungen dazu auszudrücken; diese Eigenschaften – sie sind ja nur im Verweilen möglich – treten erst in den nachfolgenden Prinzipien hinzu.

Hier im 3. Haus, dem Haus des Zeichens Zwillinge, geht es erst einmal darum, *kennenzulernen,* zu *unterscheiden,* zu *benennen,* in *Kontakt,* in *Kommunikation* zu treten, zu *wissen,* zu *entdecken,* zu *analysieren, Informationen zu haben,* sich *Werkzeuge zu schaffen,* mit denen man in den Raum hinausgelangen kann. So ist auch die gesamte *Technik* zu sehen als eine *Verlängerung der Hand* in den Raum hinein. Und so ist das Prinzip sehr angetan von jeder Art *Maschinen, Uhrwerken, Robotern, Computern zur schnellen Nachrichtenübermittlung, Druckmaschinen, Schreibmaschinen, Telefonapparaten* – kurz, allen Maschinen, die das Prinzip der Kontaktaufnahme in den Raum hinaus fördern, und andererseits symbolisieren diese Art der Maschinen auch wieder das Prinzip. Aus diesem Grund herrscht es auch über die Bereiche *Presse, Rundfunk, Fernsehen* und alle Medien, die der Nachrichtenübermittlung dienen.

Der Zwillinge-Archetyp lernt, was andere sich ausgedacht haben. Es findet eine Ansammlung von äußerem Wissen statt. So beherbergt dieses Urmuster des Lebens meist ein immenses *Faktenwissen,* ist oft mehrsprachig und weitgereist – es kennt sich aus. Ja, die *Kenntnis der materiellen Welt* findet in dem Prinzip, das durch das Bild Zwillinge ausgedrückt wird, seinen Höhepunkt.

Zwillinge ist ein *Luft*prinzip und Luft bedeutet in der Astrologie, sich ständig in einer verändernden Bewegung zu befinden. Luft ist immer unterwegs. Und so sieht das Zwillings-Prinzip Entwicklung an als einen ständigen Lernprozeß, als eine Ausdifferenzierung seiner körperlichen und geistigen Anlagen zur Erschließung der Welt. Zwillinge-Menschen locken *Kontakte* und intellektuelle Abenteuer, hier probieren sie ihre Kraft aus.

Du magst ein Unbehagen bei dieser Beschreibung empfinden. Wenn dir der Zwilling *oberflächlich* erscheint, so laß dir sagen, daß es genau darum geht. Du *sollst die Oberfläche erkunden*; denn hier wirst du deiner Schuld begegnen. Die *Hauptverkehrszeit* ist deine Zeit, das Geheimnis besteht im *Unterwegs-sein.*

Krebs

22. Juni bis 22. Juli

Du weißt jetzt schon, daß der Rhythmus des Tierkreises mit jedem neuen Zeichen dergestalt fortschreitet, daß das vorhergehende Zeichen gestoppt und eine Gegenbewegung eingeleitet wird. So wird im Krebs die Bewegung des Ausdrucks in den Raum hinein, die in Zwillinge unternommen wurde, an jener Stelle gestoppt, an der die Grenze des Außenraumes erreicht ist und Hilflosigkeit sich breitmacht. Wo soll man jetzt noch hin? Weiter geht es nicht, der Zwilling hat schon alles Äußere kategorisiert. Bevor das Leben jetzt abstirbt, gibt es einen Ruck und die äußere Bewegung wird in eine innere verwandelt. Und wer nach innen hinein bewegt wird, der *empfindet,* der *fühlt.* Das vierte Prinzip in der Entwicklung alles Lebendigen, alles Belebten ist somit die *Empfindung,* das *Gefühl* – die seelische Bewegung im Sinne von: »davon bin ich tief bewegt«. Das Zeichen Krebs ist das Symbol für die Empfindungsfähigkeit, es geht hier um das *Angerührtsein,* um den inneren *Quell der Seele,* der jetzt wirksam werden darf.

In den ersten drei Zeichen wurde der äußere Raum (Lebensraum) mitsamt den dazugehörigen körperlichen Energien erschlossen, jetzt wird der seelische Raum zum Eintritt freigegeben.

Neben all den Dingen, die der Tierkreis symbolisiert, überstrahlt eine seiner Bedeutungen die anderen bei weitem: Er ist ein Einweihungsweg in die Mysterien des Lebens. Auch von daher ist seine Abfolge streng geregelt. Es darf nur das auftauchen, was der Mensch gerade noch bewältigen kann. Der erste Schritt besteht immer darin, daß der Mensch sich entdecken muß (Widder); sodann muß er sich gegen die zunächst gefährliche Welt des Außen in Sicherheit bringen und physisch überleben (Stier), vorsichtig geht er dann daran, den Außenraum mit seinem Verstand zu erschließen (Zwillinge), und erst nach diesem Akt kann er sich wieder mit sich beschäftigen und entdecken, daß es auch innere Landschaften gibt, über die gleichermaßen Sonnenschein wie tosende Unwetter hinwegziehen können.

Und ebenso wie sich im ersten Haus die Lebensenergien des Widders noch sehr ungeordnet und drängend nach allen Seiten durchsetzen wollen, drängen im vierten, dem Krebs-Haus (das erste Haus des zweiten Quadranten), die *seelischen Energien* als ungeordnete Bilder des *Unbewußten* nach allen Seiten hin ins

Erleben. So kommt es hier schnell zu einem inneren *Ansturm der Bilder,* zu einer *Bilderflut,* zu einer *Gefühlsflut.* Die Empfindungen werden erstmalig *überwältigend.*

Und so ist das erste, was der Souffleur dir zuflüstert: »Laß dich beeindrucken. Lache oder weine!«

Denn so wie der *Mond* – jener Himmelskörper, der dieses Prinzip im Außen verkörpert – sich zyklisch verwandelt, mal ganz am Himmel ist, mal nur halb, mal überhaupt nicht sichtbar, so ist es mit der Empfindungsfähigkeit als Prinzip bestellt: Mal sind Empfindungen überstark freudig, mal gar nicht vorhanden und dann wieder überstark traurig – und das alles rasch hintereinander. Die ewigen Gefühlswandlungen werden in dem sich immer verändernden Bild des Mondes sehr deutlich ausgedrückt. Und noch etwas kann die Analogie des Mondes verdeutlichen. Er ist nur dann sichtbar, wenn jemand anderes ihm sein Licht leiht (die Sonne), d. h., er ist nicht selbst aktiv, sondern gezwungen *aufzunehmen,* zu *empfangen,* er ist *passiv.*

Seine Elementezuordnung ist die des *Wassers.* Alles kann in das Wasser eindringen, das Wasser läßt sich von allem berühren, es bietet nur sehr wenig Widerstand gegen das *Eindringen.* Und so ist die Seele mit ihren *Tiefen* ebenfalls wie ein großes Wasser, dessen Oberfläche man nicht ansehen kann, was in seinem Inneren verborgen ist, was alles in es eingewandert ist und was in seinen Tiefen lauert. So ist das Wasserzeichen Krebs ein Ausdruck für den mächtigen Quell des Untergründigen, Inwendigen, mit all seinen bizarren und z. T. beängstigenden Figuren. Diesen Gestalten gegenüber steht die Seele erst einmal sehr *nackt* da.

Und wie auch auf Erden dem Mond alle Wasser unterstehen, die Wasser des *Meeres,* die er mit Ebbe und Flut beeinflußt, wie er alle *Ströme* und *Seen* hebt und senkt, wie er die *Pflanzensäfte* und *Körpersäfte* bis hin zur *Menstruationsblutung* beeinflußt, wie ihm alles *Wachstum* und alles *Feuchte* untersteht, so beherrscht er auch das Prinzip der Empfindungsfähigkeit, das *Heben* und *Senken* der seelischen Strömungen.

In den Tiefen des Unbewußten liegen die Tiefen des Daseins. Der *Schoß des Meeres* ist auch der ewige *Schoß der Mutter* und im Schoß der Mutter liegt der *Ursprung des Lebens,* der *Geborgenheit* und der *Wärme.* Mare (das Meer) und mater (die Mutter) liegen deshalb auch sprachlich eng beieinander, ebenso wie *Maria,* die Empfangende.

Und so ist das Prinzip des Empfindens auch gleichzeitig das Prinzip des *Mütterlichen,* der *Mütterlichkeit.* In diesem Prinzip sind die Mütter des Tierkreises zu Hause. Es wird dargestellt in der *Weiblichkeit,* in der Fruchtbarkeit, in der *Gebärfähigkeit.* Das *Befruchtetwerden,* das Empfangen als ein eher passiver Vorgang des Aufnehmens ist hier zu Hause.

In diesem vierten Zeichen findet die *erste* Begegnung mit Seele statt, und der Mensch ist diesem Ansturm noch kaum gewachsen. So sucht er sich *Hilfe,* sucht Menschen, an denen er Halt finden kann; entweder solche, die auf festeren Beinen stehen als er, an die er sich anlehnen kann, oder er sucht noch hilflosere Menschen, denen gegenüber er die Rolle des Kindergärtners spielen kann. In letzterem liegt der Verhaltensmodus des Helfer-Syndroms. Es mildert die eigene *Hilflosigkeit,* wenn man *helfen* darf. In beiden Fällen bleibt einem das Los tiefen, sehr leidvollen *Kummers* nicht erspart. (Vgl. den Zusammenhang von »Kummer« und »sich kümmern«!)

Und in solchen Momenten kann den Krebs nichts trösten, er *verbirgt sich, zieht sich zurück* in sein Gehäuse (zu diesem Zweck sucht sich der Einsiedlerkrebs ein Muschelgehäuse) und muß seine in Aufruhr geratene Seele wieder beruhigen.

In diesem Zeichen wird der Mensch *leidensfähig* und *furchtsam.* Er ist extrem *sensibel* (sogar gegen das Ungesagte) und reagiert schnell mit *Unsicherheit.* Der Preis für sein hohes *Einfühlungsvermögen* ist eine ebenso hohe *Verletzbarkeit.*

Natürlich befinden sich die Partner von Krebsen oft in einem tiefen Schuldgefühl, da sie an dem Zustand ihres Krebses meist einen gerüttelten Anteil zugewiesen bekommen. Bist du der Partner eines Krebses, so solltest du jetzt nicht erleichtert aufatmen und glauben: Aha, das hat nichts mit mir zu tun, der Krebs ist halt so! Es geht dich sehr wohl etwas an, wenn du mit einem Krebs liiert bist. Es gilt die Regel: Das, was dir zugewiesen wird, ist immer deins!

Auf der anderen Seite ist dieses Prinzip sehr *gutmütig, warm, liebevoll,* es ist eben das *gefühlvollste* Zeichen des Tierkreises. Es symbolisiert die *Geborgenheit* und *Geschütztheit des Mutterschoßes,* und diese Wärme findet ihren Ausdruck in der Gestaltung der *Wohnung,* des *Heimes,* des *Hauses.* Mit *Heim* und *Familie* assoziiert die landläufige Astrologie den Krebs. Und so findest du in diesem Zeichen (an der Stellung des Mondes, an der Planetenbesetzung des vierten Hauses) auch Kennzeichen über die Art, wie jemand sein Heim gestaltet. Auch die *Herkunft,* die *Heimat,* die *Familie,* das Verhältnis zur Sprache (*Mutter*-Sprache) und zu *Mutter Erde* wird hier *gespiegelt.* Hermann Meyer schreibt: »Das Mondprinzip auszubilden heißt, die Fähigkeit zu entwickeln, zu *fühlen*, zu *empfinden*, *seelisch zu lieben*, zu *geben*, zu *schenken*, zu *gewähren* und zu *empfangen*. Der Mond ist die über allem Dasein entspringende *Quelle*, aus der neues Leben fließt, wenn das alte verbraucht ist. Der Mond ist die *Regeneration*.«

Wer hier, in diesem Bereich seinen Weg gehen soll, der hat das ewige Geheimnis der *weiblichen*, der *mütterlichen Erneuerung* in sich aufzuarbeiten, der hat seine weibliche Seite zu durchwandern, denn nur sie bringt ihn zu seinem Teil der Schlange. Der diesbezügliche Slogan: »Ein Herz für Kinder«.

Löwe

23. Juli bis 22. August

Im Fortschreiten durch den Tierkreis hat die Sonne jetzt die Innenwelt betreten und war im Zeichen Krebs zutiefst beeindruckt von den Höhen und Tiefen der Bilder, die es dort zu entdecken galt. Wieder muß daraufhin eine Gegenbewegung stattfinden, wieder muß es einen Ruck geben und wieder schlägt die Ausdrucksbewegung in ihr Gegenteil um. Was nun ist das Gegenteil von Beeindruckt-werden? *Beeindrucken!* Und so verwandelt sich an der Grenze des Krebses das Gefühl der »Betroffenheit von innen her« um in das Geschehen der *Abstrahlung nach außen*. Das Gefühl, das bislang nur innen und nach innen wirksam war, wird jetzt nach außen geworfen als *Ausdrucksgeschehen*.

Der Löwe ist das zweite *Feuer*zeichen des Tierkreises. Die Energie des Widders, die gleichsam als Idee des zündenden Knalles, des zündenden Funken sich verströmte, verwandelt sich jetzt in die *beständige Glut*, in einen Glutball, der ebenso hell erstrahlt wie die *Sonne*, die das dem Löwen zugeordnete Planetenprinzip darstellt.

So, wie die Sonne nach außen *strahlt*, so strahlt das Prinzip des Löwen eine gleichmäßige Kraft nach außen ab, reine *Kraft des Ausdrucks*. Doch da wir uns immer noch im Gefühlsbereich befinden, werden unter dem Zeichen Löwe *Gefühle*, d. h. *subjektive Belange* nach außen abgegeben. Die innere Kraft des subjektiven Daseins, des »Hier in der Welt seins« wird nach außen gewendet. Das ist der eigentliche Nerv des Wortes »Emotion«, denn »movere« ist die »Bewegung« und e (= ex) heißt »nach außen«. Es geht um die Bewegung nach außen. Die Sonne ist da und sie strahlt.

Im Gegensatz zum Mond leuchtet sie aus eigener Kraft, und zwar mit einem *Selbstbewußtsein,* das nur derjenige aufzubringen vermag, der nicht befürchten muß, daß ihm die Energien ausgehen können. So wird der Löwe zur *personifizierten Lebenskraft,* seine Stellung in der Mitte (um die Sonne herum kreisen alle Planeten) läßt ihn immer *unmittelbar* präsent erscheinen. Es dreht sich alles um ihn. Und so sagt der Souffleur: »Sei Mittelpunkt.«

Natürlich macht es das für die anderen eminent schwierig, neben einem Löwen zu bestehen, und so wird ihm dieses hohe Maß an *Kraft,* an *Schöpfertum,* an *Kreativität* von den anderen oft verübelt. Sein großes *Selbstvertrauen,* seine *Unmittelbarkeit* (er ist immer *ganz da),* seine schon fast unverschämte *Direktheit,* sein fast gänzliches *Fehlen von Existenzängsten* läßt Neider ebenso aufkommen, wie es diejenigen Menschen anzieht, die sich gern im *Glanz* des Löwen aufhalten, damit ein Teil der *Pracht* auf sie übergehen möge. Du siehst es auch in der Natur: Im Hochsommer, der Zeit des Löwen, hat der Ausdruck der Lebenskraft seinen *Höhepunkt* erreicht.

Der Löwe ist eine Raubkatze, d. h., an der äußeren Welt interessiert ihn am meisten das, was sich *erjagen* läßt. Er hat kein Auge für die Dinge, die statisch sind. Alles Fixierte entlockt ihm nur ein müdes, gelangweiltes Gähnen, er sieht es gar nicht. Sein Interesse an der äußeren Welt ist deshalb so schwach, weil er in hohem Maße mit der *eigenen* Ausstrahlung beschäftigt ist. Erst wenn sich etwas bewegt (besonders jene Dinge, die sich von ihm fortbewegen) wird er hellwach. Jetzt wird sein *Beute*instinkt und sein *Spiel*trieb geweckt. Das gilt besonders für Partnerschaften. So wie die Katze die Mäuse nicht jagt, um sie zu fressen, so jagt der Löwe seinen Partner nicht, um ihn zu besitzen, um mit ihm gemeinsam alt zu werden, sein Interesse gilt dem *Jagen.* Hat er die Beute, so spielt er noch ein wenig damit, dann beginnt sie ihn zu langweilen.

Aus dem Jagen und dem Spielen ist auch eine weitere Lebensäußerung des Prinzips ableitbar: die *Sexualität.* Im Zeichen Löwe findet sich nicht etwa die Ehe – sie gehört eher ins 7. Haus (Waage) bzw. ins 2. Haus (Stier) – sondern die Fähigkeit, sich *sexuell auszudrücken.* Insbesondere der *Orgasmus* ist eine der tiefsten Formen, das *Selbst* auszudrücken. (Er gleicht von allen menschlichen *Ausdrücken dem Schrei des Löwen* am ehesten.)

In der Zusammenfassung stellt sich das fünfte Prinzip folgendermaßen dar: Es geht um den *Ausdruck des Selbst,* um *Lebenskraft, Vitalität, Ego, Individualität, Schöpferkraft, Dominanz, Ausstrahlung, Macht,* und das *Männliche* (das *Stolze, Herrschende).* Natürlich finden wir auch Formen wie *Dominanz, Prahlerei, Großspurigkeit, Angabe, Überheblichkeit,* eine starke *Selbstüberschätzung.*

Im Löwen finden wir erstmals die Entdeckung, welchen Genuß es bereitet, aus der eigenen *Subjektivität, aus dem eigenen Ego heraus zu leben.* Ein tiefes Gefühl der *Freiheit* und *Unabhängigkeit* ist mit diesem Prinzip verwoben. Man benötigt eigentlich niemanden, der einem dieses Gefühl vermitteln muß, es lebt aus sich selbst heraus, im Hier, im Jetzt. Es braucht *keine Planung, keine Vorsorge,* es ist das Prinzip der *Zeitlosigkeit.* Auch der Krebs lebt im Hier und Jetzt, doch er lebt hier, weil er immer gerade Seele bearbeiten muß, weil er immer gerade beeindruckt ist, so daß er vor lauter Bewegtheit gar nicht zum Planen kommt. Der Löwe lebt im Hier und Jetzt aus reiner Energie, aus reiner Kraft heraus. Warum sollte er sich sorgen um morgen oder gestern. Er weiß, morgen hat er noch ebenso viele Energien und so ist er immer *echt,* ist immer dort, wo er gerade steht. Das bedeutet nun freilich nicht, daß man ihn einplanen kann, denn das würde ja bedeuten, daß er morgen wieder da strahlt, wo er heute gestrahlt hat. Morgen ist er wieder ganz woanders auf seiner Suche nach Beute. Auch dann ist er wieder echt, wieder voller Kraft und er schert sich nicht darum, was er gestern gesagt hat. Festlegen läßt er sich überhaupt nicht. Und wenn er heute eine andere Meinung hat als gestern, wirkt er wieder *überzeugend* und voller Kraft. Wo die Sonne scheint, ist das Leben und die *Lebensfreude.* Und so gehört zu diesem Prinzip auch die *Farbigkeit* des Lebens, die *Buntheit* (der Expressionismus), *leuchtende Farben* in strahlender Pracht.

Wenn man den Löwen als Tier nimmt, dann sieht man den Inbegriff von Kraft und Freiheitsliebe. Er braucht keine Gruppen, kein Rudel, keine Partei – er genügt sich selbst. Und es ist die Idee jedes Löwen, *zu herrschen.* Das ist ein sehr tiefes Selbstverständnis aus der eigenen Subjektivität heraus: reines Ego. Das merkt man bis in die Haarpracht hinein, die meist füllig ist, eine *Mähne* gehört zum Löwen.

Sein Werbespruch: »Der Geschmack von Freiheit und Abenteuer«. Die eigene Subjektivität wird zum Maßstab aller Dinge erhoben: Ich bin wie ich bin. Ich bin heute so und morgen so und lasse mich nicht festlegen. Es geht um das Ideal der Selbstbehauptung, um das Abenteuer, die Individualität *expansiv* zum Ausdruck zu bringen. Körperlich ist das *Herz* diesem Prinzip zugeordnet und auf der Ebene der Metalle entspricht ihm das *Gold.*

Jungfrau

23. August bis 22. September

Wieder finden wir nach einem Feuerzeichen (Löwe) ein *Erdzeichen.* Wie schon der Stier die Kraft des Widders umgrenzt hat, so braucht auch der ungebremste vitale Antrieb des Löwen eine überlebensnotwendige Eingrenzung, um nicht vollends alles mit seiner Hitze zu verbrennen. Stell dir nur vor, der Sommer, die Zeit des Löwen, ginge unaufhaltsam weiter – alles Leben würde in seiner Hitze verdörren.

Und so geht es in diesem neuen Prinzip, das noch einmal die Welt der seelischen Entäußerungen zum Inhalt hat, darum, die *Seele auszusteuern.* Seelische Energien, die Sphäre der Gefühle, die im Krebs kennengelernt und im Löwen zum *Aus*druck der Subjektivität verdichtet wurde, wird jetzt zur *Grenzziehung zwischen Ich und Nicht-Ich* verwendet. Dieser Vorgang kann nur verstanden werden, wenn du weißt, daß die Jungfrau (das 6. Haus) das letzte Zeichen ist, daß der Ich-Seite zugehört. Im 7. Zeichen, der Waage, beginnt der andere, das Du (im eigenen Horoskop), und so ist Jungfrau dasjenige Prinzip, das über diese Grenzmarkierung wacht. Der Löwe war noch reines Ich, reine Subjektivität, für ihn existierte der andere nur als Accessoire für seine Einzigartigkeit; die Waage ist bereits das Du, in dessen Gefolge man seine eigene Subjektivität gern aufgibt. Die Jungfrau nun steht zwischen diesen beiden und muß *vermitteln.* Sie muß dem Löwen sagen: »Gerade uferst du aus« und der Waage klarmachen: »Ja, es ist schön, sich am anderen festzuhalten, aber du bist ein eigener Mensch.« So sitzt sie *zwischen den Stühlen* und bereitet den Übergang vom Ich zum Du vor. Sie versucht, beide Ansprüche, die sie in sich selbst findet, zu versöhnen. Das ist auch an dem ihr beigegebenen Planeten abzulesen, der wiederum der Merkur ist. Merkur ist der Mittler. Die Rolle der Jungfrau ist deshalb so schwierig zu bewältigen, weil sie sich eigentlich im *Niemandsland* aufhält. Sie ist das eine (Ich) nicht mehr und das andere noch nicht. Und so versucht sie, diese beiden Prinzipien, diese beiden Bereiche *auszusteuern,* zwischen beiden einen *Kompromiß* zu schließen. Doch Merkur symbolisiert sehr klar, daß sie damit keine Ruhe findet, sie ist *heimatlos* im Niemandsland. Sie ist immer damit beschäftigt, zwischen beiden Ambitionen eine Aussteuerung zustande zu bringen. Daß sie dabei dann noch ihre eigenen seelischen Anteile bewahren, ja ausdrücken soll, überfordert sie meist total. Gesund zu bleiben, hieße für sie, diesen inneren Kampf immer ganz bewußt (in sich) auszutragen, ihn aber auch den anderen gegenüber nicht zu verheimlichen. Und sie hat nur ein Gebiet, das ihr in diesem Unternehmen zur Seite steht: »die *intellektuelle Kraft* des Merkurs. Doch dieser Intellekt (dessen Heimat ja im ersten Merkurzeichen – Zwillinge – war) erhält, wenn die seelische Tiefe dazutritt, eine besondere Färbung, er verwandelt sich zur *Vernunft*. *Vernünftig* zu sein wird somit gleichsam zum Signum der Jungfrau. Und Vernunft ist immer das Ergebnis der Aussteuerung von zwei Seiten, es liegt kein Eigenwert in ihr.

So wird sichtbar, daß es unterschiedliche Arten gibt, der Welt gegenüberzutreten: der Zwilling tut es mit *Intellekt,* die Jungfrau mit *Vernunft,* der Schütze, wie wir später sehen werden, mit *Einsicht,* der Steinbock mit *Normen* und der Fisch mit *Glauben*. Daraus könnten wir lernen, daß keine Art besser ist als die andere – auch wenn in der *augenblicklichen historischen Situation* Zwillinge und Jungfrau zu überwiegen scheinen. Die Jungfrau ist also der *Rationalist* des Tierkreises.

Und weil sie in einer höchst ungemütlichen Zwangslage steckt (eingeklemmt zwischen zwei Impulsen), besitzt sie auch das *höchste Angstpotential* des Tierkreises. Ständig steht sie unter dem Druck, genau *aufpassen* zu müssen, immer sorgfältig auf der Hut zu sein, von beiden Ansprüchen keinen zu vernachlässigen. Irgendwie muß sich das Prinzip der Jungfrau ungeschoren zwischen den beiden Polen durchlavieren und so entwickelt sie ein äußerst kompliziertes Gebilde aus *Vorsorge, Planung* und *Vor-Sicht,* d. h. aus *Voraus-Schau*. Sie bringt es darin in kürzester Zeit zu einer wahren Meisterschaft, denn es gibt kaum etwas, was sie sich nicht bereits in ihren kühnsten Träumen (oder Angstträumen) ausgemalt hätte. Ihr Sensorium, ihre Sinnesleistungen empfangen – ganz im Gegensatz zum Löwen – noch die feinsten Signale, sie *sieht, riecht* und *hört* überdurchschnittlich gut, denn es gehört ja zu ihrem Thema, daß nichts von ihr unkontrolliert oder unbeobachtet stattfinden kann. So ist sie auch der beste *Beobachter* des Tierkreises. (Be-obacht-ung, in diesem Wort steckt bereits das »Hab acht«, das »Achtung«, das »Paß auf, daß nichts passiert!«) Und so behaupten manche Astrologen, daß man eine Jungfrau an den immer ein wenig zusammengekniffenen Augen erkennen könne.

Aus diesem Thema heraus werden Jungfrauen rasch zu sehr *geschickten Analytikern, versierten Beobachtern* und *sorgfältigen Planern,* und sie umgeben sich mit *vernünftigem Verhalten*. Landläufig wird behauptet, die Jungfrau sei *ordentlich* und je nach Gusto wird das positiv oder negativ (analer Charakter) bewertet. Man sollte freilich sehen, daß diese Ordnungsliebe nur eine abgeleitete Variable ist und keineswegs den Kern des Themas beschreibt, denn natürlich ist eine geordnete Welt leichter zu überschauen und *gegen Überraschungen* mehr *gesichert* als ein Durcheinander. Wenn sie ordentlich ist, so ist sie das aus Angst, aus dem Zwang, immer den Überblick behalten zu müssen. Ihre Denkrichtung ist das *Analysieren,* kein *Detail* entgeht ihr und alles wird in ein *theoretisches System* hineingepackt.

In diesem Zeichen ist ein Phänomen zu Hause, daß für eine ganze Reihe von Menschen zur herrschenden Doktrin geworden ist: das *wissenschaftliche Denken.* Wissenschaft ist eigentlich eine Kombination aus den zwei Zeichen Zwillinge und Jungfrau. (Daten werden gesammelt und in ein *wohlorganisiertes System eingeordnet* und daraus dann eine *Theorie* abgeleitet.) Es mag unüblich anmuten, doch jede Theorie beinhaltet das Thema »Vorsorge«, denn sie soll ja für zukünftige Geschehnisse ein Raster, ein gegen Überraschungen schützendes Erkenntnismuster liefern. Im eigentlichen Sinne soll ein Stück *Sicherheit* damit geliefert werden. Etwas, das man einordnen kann, ist ja nicht mehr so schrecklich beliebig.

Das Prinzip Jungfrau interessiert sich für das *Detail.* Das reicht bis zu so banalen Dingen wie zur Vorliebe für kleine Karos und kleinkarierte Stoffe (Pepita). Man kann das Prinzip aber ebenso daran erkennen, daß es gerne *schwarz sieht.* Es gehört zu einem Teil seines Lebensstils, daß es erst einmal alle Ereignisse in den *düstersten Farben* ausmalt und sich vorstellt, was alles passieren kann. Natürlich ist das Leben nicht immer so, aber sollte nun doch etwas passieren, ist die Jungfrau wenigstens *gewappnet* gewesen.

So lebt die Jungfrau in ständiger Beobachtung, Vorsorge und Planung, und es gibt dann dieses eigenartige Denkmuster, das bis ins Detail geht. Weshalb die Jungfrau auch der Erfinder der *optischen Linse* und des *Mikroskopes* ist, mit der alles *Kleine* noch *genauer* betrachtet und beobachtet werden kann. All das verleiht ihr ein Sicherheitsgefühl. Mittels Analyse muß sie herausfinden, wie die Dinge genau sind. Dies hat den Nachteil, daß ihr der Blick fehlt für die Gesamtheit, fürs große Ganze, das beim Zerlegen, beim Analysieren aus dem Auge verloren wird.

Das anschaulichste Bild für die Jungfrau – denn sie ist ja ein seelisches Zeichen – ist der *Psychoanalytiker.* In einer Position neben dem Geschehen (hinter der Couch) läßt er sich seelisch ein auf die minimalsten Äußerungen (kein Räuspern entgeht ihm) der gegenüber*liegenden* Seele (Du). Er beobachtet, hört genau hin, analysiert, indem er diese Äußerungen in seiner eigenen Seele (Ich) widerhallen läßt (Gegenübertragung) und anschließend versucht, auf eine Aussteuerung *beider* Seelen hinzuarbeiten. Wo Es war (die eigenen Triebe) und wo das Über-Ich lauert (die Forderungen des Du), soll Ich die vermittelnde Instanz werden. Und so wird der Psychoanalyse oft das vorgeworfen, was jeder Jungfrau vorgehalten wird: sie diene der *Anpassung*. Natürlich tut sie das, das ist ihre Aufgabe. Sie bildet einen *Kompromiß* zwischen den dunklen Forderungen der Seele und den einschränkenden Forderungen der Welt und diesen Kompromiß nennt sie »Ich« (im Triebmodell von Es, Ich und Über-Ich).

In den Bereich der Jungfrau fällt die *Sicherung des Lebens,* sie ist, wie Döbereiner schreibt, der »Warner des Tierkreises«. Sie ist geeicht auf *Krisenentdeckungen* und *Krisenmanagement*. So sind natürlich auch *Ärzte, Diagnostiker* und *Therapeuten* bevorzugt in diesem Zeichen zu finden. Als Werbespruch kann man jeden nehmen, der mit Angst und mit *Vorsorge* operiert, also z. B. »Hoffentlich Allianz versichert«.

Die herkömmliche Astrologie charakterisiert dieses Zeichen mit den Begriffen: »Dienen« und »Krankheit«. Und natürlich sind diese beiden Bereiche aus dem vorher Gesagten leicht abzuleiten. Jemand, der so sehr mit der Aussteuerung beschäftigt ist, kann nicht im Vordergrund stehen und Macher sein, und jede Art des Unausgesteuertseins schlägt sich bevorzugt als Krankheit nieder.

Der Souffleur sagt zu dir nur zwei Worte: »Paß auf!«

Waage

23. September bis 23. Oktober

Das Ich, jenes Ensemble von Persönlichkeitsanteilen, das meine psycho-somatische Person ausmacht, ist im Zeichen der Jungfrau zum Abschluß gekommen. Es beginnt jetzt jener Teil, den ich vermeintlich jenseits meiner Körpergrenzen vorfinde und der – die normale Weltsicht vorausgesetzt – nicht mehr als zu mir gehörig betrachtet wird. Da die herkömmliche Meinung davon überzeugt ist, daß meine Lebenswelt ein zufälliges Arrangement ist und sich damit beliebig veränderbar gebärdet, könnte ich die Betrachtung über *meine Person* hier beenden. Der Rest ist gleichsam »Welt« und gehört nicht mehr genuin zu mir. Esoterische Astrologie – und es läßt sich nicht vermeiden, dieses Wort hier einmal einzuführen – empfindet hier ganz anders: Es gibt ebenso viele Welten wie es Menschen gibt, die hienieden leben. Oder, was nur eine andere

Formulierung ist, jeder lebt in seiner Welt. Und jede Welt besitzt einen vollständig anderen Strukturaufbau.

Es ist für jeden leicht nachvollziehbar, wenn man sagt, jede Persönlichkeit (dargestellt in den Zeichen Widder bis Jungfrau) sei einzigartig, es gäbe nicht zwei Menschen in diesem Universum, die gleich sind. Die meisten Menschen können diesem Satz leicht zustimmen, weil er dem Ego ganz gut gefällt. Sagt man jedoch, daß das, was wir »Welt« nennen, den gleichen Kriterien unterliegt, daß die Welt eines jeden Individuums einzigartig sei und es nicht zwei Individuen gibt, die in derselben Welt leben, so wird rasch Angst frei. Bedeutet es doch – zu Ende gedacht –, daß sich jeder von uns absolut und total allein in seinem Kosmos aufhält. Der Gedanke gar, daß es nur einen Menschen gibt, der für meine Welt die Verantwortung trägt, nämlich mich, löst schnell ein Frösteln aus. Dann wäre es ja am Ende so, daß ich meine Welt nach meinem Bild forme, gemäß der Bauernweisheit: »Wie ich in den Wald hineinrufe, so schallt es heraus.« Da ist es schon leichter, die wissenschaftliche Weltsicht beizubehalten, also bei der Jungfrau stehenzubleiben und zu sagen: »Alles, was da draußen ist, wird von einem mir leider nicht zugänglichen Geschick (dem wir gern den Namen ›Zufall‹ geben) gelenkt.« Demgegenüber gehen wir davon aus, daß alles, was mit dem Zeichen Waage beginnt, nichts anderes ist als unserer *anderer Teil* (unser *alter Ego),* gleichsam die *Außenwelt der Innenwelt,* das, was in uns *noch nicht* vorhanden ist, oder auf die kürzeste Formel gebracht: *das, was uns fehlt.* (Weshalb der gesunde Menschenverstand zu den meisten Dingen, die ihm so von außen entgegenkommen, sagt: »Das hat mir gerade noch gefehlt.«)

Die Waage ist der *erste Teil der Außenwelt,* der mir entgegentritt. Beginnt im Widder das Ich, so beginnt dem Widder genau gegenüber (in »Opposition« sagen die Astrologen) in der Waage das Du. Geht in der Jungfrau das Ich zu Ende, so beginnt in der Waage unser anderer Teil. Und da wir nun einmal Mensch sind, begegnet uns auf der anderen Seite der *andere Mensch,* der, der mir fehlt. Wenn ich im Widder in die Durchsetzung gehe, so geht in der Waage der andere (in mir) in die Durchsetzung. Freilich sieht es so aus, als käme er mir von draußen entgegen.

Und so beherbergt und symbolisiert das Zeichen Waage jenes Bündel von Menschen, denen ich so im Laufe meines Lebens *begegne.*

Das Prinzip der Waage ist nun freilich noch um einiges abstrakter. In seinem Zentrum stehen *Ausgewogenheit* und *Ausgleich.* Am Bild einer ganz realen Waage (als Meßgerät) wird das leicht deutlich. Du sitzt in einer Waagschale, und durch die einseitige Belastung wird die Waage nach unten gedrückt. Willst du da nicht verharren und zum Stillstand kommen, so beginnst du, Magie zu betreiben. Du zauberst unbewußt jene Menschen herbei, die sich dir gegenüber in die Waagschale werfen, damit ein Ausgleich geschaffen wird und du *in die Mitte* kommst. Im Zeichen Waage rufst du das *Andersartige* herbei.

Und weil man sich mit dem anderen, mit dem Andersartigen primär erst einmal über das *Denken* auseinandersetzen kann, ist ein wesentlicher Teil des Prinzips der *Ausgewogenheit* dem Denken vorbehalten. Du kannst auch sagen den *Vorstellungen*. Du kannst den anderen nur integrieren, sich nur mit ihm auseinandersetzen, indem du dich im Denken mit ihm beschäftigst, indem du ihn im Geiste hineinnimmst, indem du deine Vorstellungen, d. h. deine *Denkräume* erweiterst.

Es geht also in diesem Zeichen bzw. im Anfang des 3. Quadranten um die *Herausforderung von außen*, um ein Anderssein, und du kannst dir das so vorstellen, daß du (im Laufe vieler Leben) zahlreiche Anteile der eigenen Person an das Außen abgegeben hast. Jetzt irren diese Teile im Außen herum und du mußt sie suchen, um sie wiederzubekommen.

Das Ich hat hier die Aufgabe, damit fertigzuwerden, daß es den anderen gibt und es versucht das, indem es einen Ausgleich zwischen diesen beiden Polen herstellt. So muß das Ich den anderen, der erst einmal unerkanntes Ich ist, auf die Waagschale bekommen.

Das mutet ähnlich an wie das Thema der Jungfrau, doch ihr Problem war es, daß sie sich an die Welt anpassen mußte. Die Waage soll gerade keinen Kompromiß bilden, sondern einen ausgleichenden *Austausch*. Und so ist das Prinzip der Waage ebenso das Prinzip der *Harmonie;* denn wenn ein Arm oben ist und der andere unten, dann ist die Harmonie gestört, es gibt ein Ungleichgewicht. Und weil die Suche nach Harmonie seit alters her dem Planeten Venus zugeordnet ist, regiert Venus ebenfalls die Waage. Doch noch aus einem anderen Grund ist Venus hier an ihrem ureigensten Ort. Das älteste Hilfsmittel, den anderen zu mir zu holen, ist jener magische Bindungszauber, den wir LIEBE nennen. Mit dieser Art Magnetismus ist unsere andere Waagschale aufgeladen. Hier soll der andere ja hin, also hat sich die Natur etwas einfallen lassen. Das Prinzip der Waage strebt also nach Harmonie und – daraus abgeleitet – nach *Schönheit, Ästhetik, Kunst, Musikalität* (ebenfalls Lock-Phänomene, die die Leistung des Ausgleichs vollführen helfen sollen) und ist stets bemüht, beide Waagschalen in die Gerade zu bringen.

So muß sich das Prinzip immer die *Position der Unterlegenen zueigen machen,* damit der jeweils schwächste Pol so geladen wird, daß er in den Ausgleich kommt. Aus dieser Problemlage heraus, darf man von der Waage natürlich *keinen eigenen Standpunkt* erwarten. Sie muß ja jeweils den unterlegenen Standpunkt vertreten. Und so erscheint sie wie ein Fähnchen im Winde. Manche halten so etwas für *Opportunismus,* denn sie wissen nicht, daß die Waage sich einfach keinen eigenen Standpunkt leisten kann. Sie wäre ja sofort im Ungleichgewicht, denn wer würde jetzt den anderen Pol vertreten?!

Harmonie heißt immer »sowohl als auch«, und aus dieser inneren Prinzipienlosigkeit erwächst eine gravierende *Handlungsschwäche.* Die Waage ist der Meister der *gedanklichen Planspiele.* Das tut sie so lange, bis jede Handlung zu spät kommt, und da sie das weiß, kann sie es gleich unterlassen zu handeln. Sie denkt und denkt und denkt. So kann man jeder Waage sofort Angst einjagen, wenn man sie zu einer *Entscheidung* zwingt. Sie ist der geborene Taktiker, sie überlegt, bedenkt, erwägt, plant, um nur nicht handeln müssen!

Durch das Hereinnehmen des Andersartigen werden im Laufe der Zeit die Ich-Grenzen der Waage erweitert. Man verlängert das, was man ist, durch die Hereinnahme des anderen. Denkt man sich dieses Phänomen einmal auf einer ganz banalen Ebene, so gibt es waagetypische Ich-Erweiterungen in den Bereichen *Frisur, Mode, Make-up* und *Schmuck.* Das sind die *materiellen Formen der Ich-Erweiterung.* D. h., man verlängert sein Sein durch etwas, was nicht mehr zum Ich gehört, nach außen. Und so ist die Modebranche ein bevorzugter Aufenthaltsort für dieses Prinzip. Denn die Waage umgibt sich als typisches Venuszeichen mit Schönheit und *will selber schön sein.*

Durch das Einbeziehen des anderen kommt es in diesem Zeichen zu einer hohen *Aufgeschlossenheit, Herausforderbarkeit* und *Sensibilität* für das andere. Man kümmert sich ständig um das andere. Es ist eine gedankliche Empfänglichkeit, eine Empfänglichkeit für *Ideen.* Ideen, die zum Ausgleich drängen. Im Zeichen Waage (ebenso im 7. Haus) können wir ablesen, welcher Art *Beziehungen* und *Begegnungen* mit *Liebespartnern, Freunden* und *Geschäftspartnern* stattfinden; wir erhalten keine Aufschlüsse darüber, wie sie ausgehen. Und weil die Waage ein Begegnungstypus ist, hat sie auch ein gerüttelt Maß an Problemen in ihren Begegnungen. Die Waage sucht sich natürlich oft den Partner, der die Ergänzung darstellt im Sinne der beschriebenen Gegenpolarität. Daher gerät sie häufig an den Widder, der handelt, wo sie nur denkt, der drauflos entscheidet, wo sie noch lange am Zögern und Taktieren ist. Aber das ist ihr Thema, und den Souffleur hört sie sagen: »Wäge ab!«

Eines der großen Probleme dieses Prinzips sind seine *Aggressionen.* Sie sind der Schatten der Waage, da sie ja die Harmonie auf ihr Schild gehoben hat. Es gehört zu den Regeln organischen Lebens, daß alles, was man nicht lebt, Schatten wird. Bei der Waage sammelt sich von klein auf Aggressivität an, kommt in einen großen Behälter mit einem festen Deckel drauf und muß sich irgendwann einmal Ausdruck suchen. Und so kommt es mitunter zu *gedanklichen Grausamkeiten* heftiger Art. Doch da sie nicht selbst Hand anlegen kann, wird sie gern zu einem *Schreibtisch-Täter,* d. h., sie kann sich am Schreibtisch ausdenken, wie man Millionen von Menschen ökonomisch elegant auslöscht (und mitunter darf sie das sogar tun). Sie selbst kann aber keiner Fliege etwas zuleide tun. Ihr würde schlecht dabei. Der *geplante Mord als Idee* ist eines ihrer Themen. Ihr Werbespruch: »Füreinander – miteinander.«

Zusammenfassend gehören zu dem Prinzip der Ausgewogenheit und des Ausgleichs folgende Assoziationen: Harmonie, Liebe, Denken, Begegnung, Sympathie, Schönheit, Vermittlung, Verständigung, Taktik, Strategie, Stil, Schmuck, Kunst, sinnliche Wahrnehmung, Genuß, weibliche Sexualität (im Gegensatz zur männlichen, die eher vom Widder und dem Löwen verkörpert werden).

Skorpion

24. Oktober bis 22. November

Die Außenwelt der Innenwelt hat begonnen, der Mensch ist begegnungsfähig geworden und hat sich in der Welt gefunden als der andere Mensch. Er hat im 7. Zeichen die Herausforderung angenommen, jetzt beginnt das 8. Zeichen und setzt die »Welt« folgerichtig fort. Doch hier begegnen mir nicht mehr Menschen, sondern das, was nach der Begegnung mit dem Menschen übrigbleibt. Und das ist die *Idee,* das *Ideal.* Als Prinzip: Es geht um *Prinzipien.* Alles, was mir im Zeichen Waage begegnet ist, festigt sich im Zeichen Skorpion zu einer Idee, an der ich mich *idealisiert – leitbildhaft,* wie Döbereiner es ausdrückt – orientiere. Jetzt geht es um meine *Verbindlichkeit,* meine *Verpflichtung an die Idee als abstrak-*

tes Gebilde. Folgte die Waage noch dem Menschen aus Fleisch und Blut, so orientiert sich der Skorpion an der *blutleeren Idee.* Darin liegt natürlich eine Konsequenz. Jede Verhaftung an eine Idee hat die Tendenz, alles, was dieser Idee zuwiderläuft *auszumerzen, auszulöschen, umzuwandeln.* Und so ist der Skorpion ein Prinzip, das alle Abweichungen (von seinem reinen Himmel der Ideen) bekämpft. Und diesen Kampf führt er erst einmal *gegen alles Lebendige.* Denn das Leben mit seinen pausbäckigen Zufälligkeiten, mit seinen Schwächen, Unzuverlässigkeiten und Unwägbarkeiten, ist die größte Abweichung von der Idee. Dort, wo Lebendiges sich zeigt, kommt der Skorpion – oder der Pluto, der als Planet dieses Prinzip darstellt – und will es vernichten, will es auf dem Altar der Ideen *opfern.* Das Lebendige stört ihn. Er möchte dorthin, wo die Welt in Gedanken *rein,* wo das Prinzip *klar* ist. So versucht er, sich von der Wirklichkeit des Lebens möglichst weit zu entfernen, ja, er ist der Feind des Lebens, der Anti-Bios. Seine Stellung im Jahr – inmitten des Herbstes – zeigt diesen *Sterbeprozeß* sehr deutlich. Die Pracht der Natur (im Zeichen Löwe) verfällt, die Blätter welken, das Leben zieht sich zurück. Es ist noch nicht tot, aber der Sterbevorgang ist bereits eingeleitet. Wollte der Löwe sein Ego leben, so ist der Skorpion damit beschäftigt, das Ego zu überwinden. Das ist jedenfalls *seine Idee:* Er will den *Tod des Egos.* Das ist sein eigentliches Leitbild. Aber es ist noch Ego da (noch sind nicht alle Blätter gestorben), und jetzt beginnt der Kampf, der sich darum dreht, das Ego zu *opfern.* Und so beginnt eine Kette von *Kasteiungen.* Wir finden hier das Bild des asketischen Mönches, der sich selbst freiwillig Qualen auferlegt, damit die größere Qual, noch ein Ego zu haben, bald beendet sein möge. Aus diesem Grunde betritt der Skorpion oft die *Extreme des Lebens.* Seinem Leitbild folgt er mit totaler *Hingabe,* ja, mit der Tendenz zur *Selbstaufgabe* und *Selbstaufopferung,* und er ist entweder im tiefsten Schwarz oder im höchsten Weiß (oft sogar in seiner Kleidung). Die Mitte, das rechte Maß, um das die Waage lebenslang gerungen hat, hat der Skorpion verlassen. Er ist total auf einen Pol der Waagschale gesprungen und verkörpert jetzt ein reines Schwarzweißdenken. Verächtlich blickt er auf jene herab, die versuchen, irgendwo zwischen den Extremen ihren Standort zu finden. »Sein oder Nicht-Sein, das ist hier die Frage.« Seine Maxime: *Die Schwächen müssen überwunden werden.* Seine großen Helfer sind: *Askese, Reinigung, Läuterung, Fegefeuer.*

Pluto ist der Gott der Unterwelt. Er beherrscht das tiefe mineralische Reich des Hades, in dem keine Pflanze, kein Leben mehr gedeiht (und wenn doch einmal ein Baum auftaucht, so ist er die Verkörperung der verkrüppelten Seelen von Habgierigen), und der Skorpion weiß eine Menge über dieses zutiefst gefallene Reich, das von gestrauchelten Seelen und gestürzten Engeln bevölkert ist.

Der Skorpion *abstrahiert die Wirklichkeit* und macht aus ihr eine Idee; denn jede Idee hat für ihn den Vorzug, daß sie verläßlich ist, während allem Lebendigen eine hohe Unsicherheit und Abweichungsmöglichkeit anhaftet. Es geht ihm um den *reinen Archetypus,* die reine Idee, dort will er hin. Und es gehört zu den größten Problemen des Prinzips, daß die Natur sich nicht so verhält wie seine Idee über sie. Er verkörpert das Ziel, *frei zu werden von Emotionen,* die doch leider – er ist ein Wasserzeichen – tief in ihm verwurzelt sind: »Ein Indianer kennt keinen Schmerz!« Auf der abstrakten Ebene finden wir im Zeichen Skorpion die *Umwandlung,* die *Metamorphose,* das *Stirb und Werde und den Tod als Voraussetzung für eine Wiedergeburt.* Aus dieser Tiefe heraus werden auch die Ängste der anderen verständlich. Sie sehen in diesem Zeichen einseitig das *Zugrundegehen* und nicht, daß darin Platz geschaffen wird für die Errichtung des Neuen. Der Phönix kann eben nur aufsteigen, wenn vorher alles zu Asche zerfallen ist. Es ist eine sehr einseitige Betrachtung, das 8. Zeichen als das *Zeichen des Todes* zu sehen, so als ob dort nur der persönliche Tod anzutreffen wäre. Wahr ist, daß in diesem Zeichen all die Tode liegen, die der Mensch *während seines Lebens* erlebt, damit er immer neu geboren werden kann. Denn alles, was stirbt, gehört zum Überkommenen, zum Überfälligen, und erst nach diesem Tod ist Platz für das Neue. In diesem Zeichen findet der *Tod einer Struktur* statt, wenn »eine Gestalt des Lebens grau geworden ist«. So bedeutet auch Pluto immer die *Umwandlung,* den alchimistischen Schmelzofen, der eine neue Potenz ins Leben entlassen möchte.

Doch weil dieser Sterbeprozeß, dieses Loslassen, so unglaublich schwierig ist, finden wir den Skorpion erst einmal auf der unbewußten Ebene, und hier leidet er offenkundig – freilich auch mit großem Genuß. Er leidet auch deshalb, weil er so perfekt seinem Leitbild nachstrebt, weil er so buchstabengenau entsprechend seinem entworfenen Ideal leben möchte, daß darin das Scheitern bereits vorprogrammiert ist. Jetzt schlägt das Bild um (»Ich bin ein Versager«) und mündet in *Selbstanklage.* Dann schon lieber ein heldenhafter Selbstmord, wie wir ihn prototypisch vom Skorpion-Land Japan kennen. Harakiri als der genußvolle Selbstmord und Kamikaze als der aufopferungsvolle Selbstmord sind reine Skorpion-Erfindungen.

Bevor Pluto entdeckt wurde (1930), herrschte im Zeichen Skorpion der Planet Mars – jedoch der nach innen gewendete Mars, der den Stachel auf sich selbst gerichtet hält. Er sucht immer die Wunde bei sich – aber auch bei anderen. Auf Probleme ist er geschult, ja, er wühlt geradezu in ihnen. Und mit großer Sicherheit findet er überall den schwachen Punkt. Pluto symbolisiert das Prinzip des gestürzten Engels – das *Dämonprinzip*. Ebenso steht er in Verbindung mit der *Magie,* denn Magie hat damit zu tun, daß der Mensch lernt, eine Idee so sehr zu *wollen,* daß er sie allein mit seinem Willen in die Erscheinung zwingt. Aber natürlich liegt hierin auch wieder ein Grund, daß die anderen Zeichen sich vor dem Skorpion fürchten oder sich zumindest verunsichert fühlen. Der Souffleur hat nämlich zu ihm gesagt: »Dein Weg führt durch das Dunkle der menschlichen Seele.« Und so haben Skorpione es nicht eben leicht mit sich. Es gibt immer einen Einbruch von Unsicherheit, man sieht es an ihrem Werbespruch: »Schluckimpfung ist süß . . .« (und dann wird die Musik disharmonisch).

In diesem Prinzip stellt sich ein hoher *Machtanspruch* verbunden mit dem *Wunsch zur Selbstüberwindung* gleichzeitig dar, und beides ist nicht eben leicht zu vereinigen.

Schütze

23. November bis 21. Dezember

Wir sind jetzt im letzten Zeichen des dritten Quadranten, im letzten Zeichen, das die *äußere Welt des Geistes* abbildet. Es fragt sich, was hier in diesem Reich aufbewahrt liegt, wenn die *Menschen* (Waage) und deren *Ideale* (Skorpion) bereits behandelt sind? Nun, zunächst einmal der ganze Rest; eben das, was übrigbleibt. Und das ist die ganze *weite Welt.*

Hat der Geist sich im 8. Zeichen sehr eingegrenzt, hat er sich in die Enge der Prinzipien begeben, so erfolgt jetzt als Gegenbewegung die *Ausweitung* – fast schon hinein in die Konzeptlosigkeit. Andere Synonyme für dieses Prinzip: *Expansion, Entwicklung, Fülle.*

An dem Begriff »Fülle« sehen wir schon, daß dieses Wort leicht mit dem Wort »Glück« verbunden werden kann. Aus diesem Grund wird auch das in Analogie zu Schütze und dem Planeten Jupiter stehende Haus das »Haus des großen Glücks« genannt. Fülle, *Ausdehnung,* Ausweitung, diese Aktivitäten werden von uns eben leicht als Glück wahrgenommen. Und so korrespondiert das Bild des Glücks mit dem Bild des *Füll*-horns.

Doch wir sollten sehen, daß Glück nur eine Ableitung ist aus dem viel umfassenderen Begriff der Ausweitung, der *Weite*.

Hatte der Skorpion noch so viel zu kämpfen, damit sein Ego frei und seine Emotionen überwunden wurden, so ist im Schützen davon nichts mehr zu spüren. Seine Emotion ist überwunden, sein *Ego befreit*. Und aus diesem Grund kann seine Sehnsucht außerhalb seiner selbst liegen.

Das, was vorher Ego war, ist jetzt nach außen verlagert: Seine *Sehnsucht ist die Weite*. Aber dieses Fernweh ist ebenfalls eine Idee (wir sind noch im dritten Quadranten), und d. h., *gedanklich* sollen Weiten erreicht werden.

Und wenn man mitunter von diesem Zeichen als dem Thema der *großen Reise* spricht, so sollte man doch wissen, daß hier nur die Oberfläche des Prinzips berührt wird, denn eigentlich geht es Jupiter um die *Weite der Innenreisen*.

Jupiter und Schütze haben als dem Feuerelement zugehörige Symbole ein ähnliches Selbstgefühl wie der Löwe, d. h. sie erheben einen *Größenanspruch*. Jupiter (griechisch: Zeus) ist der *Vater der Götter*, er steht an ihrer Spitze. Und so hat dieses Zeichen auch die *Beweglichkeit* der Feuerzeichen in sich. Immer in *Expansion*, immer in der *Ausbreitung*, nur keinen Stillstand, so erreicht dieses Zeichen Weiten, die den vorherigen Zeichen – auf Grund ihrer subjektiven Verstrickungen – noch nicht möglich waren.

So geht es im Schützen um die *Weite der Sinngebung*, die Weite der *Religion*, der *Philosophie*, es geht um *Toleranz*, *Würde*, *Ethos*, es geht um die Weite der *Menschenliebe*, der *Hilfe*, der *Weisheit*. Und da das Zentrum des Schützen im Außen liegt und seine Größe die *Einsicht* ist, so finden wir hier auch besondere *Einsichten in die seelische Welt des anderen Menschen*. Er *versteht* fremde Seelen, fremdes Leben, und so wird er leicht zum *Führer fremder Seelen*, zum Seelenführer, den wir heute gern *Psychologen* oder *Psychotherapeuten* nennen. Idealtypisch ist im Zeichen Schütze der *Sport* zu Hause, insbesondere der *Reitsport*. Doch auch hier können wir sehen, daß der Sport eine besondere Form ist, dieses Prinzip der Weite total im Außen zu leben und zu lernen. Denn auf diesem Feld besteht die Möglichkeit, jene Attribute in der *Aktivität* zu lernen, die das eigentliche Ziel des Schützen sind: *Toleranz*, *Selbstbewußtsein*, *Offenheit*, *Vorurteilslosigkeit*, *Großmut*, *Optimismus*, *Güte*, und *Einsicht*. Natürlich ist der Sport auch geeignet, die hohe *Getriebenheit*, den hohen *Bewegungsdrang* aller Feuerzeichen (in den ersten Jahrzehnten der Lebenszeit) abzudecken. Denn man findet den Schützen immer in Bewegung, von einem Trainingslager zum nächsten, von einer Idee zur anderen, vom alten Bewußtseinszustand zum neuen. Und immer hat er dabei die *große Linie,* die *große Idee,* den *großen Wurf,* die *große Weite* im Auge. Auf geistiger Ebene sucht er die großen Zusammenhänge und als Sportler träumt er insgeheim vom Weltrekord. Diese Eigenschaft bringt freilich ein Problem mit sich. Weil der Schütze immer nur die übergeordneten Dinge sieht, hat er *keinen Blick für das Kleine.* Den hat ja die Jungfrau – 90 Grad vom Schützen entfernt. Und da den Schützen das *Detail nicht interessiert, wird er schnell (besonders von der Jungfrau) als arrogant* empfunden. Doch man sollte sehen, daß der Schütze einfach nur die große Linie kennt, ebenso wie die Jungfrau nur den kleinen Punkt. Für alle Dinge unterhalb der großen Perspektiven hat der Schütze kein Sensorium, während es bei der Jungfrau umgekehrt ist. Arroganz ist also mitunter eine Frage des jeweiligen Blickwinkels, d. h., von welchem Tierkreiszeichen aus man schaut. Der Schütze sieht die Dinge in ihrer *Ganzheit.* Sein Schlagwort ist *re-ligio,* die Rückverbindung nach dort, woher wir kommen. Und so singt der Souffleur die Strophe eines alten Liedes: »Wem Gott will rechte Gunst erweisen, den schickt er in die weite Welt...«

Zu den Problemen dieses Zeichens gehört es, daß die *Ausdehnung* oft übertrieben wird; es kommt dann zu einer *Selbstüberladung,* man wird *barock,* mitunter sogar auf der körperlichen Ebene, wo man es als *Fettleibigkeit* erlebt. Möglicherweise häuft man Bücher zu riesigen Bibliotheken an, aus denen dann freilich nichts mehr gelesen wird. Oder man unternimmt Weltreisen und ist pausenlos unterwegs, kann aber die Eindrücke gar nicht mehr verarbeiten. So findet der Schütze mitunter keine Grenzen mehr, seine Expansion ufert aus, er *übertreibt, überschätzt sich,* wird *großspurig, pathetisch.* Seine strukturelle Ähnlichkeit mit dem Zeichen Zwillinge (das sein Schatten ist) springt ins Auge. Der Zwilling will den konkreten Außenraum erkunden, während der Schütze den abstrakten inneren Raum durchmessen soll. Als Haupteigenschaft wird gern seine *Toleranz* genannt, gemäß dem Motto »Alles verstehen heißt alles verzeihen«. Doch dieses Attribut – so sehr es ihm auch zugehört – will erst erarbeitet sein. Im Anfang erscheint es so, als wäre er tolerant. Doch da ihn nur *das Große* interessiert, kann er im Kleinen leicht tolerant sein. Er versteht die Schwächen der anderen deshalb so gut, weil er selbst damit nichts zu tun hat. Und so ist seine Toleranz lange Zeit erst einmal *Desinteresse.*

Sein Werbeslogan: »Der Duft der großen weiten Welt«.

Steinbock

22. Dezember bis 20. Januar

Mit dem 9. Zeichen ist die Welt der Erscheinungen endgültig beendet, das Ego ist überwunden, es beginnt ein neuer, letzter Abschnitt im Tierkreis.

In den letzten drei Zeichen bereitest du dich auf dein *Fortgehen* vor, auf die *Überwindung der Form* insgesamt. Doch jetzt soll nicht dein Ego überwunden werden, sondern du als Individuum selbst. *Mitsamt der Welt* soll deine Individualität in den letzten drei Zeichen wieder *aufgelöst, aufgehoben* werden. Sie ist entstanden, sie muß wieder vergehen.

Möglicherweise überdauert deine Individualität im Bewußtsein der anderen als ein Ergebnis deines Lebens, doch du selbst wirst dich überwinden. Du siehst es allein daran, daß die letzten drei Zeichen kein Feuerelement mehr enthalten. Jeder der Quadranten vorher trug als Ausdruck der schöpfenden Kraft ein Feuerelement in sich. Der erste Quadrant an erster Stelle (Widder), der zweite Quadrant an zweiter Stelle (Löwe), der dritte Quadrant an dritter Stelle (Schütze), aber der letzte Quadrant enthält nichts Schöpferisches mehr, nurmehr Verdichtendes und Lösendes.

Doch um ein Thema zu lösen, muß es sich vorher ein letztes Mal *verdichten,* und so beginnt das erste Zeichen des letzten Quadranten mit einem Erdelement. Der Steinbock mit seinem zugehörigen Planeten *Saturn* (und dem 10. Haus) faßt alle vorherigen Zeichen noch einmal zusammen und *verdichtet sie zu einer Struktur.* Am deutlichsten wird das, wenn wir uns die Fortführung des Zeichens Schütze vergegenwärtigen. Dieses Zeichen, das sich geistig verströmte, das ausufern konnte in seiner inneren Reise, das die Fluten seiner inneren Einsichten kaum noch koordinieren konnte, dieses Zeichen fordert eine Gegenbewegung ja geradezu heraus. Ebenso wie der Widder als Gegenbewegung den Stier und der Löwe als Gegenbewegung die Jungfrau auf den Plan brachte, so begegnet dem Schützen jetzt als Haltepunkt der Steinbock. Und der stellt lapidar fest: »Du bist jetzt weit genug ausgeufert, jetzt komme ich und sorge dafür, daß du dich auf das *Wesentliche* konzentrierst. Ich schneide dir das *Unnötige* weg. Ziehe dich zusammen, verdichte dich. Gebe dir *Struktur, Ordnung, Form.* Gebe dir *Regeln* und *regele dich auf dein Maß hin.*

Bisweilen, wenn du hier nicht zuhören willst, wirst du schmerzhaft in die Steinbock-Ordnung gezwungen. Und so tritt der Steinbock auf und *formiert das äußere Leben* und seine Zusammenhänge. Doch der Steinbock hat *kein persönliches Interesse* an der Ordnung, sondern ihm geht es um die Regelhaftigkeit des allgemeinen Lebens und dieses ist den Individuen übergeordnet. Es geht um das menschliche Ganze, das *große Ganze*. Eine Ableitung davon ist die Ordnung des Staates. Es werden hier *Strukturen* gesetzt, die für die *Gemeinschaft* wichtig sind. Der Steinbock bildet so gleichsam die *Klammer,* die das Ganze zusammenhalten soll. Er setzt die *Norm,* den Maßstab, der für die Gemeinschaft verbindlich werden soll. Er tut das nicht emotional, nicht persönlich, sondern aus der Position des »man sollte«. So werden *Gesetze* nach außen gestellt, denen sich der einzelne zu unterwerfen hat. Aus der Sicht des Steinbockes muß »man dafür sorgen, daß man sich richtig verhält. Und so *regelt* er und *greift ein.* Er ist ein Herr Knigge, der die Umgangsformen regelt, ein Herr Duden, der die Sprache regelt. Er ist der Chef des Protokolls. Er setzt Maßstäbe, er regelt und wenn es nicht zu vermeiden ist, maßregelt er auch, züchtigt er – doch immer absolut überindividuell.

Es ist fast so, als ob es in diesem Zeichen noch einmal ein Aufbäumen gibt, das (in neun Zeichen) Erworbene doch noch irgendwie *zusammenzuhalten,* denn man spürt ganz deutlich, dahinter liegt die Anarchie, das Chaos. Und so tritt ein sehr starker Herrscher auf den Plan – Saturn –, der das *Überflüssige,* das *Spielerische* wegschneiden muß. Da gibt es natürlich beim Schützen eine Menge zu schneiden. So wird Saturn, der als Symbol für das Gesetz steht, zunächst einmal sehr gefürchtet. Man weiß sehr genau, daß er Grenzen setzt, einengt, normiert und *reduziert.*

So ist er schon von alters her Sinnbild für das *Konservative,* für die *Verfassung,* für das *Althergebrachte,* den *status quo,* für die *Ordnung.* Saturnprozesse sind *langwierig* (»chronisch« leitet sich vom griech. Chronos = Zeit her). Saturn herrscht über die Zeit. Hierin finden wir den Grund dafür, warum der *Tod,* der Mann mit der Sense, im Mittelalter immer mit einer *Sanduhr* dargestellt wurde. Das ist Chronos-Saturn. Er will deutlich machen, daß alles Irdische dem Zerfall ausgeliefert ist, daß alles Sichtbare brüchig wird.

Saturn ist der Herrscher über das *Alter.* Er verleiht *Härte,* baut *Widerstände* auf. Er wird assoziiert mit *Hemmung, Mangel, Verzicht* und *schwerer, harter Arbeit.* Er *verzögert* und *kristallisiert.*

In seinem Zeichen finden wir die *dunkelste Nacht des Jahres,* jene Nacht, die am längsten dauert und in der nach alter *Überlieferung* das Licht, d. h. der Gottessohn geboren wird. Und eben weil er der Herrscher über die Zeit ist, ist er sehr unbeliebt. Die Zeit ist ja der große Formgeber, der große Gleichmacher, vor der Zeit sind alle

Menschen gleich. Menschen mit starkem Saturneinfluß rechnen mit der Zeit. Sie sind meist *ernst* und *gewichtig*. So steht auch die Schwerkraft unter dem Einfluß Saturns. Darum ist alles, *was sich der Erde zuwendet,* saturnisch. Auch hier liegt eine Begründung dafür, daß er als *Planet des Todes* gesehen wurde, denn der Tod ist ja die absolute Manifestation der Zeit.

Goethe hat das Prinzip des Saturnischen in der Gestalt des Mephisto sehr präzise mit folgenden Worten beschrieben:

Ich bin der Geist, der stets verneint,
und das mit Recht; denn alles was entsteht
ist wert, daß es zugrunde geht,
drum besser wär's, daß nichts entstünde.
So ist denn alles, was ihr Sünde,
Zerstörung, kurz das Böse nennt,
mein eigentliches Element.

Doch dieser Saturn hat ein Doppelgesicht, er kommt mit seinen Plagen, und dem Menschen erscheint er deshalb lange Zeit nur böse, doch dann, eines Tages, sieht er, die Plage war das Beste, was ihm passieren konnte. Auch das sagt Mephisto, und es dauert lange, das zu verstehen:

Ich bin ein Teil von jener Kraft,
die stets das Böse will und stets das Gute schafft.

In seiner unerlösten Form ist Chronos-Saturn verantwortlich für *Strenge, Unduldsamkeit, Geiz, Gehemmtheit, Eingeschnürtsein, Isolation, Einsamkeit,* für *Trennungen* und für *Kontaktarmut*.

Und erst in der erlösten Form, d. h. wenn man das Prinzip verstanden hat, steht er für *Geduld, Ausdauer, Konzentration,* für den *Ernst* und für die *Strukturiertheit*. Er steht dann auch für den freiwilligen Verzicht, man denke an Humphrey Bogart am Schluß des Filmes »Casablanca«. *Askese, Einsamkeit, Alleinseinkönnen, Reinheit* und *Klarheit* sind weitere Stichworte.

Doch erst einmal und vor allem in jungen Jahren tritt er auf als *Last,* die man auf seinen Schultern zu tragen hat.

Da die Materie in diesem Zeichen ihre höchste Verdichtung erreicht, lastet auf dem Steinbock das Gefühl großer *Verantwortung*. Und so ist Saturn in der Tat ein *Hüter der Schwelle*. Erst wer ihn ganz in sich aufgenommen hat, wer ihn zu seinem *Verbündeten* gemacht hat, den läßt er passieren. Er ist das häßliche Stück *Kohle,* das erst unter dem Druck, der Hitze und der Reibung in Millionen Jahren zu einem *Diamanten* wird. Aber erst einmal ist es Kohle – *schwarz,* denn das ist die Farbe dieses Prinzips.

Wassermann

21. Januar bis 20. Februar

Wir sind im letzten Quadranten, in dem die Überwindung der Individualität angezeigt ist. Die Person, das was individuell noch durchtönt (»persona« heißt das »Durchtönende«), soll aufgehoben, soll erhoben werden. Und zwar im Sinne der Erhöhung der Schlange, denn auch darin verliert sie den Status, individuell zu sein.

Und während das 10. Zeichen damit beschäftigt war, überpersönliche Regeln und Normen aufzustellen, damit das Interesse des Ganzen (der Gattung) gewahrt blieb und der einzelne, der schon nicht mehr so wichtig war, sich dem unterordnete, so stellt das 11. Zeichen, Wassermann, eine Fortsetzung dieser Entwicklung dar. Der Steinbock symbolisiert die klare Linie, an die man sich zu halten hat, und der Wassermann (mit dem dazugehörigen Planeten Uranus) ist derjenige, der in jede Linie einen *Knick* macht. Er ist die *Befreiung aus der Geradlinigkeit.* Dieses Zeichen benötigt so sehr die Freiheit, daß es sich nicht mehr an die allgemeinen Regeln des Steinbocks halten kann. Der Wassermann ist ein *Luft*zeichen, d. h. dieses Prinzip braucht *viel Luft.* Sein Symbol ist das des *Vogelfluges* (Döbereiner).

Wo der Vogel will, da setzt er sich nieder, er muß aber jederzeit auch wieder wegfliegen können. Und so ist dieses Zeichen eine Verkörperung des *Freiheitswunsches.* Noch auf der oberflächlichsten Ebene erkennt man den Wassermann daran, daß er den Wunsch hat, überall die *Fenster und Türen aufzureißen.* Eine Ebene darunter liegt das Bedürfnis, verstaubte, *veraltete Strukturen aufzubrechen.* Die Auseinandersetzung, die zwischen Steinbock und Wassermann permanent im Gange ist, war sehr schön zu Beginn der Studentenbewegung an einem Photo zu sehen, das damals durch die Presse ging. Würdevoll schritten die Professoren in ihren Ornaten in die Eröffnungsfeier des Semesters, während vor ihnen einige Studenten gingen und ein Spruchband über die Köpfe der Ordinarien hielten: »Unter den Talaren der Muff von 1000 Jahren«.

So ist jede Revolte, jede Revolution ein Uranus-Thema, da jede Revolution das *Herkömmliche sprengen* will, und es ist eine schöne Illustration des Zufalls, daß Uranus just in dem Moment entdeckt wurde (1781), in dem die französische Revolution erstmalig das Thema *Freiheit, Gleichheit, Brüderlichkeit* einer erstaunten Weltgeschichte präsentierte.

Schauen wir uns die Logik des Wassermannes von seinem gegenüberliegenden Zeichen her an. Hier finden wir den Löwen, der mit dem Wunsch, reines Subjekt zu sein und seine Subjektivität zum Ausdruck zu bringen, dem Wassermann gegenübersteht mit seinem Verlangen, frei zu sein vom Subjektiven, unabhängig zu sein vom emotionalen Gefangensein des Egos. Um dieses Ziel zu erreichen, muß der Wassermann *hoch in die Luft*. Man kann das wörtlich verstehen. Er muß aus der *Polarität herausspringen,* muß die Pole, die immer ein »entweder – oder« enthalten, fliehen, und das kann er nicht auf der Erde tun. Denn wo immer er auf der Erde landet, steht er immer wieder auf einem Pol. Also kann er nur nach oben. Da er die Polarität, die Polarisierung des Egos auflösen will, muß er die ewige Entscheidung für oder gegen etwas durch sein Aufsteigen auflösen. Wie ein Vogel, der irgendwo hoch oben sitzt und sich aus dieser Perspektive nicht mehr festlegen muß, oder wie eine *Wolke,* die von jeher dahin zieht, wohin der Wind sie weht, die keinen eigenen Willen mehr hat.

So ist der Wassermann ein Prinzip, das *aus jeder Entwicklung, aus jeder Entscheidung, aus jeder Polarität herausspringt*. Er kann und will sich nicht festlegen. Er ist immer auf der *Flucht*. Und *jede* Entwicklung wird ihm schnell zu eng. Er springt aus der Schule, aus dem Beruf, aus der Familie. Der Beruf des Beamten ist für ihn denkbar ungeeignet, da müßte er schon in seiner Freizeit ballon- oder drachenfliegen. Und weil er nicht mehr von einem Pol festgehalten wird, nicht mehr auf einen Pol verpflichtet ist, ist Wassermann auch das *originellste* Zeichen des Tierkreises, das Zeichen der *Entdecker* und *Erfinder*.
Kein Paradigma hält ihn – ja er ist der Paradigmenwechsler aus Passion, und deshalb kann er schöpferisch und kreativ *Neues* erkunden. Die ganze *New Age*-Bewegung ist eine Wassermann-Bewegung: unglaublich *innovativ,* doch mit dem Schatten der *Menschenverachtung* behaftet.

Und so sind Lindberg, der erste Atlantik*flieger,* und Edison, der geniale *Erfinder,* ebenso typische Beispiele für dieses Prinzip wie Hans Blüher, der *originelle* Denker.

Das Wassermann-Prinzip fühlt sich keiner Norm verpflichtet und strebt immer nach Loslösung. Man kann sich nicht auf es verlassen. Es *mag keine Grenzen,* ja, es lebt immer in dem Versuch, alles Begrenzende, alles Saturnine zu öffnen.

Das Wassermann-Thema ist wie unser Wetter *unberechenbar*. Es entzieht sich den Regeln meteorologischer Vorhersage total und wird sich mit Sicherheit nie in den Griff bekommen lassen.

Uranus/Wassermann hat *Sehnsucht nach dem Abenteuer,* weil jedes Abenteuer neue Perspektiven mit sich bringt und das *Unerwartete* möglich werden läßt.

Dieses Streben nach *Entpolarisierung* macht den Wassermann auch zu einem *magischen* Prinzip. Da es in der Magie um das *Integrieren der anderen Seite* geht, da also Pole vereint werden sollen, sind in diesem Prinzip Themen wie *Astrologie, Homöopathie* und bestimmte Aspekte der Magie beheimatet. Dieses Prinzip hat eine ausgesprochen gute Antenne für den jenseitigen Bereich, für alles, was *außerhalb der Form* liegt.

Leicht erscheint der Wassermann ein wenig von oben herab, *herablassend!* Doch das ist eben seine Position, er schaut von oben auf die Dinge. Das empfinden *andere* oft so, als ließe er sich nicht richtig ein, als handele er verantwortungslos – und damit haben sie auch recht. Das Problem liegt darin, daß ihm jede Sache, auf die er sich einließe, schnell wieder zu eng würde. Er liebt die *Abwechslung,* die *Veränderung,* den *Lärm* und das *Treiben,* ja überhaupt alle Prozesse, die mit *Überraschungen* zu tun haben. Jede Überraschung ist ja die *Unterbrechung einer Kontinuität* – etwas, *womit man nicht rechnet.*

Jede Höhenüberwindung, sei es als *Fallschirmsprung, Bergsteigen, Flieger oder Ballonreisen,* kurz alles was sich in der Höhe ereignet, ist ein Wassermann-Ereignis. Der Uranus verkörpert eine starke Raumangst (in Fahrstühlen etc.); sperrt man ihn ein, so wird sofort Angst ausgelöst. Er muß frei sein.

Das Prinzip besitzt einen *sehr ausgeprägten Spieltrieb* und eine *große Originalität.* Als Sinnbild des Wassermanns gilt auch der *verrückte Erfinder.* Und zwar der Erfinder um des Kombinierens willen. Doch er hat keine große Ausdauer, denn er ist ständig *nervös* und zerstreut. Der Planet Uranus steht in Beziehung zum *Nervensystem.* Befindet er sich im ersten Quadranten, dann kann man ihn sehen, weil der Betreffende oft nervös ist und hin- und herspringt.

Der *Fasching* ist die Zeit des Uranus, des Wassermannes. Im Fasching darf jeder einmal kurz *aus seiner Entwicklung springen* und *ver-rückt* sein. Ver-rückt sein, heißt ja, *aus der Norm springen.* Aus diesem Grund ist auch die Grenze zwischen Genie und Wahnsinn so schwer zu ziehen, beide sind aus der Norm gerückt. Und wenn man zu einem Verrückten sagt, er habe einen Vogel, so könnte man auch sagen, er habe einen Uranus. Auch die Welt des Zirkus ist dem Wassermannprinzip zugeordnet. Nie ist man an einem festen Ort, immer in Bewegung, oft verrückt als *Clown* oder hoch in der

Luft am *Trapez*. Es ist die Art des Wassermann-*Vagabundentums*, die den Zirkus zu einem Tummelplatz für dieses Prinzip macht.

Da der Uranus die Nerven repräsentiert, die Reizverbindungen, so steht er auch im übertragenen Sinne für den Bereich der *Elektronik*, d. h. für *elektronische Nervenverbindungen*. Die gesamte *Computer-Technik*, die *Taschenrechner*, die *Unterhaltungs-Elektronik* sind diesem Prinzip zugehörig.

Und so wird deutlich, daß die Elektronik, die von vielen mit großem Argwohn betrachtet wird, einem wichtigen Prinzip dient: dem Prinzip der Befreiung. Ja, es ist die gleiche Ebene, auf der dein Souffleur dir etwas zugeflüstert hat: »Springe aus der Norm heraus!«

Fische

21. Februar bis 20. März

Wir sind im letzten Zeichen angelangt, jenem, das mit dem normalen Alltagsbewußtsein nur schwer zu fassen ist. Das 12. Prinzip in der Reihe der Urbausteine des Lebens zeigt zwei Fische in entgegengesetzter Richtung. Von Maul zu Maul sind sie mit einer Schnur verbunden. Man könnte sich folgendes Bild vorstellen: Aus dem Meer sind wir aufgestiegen in die Evolution des Lebens hinein, und zum Meer kehren wir zurück. Wir haben einen Kreis durchmessen, und die beiden Fische fügen sich jetzt zusammen. Sie waren ja durch ihre Verbindungsschnur immer schon verbunden zu einem Ganzen, zu dem chinesischen Symbol des T'ai Chi ☯. Der Kreis ist vollendet.

Das Zeichen Fische ist im übertragenen Sinne ein Prinzip der *Reinigung*, denn es reinigt das Bewußtsein und damit das ganze Sein von der Befangenheit und der Verstricktheit der ersten elf Prinzipien und macht so den Raum frei für ein Neuwerden. Es hat gleichsam die Aufgabe, von der Tafel all das wieder wegzuwischen, was die ersten elf Prinzipien auf deren Oberfläche geschrieben haben. Es ist die Geste, die Leiter hinter dir fortzuwerfen, nachdem du über sie auf einer neuen Ebene angelangt bist. Und diese Ebene wird erläutert im letzten Satz des »Tractatus logico-philosophicus« von Ludwig Wittgenstein: »Wovon man nicht sprechen kann, davon muß man schweigen.« Nun, über das letzte Zeichen kann man kaum sprechen, hier geht es um die Überwindung der Welt. Wir sind im letzten Zeichen des letzten Quadranten und da dieser Quadrant mit dem Thema Auflösung zu tun hat, ist das letzte Zeichen jenes, welches die *Auflösung* endgültig vollführen soll.

War das 10. Zeichen noch damit beschäftigt, Individualität aufzuheben im Sinne einer Betonung allgemeiner Normen, die man aus einem Gesamtinteresse heraus zu befolgen hatte und war das 11. Zeichen dazu da, sich in die Luft der Freiheit emporzuschwingen, um sich jenseits der Polarität zu bewegen, so begnügt sich das 12. Zeichen damit nicht mehr. Hier jetzt soll *alles aufgelöst werden,* jedes Verhaftetsein an irgend etwas oder irgend jemanden. Das ist die Aufgabe. Das Wort *Aufgabe* trägt schon einen Doppelsinn in sich. Es ist die Aufgabe, alles aufzugeben, alles aufzulösen. Das 12. Haus *löst* sich von den Menschen und Dingen und kommt damit zum Kern, zum Wesen der Dinge und damit zum Wesen des Selbst.

Denn das 12. Haus Fische und der hierzu analoge Planet Neptun will ja nur das Sichtbare aufheben. Wenn Goethe sagt, alles Sichtbare sei nur ein Gleichnis, so will das Zeichen Fische hinter das Sichtbare gelangen und dort das aufsuchen, wofür alle Gleichnisse stehen: Es will zum Kern der Dinge gelangen, zur Wirklichkeit. Also zu dem, was wirkt und nicht zu den Dingen, denn sie sind das Erwirkte. Und deshalb muß hier im 12. Haus *alles Verhaftetsein an das Materielle, an die Erscheinung aufgelöst* werden, um hinter die Erscheinungen zu gelangen. Die Materie ist ebenso wie die Zeit und der Raum Maya (Illusion), sie ist Gleichnis für die hinter den Erscheinungen liegende Wahrheit. Und zu dieser Wahrheit will uns das 12. Haus führen, weshalb es alle Verpflichtungen und Bindungen an die materielle Welt, alle Verstrickungen an die Welt der Erscheinungen auflösen muß.

Was aufgelöst werden soll, ist also der Vordergrund, die Sichtbarkeit, und in Erscheinung tritt dabei automatisch der *Hintergrund,* der *Urgrund des Seins.*

Und weil dies zunächst einmal eine Aufgabe ist und erst am Ende aller Zeit (deiner Zeit) durchgeführt sein kann, hat dieses Thema diverse Zwischenstufen, über die sich diese Aufgabe verwirklichen läßt. Zunächst einmal sieht es so aus, daß das Zeichen Fische (und der Neptun) alles, was vorgefunden wird, auflöst. Insbesondere und zu allererst soll die *Vernunft aufgelöst* werden. Da Fische in Opposition zu Jungfrau steht, gilt: So vernünftig die Jungfrau ist, so *unvernünftig* ist Fische.

Der Fische-Typus *mißachtet die Realität,* sie ist ihm *Schein,* er *paßt sich nicht an.* Schon als Kind wird er, wenn nicht zum *Außenseiter,* so doch extrem *unauffällig.* Wie ein Fisch *taucht er unter,* und man *weiß nie, wo er gerade ist.* Wasser ist sein Element. Sehnt sich der Wassermann als Luftzeichen nach reinem Sein oberhalb aller Verhaftungen, so sehnt sich der Fisch nach dem Wasser, in das er *eintauchen* und *verschwinden* kann, oder nach dem *Nebel,* der ihn verbirgt. Nebelhaft *gestaltlos* löst er seine Individualität auf. Er hat deshalb Lebensformen, für die andere nur das Wort *Chaos* kennen. »Du mußt doch vernünftig sein« sagen sie. Doch der Fisch *lebt in den Tag hinein.* Er lebt *bewußt unvernünftig* und hat eine enorme *Angst vor Begrenzung, Einengung* und vor dem *Gebundensein.* Er hat Angst vor allem, was ihn festhält. Der Fisch ist symbolisch die nach oben geöffnete Opferschale, in die alles eingehen kann. Es regnet hinein. Und er ist die totale *Absichtslosigkeit.*

Das ist eine riesige Chance. Denn *weil der Fisch nichts will, bekommt er fast alles.* Alles fällt ihm zu. Er hat *kein Wollen.* Alle anderen Zeichen wollen etwas und kriegen es nicht. Er will nichts – und deshalb bekommt er mitunter alles.

Und deshalb ist das 12. Haus auch ein sehr mystisches Haus. Hier liegen die größten Möglichkeiten für Mystiker und Propheten.

Das 8. Haus ist das Haus des Okkulten, der Zauberei, der Magie. Dies aber wird mit dem Willen, mit dem Wollen, mit den Ideen betrieben. Das 12. Haus ist das Haus der *Mystik,* der *Aufhebung des Seins,* der *Erleuchtung.* Magie und Mystik liegen vier Häuser voneinander entfernt.

Alles im 12. Haus hat zunächst einmal die Qualität des *Nebulösen,* des *Unklaren,* der *Geheimhaltung.* Das 12. Haus ist *zweckfrei.* Auch wenn man hier Eigenschaften besitzt, man macht nichts damit. Man *ist* einfach.

Zuerst tritt es jedoch in seiner unerlösten Form zutage, d. h. in seiner Eigenschaft, *alle Dinge zu vernebeln.* So ist ein Symbol des Zeichens Fische in dem Bild des Tintenfisches zu sehen, der eine dunkle Wolke ausstößt und damit den Vordergrund vernebelt, um dann blitzartig *im Hintergrund zu verschwinden.* Fische beachten die Realität nicht, nehmen alles hin, ertragen es – so lange, *bis sie auf einmal nicht mehr da sind.* Sie sind Meister des *Tarnkappenprinzips,* und hinter ihrer Tarnkappe *träumen sie.*

Für den Fisch liegt die Gefahr nicht darin, daß er Übles tut, sondern daß er *gar nichts tut.* Er läßt die *Dinge laufen, fließen* und *unterbricht sie nie.* Er kann *keine Grenzen setzen,* daran verzweifeln die anderen mitunter. Er hat nicht das geringste Interesse, sich durchzusetzen, er hat *keine Anliegen,* er will sich nicht hervortun, braucht *kein Prestige* und *keine Herde.*

Seine *Gegner läßt der Fisch ins Leere laufen,* er bietet *keine Angriffsflächen.* Und wenn man gerade meint, ihn gepackt zu haben, dann ist er schon gar nicht mehr da.

Es gibt ein geflügeltes Wort in der Astrologie, das besagt, *wenn ein Fisch den Raum betritt, so merkt es keiner.* Es merkt auch niemand, wenn er ihn wieder verläßt.

Sicherheit, Bürokratie, Formalismen, Verpflichtungen, Bindungen sind für den Fisch nicht zu ertragen. Ihnen liefert er sich niemals aus. Er ist *nachlässig, unzuverlässig* und *säumig.* Wenn es sein muß, lügt er auch, um der lästigen Alltagsauseinandersetzung zu entgehen. Er kann absolut auf alles verzichten. Er braucht keinen Besitz, kein Heim, eine Luftmatratze ist eigentlich alles was er benötigt. Manchmal scheint es so, als seien Fische nur deshalb auf der Welt, damit die Vernunft und die Ratio in ihre Schranken verwiesen werden.

Das Prinzip des Fisches birgt folgende Analogien: *Auflösung, Vernebelung, Verflüchtigung, Gas, Nebel, Dunst, Wasser, Rausch* (z. B. des Alkohols), *Hintergrund, Geheimnisse, Illusionen, Wunder, Wahn, Verwesung, Chemie* und *Gifte,* die ja auch oft heimlich im Verborgenen arbeiten, *Träume, Unbewußtes* und der *gesamte psychotische Bereich.*

Unerlöst stellt sich das Prinzip dar durch: *Labilität, Sucht, Halluzinationen, Vergiftung, Unechtheit, Illusion, Wahn, Ent- und Selbsttäuschung.* Motto: »Mach dir ein paar schöne Stunden, geh ins Kino.« Jede Form der *Drogenabhängigkeit* ist eine Form der *Vernebelung* und *Illusion* und gehört damit in den Fische-Bereich: *Alkoholismus* und andere *Rauschmittel* sind nur die unerlösten Formen des Prinzips der Weisheit und *Erleuchtung.*

Mit diesem Prinzip der Auflösung und Einswerdung jeder Form ist der Tierkreis geschlossen. Eine Idee vertritt das Zeichen Fische noch: die Idee der *Wirklichwerdung* oder *Menschwerdung.* Wird diese nicht verwirklicht, so beginnt ein neuer Zyklus. Der Widder erscheint wieder und mit ihm die Aufgabe, die ganze Idee der 12 Bäume von neuem wieder in die Erscheinung zu ziehen, in die Durchsetzung. Und jetzt beginnt zum x-ten Mal das ganze Spiel von vorn auf einer neuen Ebene.

Eine Bemerkung zum Abschluß des Tierkreises: Wenn es in dieser Beschreibung der 12 Zeichen so aussieht, als wäre der Abfolge vom Widder bis zum Zeichen Fische eine Art Wertsteigerung enthalten, so als sei das Zeichen Widder noch relativ unerlöst und als stehe das Zeichen Fische kurz vor der Erleuchtung, so ist dieser Eindruck zwar beabsichtigt und er stimmt für das Thema des Tierkreises als ganzes. Nicht jedoch stimmt es für den Menschen, der eines dieser Themen zu leben hat. Ob du Widder bist oder Fisch, erlöst bist du erst, wenn du über dieses Zeichen in der Wahrheit *deines* Themas angelangt bist. Du kannst in *jedem* Tierkreiszeichen deine Wahrheit finden, diesmal freilich sollst du sie in dem einen aufsuchen, in das hinein du geboren wurdest.

Es gibt eine Theorie, die besagt, wenn jemals irgendwer genau rausfindet, wozu das Universum da ist und warum es da ist, dann verschwindet es auf der Stelle und wird durch etwas noch Bizarreres und Unbegreiflicheres ersetzt.
Es gibt eine andere Theorie, nach der das schon passiert ist.

DOUGLAS ADAMS, DAS RESTAURANT AM ENDE DES UNIVERSUMS

VII
Feuer – Wasser – Luft – Erde

Natürlich folgt die Einteilung der Kapitel dieses Buches der astrologischen Logik, es kann nicht anders sein – das ergibt sich. Das heißt mit dem 6. Kapitel – es war das umfangreichste – ist der eigentliche Korpus der Astrologie behandelt. Was jetzt folgt, ist Accessoir und notwendige Folgeerscheinung.

Nicht daß der Rest unwichtig wäre, aber er nimmt nicht mehr den Raum ein, den die ersten 6 Kapitel notwendigerweise beanspruchen.

Doch bevor wir fortfahren, möchte ich eine kurze Bilanz ziehen, damit uns die Linie des Gesagten – hinter all den vielen verlorenen Worten – nicht aus dem Blick gerät.

Ich habe im ersten Kapitel eine *Dreiteilung* der Aufgabe, Mensch zu werden, beschrieben und sie mit den Buchstaben A (Schlange – Schuld – Aszendent), B (Suche die Schlange – Weg – Sonne) und C (Erhöhung der Schlange – Ziel – Mc) bezeichnet, wobei die Thematiken A (Kapitel 1–4) und B (Kapitel 5–6) bereits behandelt sind. C fehlt noch und folgt später.

Bis jetzt hast du etwas über deinen Aszendenten und deinen Sonnenstand erfahren und wahrscheinlich spürst du schon, welcher Art der Schuld es in dir zu entdecken gilt und du weißt, wie dein *Weg durchs Leben* sich in seinen Grundzügen gestaltet. Sieh dich mal einen Moment in folgendem Bild: *Du bist der geworfene Stein* und du hast jetzt eine Idee davon bekommen, aus welchem Grund du geworfen bist (A) und wie deine Flugbahn verläuft (B) – du weißt noch nicht, wo du zu landen hast (C). Noch fliegst du.

In diesem Bild kann dir auch klarwerden, worin die Astrologie dir zu helfen vermag.

Normalerweise laufen wir durch die Welt und verkünden (hauptsächlich uns selbst), daß wir unser Schicksal ganz allein in der Hand hätten, daß wir unseres Glückes Schmied seien. Doch wenn sich das Glück nicht einstellen will, gehen wir daran herauszufinden, wer sich wohl unserer Glücksgöttin in den Weg gestellt hat. Und da gibt es eine Menge zu finden (an wem es wohl liegt, daß wir nicht das bekommen, was wir uns erhoffen). Folgen wir dem wissenschaftlichen Weg, so sind die Schuldigen schnell ausgemacht: Es beginnt bei der DNS, geht über Gene, Viren, Bakterien . . . und endet bei der Atombombe, der »Geißel unseres Jahrhunderts«.

Je nach theoretischer Überzeugung (und Tierkreiszeichen) suchen wir jeweils andere Schuldige für unsere Misere. Z. B. sollte jetzt deutlich geworden sein, daß die Jungfrau mehr Angst vor den *kleinen* Bakterien hat und deshalb ihre Wohnung sauber ist, während der Schütze mehr Angst vor dem *großen* Atomschlag in sich trägt und sich eher der Politik oder dem lieben Gott zuwendet. So arbeiten wir an der Welt herum, damit sich unser Schicksal deutlicher in Richtung auf unsere Hoffnungen hin gestalten mag. Das ist der normale Weg.

Der astrologische Weg hingegen kann dir zeigen, daß du *geworfen* bist. Mehr kann und will er dir nicht zeigen. Du bist auf einer Flugbahn und das ist alles. Und keine Disziplin der Welt kann die Flugbahn verändern, denn sie ergibt sich aus dem *Geworfensein* (A). Du kannst aus der Astrologie einzig und allein lernen, dich früher oder später *jener Bahn anzuvertrauen,* die du ohnehin fliegst. Anders gesagt: Du kannst *aufhören, dich gegen deinen Weg zu wehren.* Das ändert natürlich nichts an deinem Weg, aber es ändert viel an deiner Art zu gehen.

Manche sagen, eine derartige Anschauungsweise sei reiner Fatalismus, dann könnte man ja nur noch resignieren. Wenn ohnehin alles vorbestimmt sei, was bliebe denn da noch zu tun? Man könne dann auch zu Hause bleiben und die Hände in den Schoß legen.

Astrologie hat mit Fatalismus nichts zu tun, eher im Gegenteil. Astrologie kann dir deutlich zeigen, *wo du dich einlassen sollst,* wo du lernen sollst und wo du lügst. Ein Astrologe sagt dir nicht: »Am besten bleibst du zu Hause . . .«, sondern er sagt: »Das ist dein Thema, hier lerne zu gehen. Um dieses Thema gehe herum, so lange, bis du es beherrscht, immer drum herum, bis du es ganz in dich hineingenommen hast.«

Auf dem Weg, dein Thema zu inkorporieren, es in deinen Körper hineinzunehmen, es aufzuessen, helfen dir *vier Zahlen.* Sie werden aus deinem Horoskop destilliert nach einem bestimmten

Schlüssel* und bilden die Grundstruktur deiner Art, die Welt in dich hineinzunehmen. Sie geben dir an, auf welche Art du mit der Welt umzugehen hast. Da du schon weißt, daß »Welt« nur ein anderer Ausdruck für »Mensch« ist, gleichsam die Außenwelt der Innenwelt bildet, kannst du auch sagen, die vier Zahlen geben dir an, *wer du bist,* oder, da auch das nicht ganz stimmt, wie das *Wechselverhältnis* von dir und Welt sich für dich gestaltet. Da nach dem Schlüssel, den ich hier verwende, in jedem Horoskop 76 Punkte zu verteilen sind, ergibt sich eine Durchschnittspunktzahl pro Element von 19 Punkten. Und so kann sich aus einem Horoskop beispielsweise folgende Punkteanordnung ergeben:

Feuer: 28, Wasser: 10, Luft: 12, Erde: 26.

Diese vier Zahlen geben dir also Aufschluß nicht so sehr über dein Thema, sondern vielmehr über die *Art, wie du an dein Thema herangehst.*

Grundsätzlich gibt es vier Arten, auf die Welt zuzugehen. C. G. Jung hat sie psychologisch beschrieben als »Intuition«, »Fühlen«, »Denken« und »Empfinden«. Jahrtausende vor ihm hat man bereits *Menschentypen* nach diesen vier Urprinzipien beschrieben: Choleriker, Phlegmatiker, Sanguiniker und Melancholiker. Es ist jene Aufteilung der Welt, die wir bereits in den ersten Sätzen des Alten Testamentes vorfinden. Eine Aufteilung in vier Grundarchetypen, vier Urmuster des Lebendigen. Diese Urmuster sind – so geht die alte Geschichte – in jedem Menschen auf eine ganz bestimmte Weise *gemischt* und sorgen so für eine Art Ballance, für ein bestimmtes Gleichgewicht, auch und gerade wenn sie ungleichgewichtig angeordnet sind.

Die vier Punktzahlen haben nun eine besondere Tücke in sich:

a) Sie zeigen dir auf Anhieb die Konflikthaftigkeit, die du zutiefst in dir trägst und die du *leben mußt.*

b) Sie zeigen dir sofort, an welcher Stelle deine Art, mit der Welt umzugehen – aus welchem Grund auch immer – nicht ehrlich ist. Wo du dir etwas vormachst.

---

* Es gibt mehrere Schlüssel für dieses Rechenspiel. Unser Spiel gibt jedem Horoskop 76 Punkte insgesamt. D. h., jeder Faktor im Horoskop hat eine bestimmte Punktzahl. Die Sonne hat 10 Punkte, der Aszendent hat 10 Punkte, der Mond hat 8, das Mc 7 Punkte. Die Planeten Merkur bis Saturn haben *jeweils* 5 Punkte, die Planeten Uranus bis Pluto jeweils 4 Punkte und der Mondknoten ebenfalls 4 Punkte. Steht die Sonne also in einem Zeichen, so erhält das Element, das diesem Zeichen entspricht 10 Punkte (bei Sonne im Widder z. B. erhält das *Feuer*element 10 Punkte, steht sie in der Waage, so erhält das Luft-Element 10 Punkte usf.).

Bevor ich diese beiden Punkte erläutere, möchte ich erst etwas die psychische Dimension der vier Elemente verdeutlichen.

Das Feuer-Element (Widder, Löwe, Schütze) steht für:
Den Willen *zu herrschen, Macht* haben wollen, mit Energie sich durchsetzen, immer nach oben streben (Feuer ist die einzige materielle Äußerungsform, die der Schwerkraft trotzend senkrecht nach oben kann), an die Spitze gelangen wollen, Impulse setzen. Die Welt mit seinem Wollen erschließen.

Das Wasser-Element (Krebs, Skorpion, Fische) steht für:
Die Fähigkeit, sich hinzugeben, annehmen können, seelisch beeindruckbar zu sein, sich mehr passiv (als Opfer) empfinden, leidend und leidenschaftlich sein. Die Welt mit seinen Gefühlen erschließen.

Das Luft-Element (Zwillinge, Waage, Wassermann) steht für:
Das *denkerische* Herangehen, der *Kontakt* steht an erster Stelle, die Fähigkeit, *unverbindlich mit allem sich zu verbinden, oberflächlich* über die Dinge hinwegzustreichen, Hindernisse zu umgehen, die Welt mit Theorien zu überziehen und sie im Denken zu erschließen.

Das Erd-Element (Stier, Jungfrau, Steinbock) steht für:
Das *sinnliche* Herangehen, nur das zu glauben, was ich *anfassen* kann, ausdauernd zu sein, schwerfällig festhalten am Gewohnten, mit beiden Beinen auf dem Boden der Realität stehen, Ernst und Ernsthaftigkeit, sich als niedergedrückt (von der Schwerkraft, die auf einem lastet) empfinden, unbeweglich sein, die Welt nur an ihren empirischen Fakten zu erschließen.

Nach dem bisher Gesagten könnte es dir erscheinen, daß nur eine Mischung aus gleichen Teilen von allen vier Elementen dir ein harmonisches Leben in der Welt ermöglicht. Es mag sein, daß das so ist, doch darum geht es gar nicht. Es ist in deinem Horoskop ohnehin anders. Kehren wir zurück zu dem Punkt a). *Konflikthaftigkeit* tritt sofort auf, wenn zwei Elemente, die sich erst einmal absolut nicht leiden können (Feuer und Wasser, Feuer und Erde, Luft und Erde oder Wasser und Luft) deutlich aus der Norm *nach oben* springen. Stell dir vor, in deinem Horoskop finden sich 30 Feuerpunkte und 28 Wasserpunkte. Was passiert? Es zischt! Das Feuer in dir will sich aktiv durchsetzen, will Macht ausüben, erobern, will die Dinge selbst in die Hand nehmen, will an die Spitze. Doch das Wasser in dir möchte zur gleichen Zeit gern passiv sein, sich hingeben, will erobert, verführt werden, möchte eher im

Hintergrund bleiben. Jetzt beginnt der Kampf! Der rechte Arm zieht dich in die Macht, der linke Arm in die Ohnmacht. Aber du sollst *beide Seiten* leben, denn sie sind fast gleichstark in dir vorhanden.

Im konkreten Fall einer Urlaubsentscheidung könnte sich folgendes Dilemma ergeben: Dein Feuerelement sagt »nach oben«, bergsteigen, auf den Gipfel! Das Wasserelement freilich meldet sich sofort: an die See, an das Meer, eintauchen, sich umspülen lassen. Aber du sollst es vereinen, du sollst es gemeinsam leben. Wohin fährst du jetzt? Ins Gebirge? (Und hörst dir die ganze Zeit das innere Gejammer an, dem du nicht entkommen kannst). Ans Meer? (Und wirst innerlich ein »Feigling« genannt, weil du vor der Herausforderung, den Viertausender zu besteigen, gekniffen hast.) Du siehst, hier zeigt sich der innere Konflikt an zwei Kräften, symbolisiert durch zwei Zahlen, die dich zerreißen.

Es besteht die Möglichkeit, daß eine dieser Personen in dir immer mehr in den Hintergrund gerät, d. h., daß du dich mühst, sie unter den Tisch fallen zu lassen und sie verdrängst – abspaltest. Dieser Teil ist natürlich nicht weg, denn du suchst jetzt einen *Partner,* der gerade das verdrängte Element verkörpert. Jetzt kannst du dich über die Frage: »Gebirge oder Meer« wenigstens im Außen streiten. Man sieht immer am Partner, was man selbst abgespalten hat. Das ist der tiefe Sinn von Partnerschaft.

Doch wenn diese Elemente-Zahlen zum Reden gebracht werden, entlassen sie einige der Geheimnisse deines Lebens. Zum Beispiel das Geheimnis deiner Zerrüttung. Mag sein, du kennst dieses Wort sonst nur aus Ehen. An den vier Zahlen zeigt sich jedoch meistens: *Du bist* (mindestens) eine Ehe. Oder anders gesagt, es gibt keine zerrütteten Ehen, die Zerrüttung sitzt ganz allein in dir. Doch wenn du sie nicht sehen willst, dich standhaft weigerst, sie zur Kenntnis zu nehmen, dann muß dir die Zerrüttung leiblich vor Augen geführt werden. Und *dann* führst du eine solche Ehe. Dieses Prinzip der Zerrüttung kannst du als erstes deinem Horoskop entnehmen. Vier Zahlen zeigen dir die Thematik deiner Spaltung. Immer.

b) Aber sie zeigen dir noch viel mehr. Nämlich jene Stelle, wo du aller Voraussicht nach lügst, wo *du dich anlügst.* Oder milder gesagt, wo du dir etwas vormachst. Auch hierüber wissen die vier Zahlen eine Menge. Angenommen du hast 56 Punkte im Feuer und 0 Punkte im Wasser, so heißt das, dein ganzes Interesse ist darauf gerichtet, zu dominieren, zu herrschen, zu beeindrucken; du hast Kraft und Energie in großer Menge zur Verfügung. Vor einigen

Wochen kam jemand mit dieser Mischung zu uns in eine astrologische Beratung. Es war eine 50jährige Frau und sie bot ein trauriges Bild: kraftlos mit hängenden Schultern und einem schlaffen Händedruck. Im Laufe des Gesprächs stellte sich heraus, daß diese Frau ihre Familie mit ihrem Jammer total beherrschte. Jeder schlich bedrückt um ihre Launen herum und versuchte, es ihr recht zu machen, damit Mutter nicht leide.

Eine geradezu grandiose Lüge! Diese Frau herrschte absolut und total, aber sie tat es nicht, wie es ihr aufgegeben war, direkt, sondern mittels eines Umweges über emotionalen Druck.

Wie war das passiert? Nun, es war das übliche Frauenschicksal. Da jeder Mensch diese Punktzahl bereits von Anfang an in seinem Leben verkörpert und das Thema Machtausübung einem in der Kindheit gründlich und total ausgetrieben wird (natürlich sind derartige Kinder trotzig und wollen ihren Willen leben), entscheidet sich das Kind möglicherweise eines Tages, diese Impulse zu verstecken. Das Kind weiß, wenn ich so bin, wie ich bin, bekomme ich Schwierigkeiten. Also muß ich so werden, wie »sie« mich gern hätten. Aus diesem Umstand heraus leben viele Therapieformen, die ich »Kindheits-Therapien« nennen möchte. Es fand eine Umlenkung statt, das eigentliche Thema wurde versteckt und setzt sich jetzt über eine andere Schiene durch – eine Schiene, die in sich eigentlich gar nicht problematisch ist. In unserem Fall war es die emotionale (Wasser-)Schiene. Null Punkte im Wasser heißen eigentlich: Unterwürfigkeit, Leiden, Schlaffheit kommen als manifeste Ausdrucksformen nicht vor. Sie sind zwar grundsätzlich als Möglichkeit angelegt, werden aber nicht phänotypisch verwendet. Gerade diese geringe Wasser-Affinität läßt nun die Wasser-Schiene zum bevorzugten *Fluchtpunkt* (Zufluchtsort) für das nicht Gewünschte heranwachsen. Die List des Kindes besteht darin, alles, was es nicht zum Ausdruck bringen durfte, mit einem Mäntelchen zu umgeben und so zu tarnen, daß es weiterhin sein Thema leben kann. *Die Lüge* besteht darin, daß diese Frau heute noch an dem einmal eingefahrenen Schienenstrang festhält. Was nichts anderes heißt, als daß sie sich 50 Jahre lang geweigert hat, erwachsen zu werden.

Aber so ist es oft: Mitunter beginnen wir erst mit 50 unseren eigenen Weg zu beschreiten.

Was hier so hart klingt oder sich anhört, als trügen die Eltern die Schuld an der Neurose der Tochter, muß auf theoretischer Ebene ganz nüchtern betrachtet werden; denn diese Frau brachte jene Konstellation in ihr Leben hinein, weil sie nur über diesen Weg ihr

Geheimnis – im Laufe von Jahrzehnten – entdecken kann. Es ist ein altes Geheimnis, an dem niemand Schuld trägt, außer der Betreffenden selbst. Und niemand kann es entdecken außer ihr. Aber mitunter kann die Erläuterung der Elementgewichtung anhand der vier Zahlen in dir als Schubs wirken, und dieser Schubs kann eine lawinenartige Bewegung in Gang setzen.

Nur ganz seltene und klare Menschen kommen ja bekanntlich überhaupt dazu, das *Verbrecherische* in sich zu sehen, die Menge lügt sich zum Lamme zurecht.

HANS BLÜHER, DIE ROLLE DER EROTIK IN DER MÄNNLICHEN GESELLSCHAFT, 1919

VIII
Die Planeten: Feinde oder Freunde?

Es gehört meiner Meinung nach zu den schwierigsten Themen innerhalb der Astrologie, die Planeten in ihrer wahren Gestalt zu würdigen. Schon bei der Frage, was sie sind, scheiden sich die Geister fundamental. Die einen sagen, Planeten seien Himmelskörper, die eine ziemlich deutliche Ausstrahlung besitzen und *mit dieser Strahlung Einfluß nehmen* auf dein irdisches Schicksal. Die anderen behaupten: Planeten selbst tun gar nichts, sie sind Symbole, die etwas anzeigen, vergleichbar einem Zeiter auf einem Meßinstrument, die eine bestimmte Tendenz symbolisieren, selbst aber keine Auswirkung haben. Ich möchte mich nicht mehr darauf einlassen, welche der beiden Meinungen recht hat. Aber ich weiß, daß Astrologie funktioniert, daß die Planeten in deinem Horoskop ein ganzes Panoptikum wiedergeben, gleichsam ein festgelegtes Theaterstück, das mit der Präzision eines Uhrwerkes arbeitet, das du deine Lebensumstände nennst.

Stell dir vor, man wolle dein Leben auf einer Bühne aufführen. Aber man merkt recht schnell, ein Stück mit nur einer Person ist ziemlich schwierig zu gestalten, und so kam man auf die Idee, aus deiner Person ein ganzes Drama zu kreieren. Zu diesem Zweck hat man dich aufgeteilt in verschiedene Rollen, hat also einzelne psychische Teile in dir voneinander gelöst und von verschiedenen Personen verkörpern lassen. Da Familienserien schon immer aktuell waren, hat man den einzelnen Personen Familienrollen zugewiesen.

In unserem konkreten Stück gibt es einen Vater, eine Mutter, acht Geschwister und eine Großtante mütterlicherseits, die zwar nicht im engen Sinne zur Familie gehört, und keiner weiß so recht, wie sie dahingekommen ist, aber nun ist sie einmal da und spielt in dem Stück mit. Dich als Einzelperson gibt es jetzt allerdings nicht mehr; denn alle Personen sind ja Teile von dir. Du selbst existierst nur noch zerlegt in Einzelschicksale.

Wir setzen einmal voraus, du wüßtest nicht genau, wie eine Familie normalerweise aufgebaut ist, also beschreibe ich dir eine normale Familie mit acht Geschwistern (und Großtante). Doch das ist jetzt nicht deine Familie, das bist nicht du, sondern das wäre eine ideale Familie. Erst wenn du die normale Familie kennst, kannst du ermessen, welche Komik (oder Tragik) in deiner speziellen Familie steckt.

Eine ordentliche Familie sähe also so aus:

– Da gibt es den Vater als Oberhaupt der Familie. Er bestimmt, was in der Familie getan wird. Seine Stimme hat das meiste Gewicht. Er hat die Erziehungsgewalt fest in der Hand, sagt, wie man sich zu verhalten hat, bestimmt, wohin der Urlaub geht, wie lange die Kinder abends ausbleiben dürfen – und überhaupt, was getan und was gelassen wird. Er ist der Ernährer der Familie. Er bestimmt die Politik.

– Da gibt es die Mutter. Sie ist der sanfte Teil der elterlichen Gewalt, auch eine dominierende Gestalt, obwohl ihr Machtanspruch sich eher auf die nährenden (Essen, Kleidung) und behütenden (Trost spendenden) Aspekte des Lebens bezieht. Wo der Vater streng ist, ist sie milde. Dennoch trägt sie seine Ansprüche und Ansichten mit, ergänzt sie in ihren Bereich hinein. Ist der Vater der bestimmende, so ist die Mutter der sorgende Teil. Beide Elternteile sind Anlaufstelle für die relative Unselbständigkeit der Kinder. Beide geben Rat, Hilfe und Trost.

– Da gibt es einen relativ geschlechtslosen Sohn. Man kann kaum erkennen, ist er Männchen, ist er Weibchen, groß, mit Brille (vom vielen Lesen), schlank und aufgeschlossen für alle intellektuellen Gespräche in der Familie. Er weiß furchtbar viel, ist schon in der Welt herumgekommen und hat für alles eine wissenschaftliche oder doch zumindest eine sehr kluge Erklärung. Niemand in der Familie kann so gut reden wie er. Er bildet sich ständig weiter und mitunter nennt die Familie ihn »Professor«. »Frag den Professor«, hört man oft in der Familie.

– Da gibt es eine Tochter, sie ist bildschön und ihre ersten Erfahrungen mit Männern hat sie bereits hinter sich (es hat ihr gut gefallen). Sie pflegt sich sehr, gibt sich sinnlich und ist das Aushängeschild der Familie. »Nein, was ist ihre Tochter hübsch geworden!« Sie ist ein anziehender Charakter, malt gern, musiziert, kurz, ist eine rechte Augenweide. Nennen wir sie die »Schöne«.

– Da gibt es einen weiteren Sohn, er ist kräftig, robust und ziemlich impulsiv. Er ist eine mutige, ehrliche Haut (gut, ein wenig schwer von Begriff) und legt immer schnell Hand an, wo es etwas zu heben, holen oder reparieren gibt. Mitunter langt er auch schon mal einem seiner Geschwister eine, er kann sich halt schlecht bremsen und ist immer so (herrlich) direkt. Doch nachtragend ist er nie. Nennen wir ihn den »Starken«.

– Da gibt es einen weiteren Sohn, einen Optimisten (ein wenig dicklich), er strahlt den ganzen Tag, nimmt nie etwas ernst. Sein Wahlspruch: ›Kommt es nicht heute, dann kommt es morgen!‹ Seine Gutmütigkeit würzt er oft mit Zitaten aus der Bibel, die er zwar auch nicht sonderlich ernst nimmt, aber doch erstaunlich gut kennt. Gern debattiert er mit dem allwissenden »Professor« (der nennt ihn dann einen »Idealisten« oder »Phantasten«) über den Sinn des Lebens, doch die beiden reden aneinander vorbei, meinen jeweils etwas ganz anderes. Nennen wir ihn den »Fröhlichen«.

– Da gibt es noch einen Bruder, Ernst. Nein, er heißt nicht so, er ist so. Der redet zwar nicht viel, doch wenn er schon mal etwas sagt, dann spricht er von den Verpflichtungen, die man als Mensch hat. Er ist derjenige, der die Familienmoral hochhält. Er weiß, was sich in einer Familie gehört, was man zu welcher Gelegenheit anzieht, was sich »schickt« und dergleichen mehr. Die anderen meiden seine Gesellschaft immer ein wenig, man kann kaum Spaß mit ihm haben, sogar über Witze lacht er nur selten. Geht es um die Repräsentation nach außen, so fragt die Familie ihn um Rat. Es hat fast den Anschein, als bereite er den anderen Schuldgefühle. Aber auch das hält sich in Maßen. Nennen wir ihn ruhig »Ernst«.

Diese fünf Kinder sind schon relativ erwachsen, doch es gibt auch noch drei jüngere Brüder. (Ja, es ist hauptsächlich eine männliche Familie. Das macht auch einen Teil ihres Problems aus, daß sie nämlich mit der weiblichen Rolle so ihre Schwierigkeiten hat; denn es existieren ja nur zwei Vertreter, an denen sie sich orientieren kann: »Mutter« und die »Schöne«.)

– Da gibt es einen jüngeren Bruder, der die Familie mit seinen unorthodoxen Ansichten etwas in Atem hält (Ernst ist jedesmal entsetzt). Er ist immer für Überraschungen gut, bringt ziemlich viel Wirbel in die Familie und verhält sich meist so, daß man nie mit ihm rechnen kann. Nicht daß er unzuverlässig wäre, er hat nur immer die verrücktesten Ideen. Und zwar jeden Tag eine neue. Er besitzt einen Computer und seine Hauptbeschäftigung scheint die zu sein, die anderen – besonders Ernst – mit seinen neuartigen Vorstellungen und »Spinnereien« zu verschrecken. Er ist der aufgeschlossenste von allen. Nennen wir ihn »Heureka«.

– Da gibt es einen zweiten jüngeren Bruder. Er ist ein sehr stiller, schüchterner junger Mann. In der Familie fällt er am wenigsten auf. Nie würde er ungefragt dazwischenreden, er ist zwar da, aber irgendwie ist er doch nie ganz da. Meist lebt er zurückgezogen in seinem Zimmer, meditiert viel, beschäftigt sich mit Mystik. Aber auch darüber redet er nicht. Wären nicht die gemeinsamen Mahlzeiten in der Familie üblich, man würde ihn überhaupt nicht zu Gesicht bekommen. Manchmal hört man aus seinem Zimmer leise elektronische Musik – kosmische Klänge. Nennen wir ihn »Stiller«.

– Der letzte und jüngste der Brüder geht den anderen schrecklich auf die Nerven. Er ist irgendwie das schwarze Schaf der Familie. Aber man kann gar nicht genau sagen, warum. In seiner Anwesenheit fühlen sich die anderen unbehaglich. Nicht nur, daß er in allem extreme Meinungen hat (das macht den anderen nicht so viel aus), es ist noch etwas anderes: seine *Art*, sein ganzes *Dasein*, man könnte fast sagen, die Penetranz, mit der er alles überzieht. Es scheint so zu sein, als ob er anderen in die Seele blickt und darin herummanipulierte. Mitunter nennen sie ihn (hinter vorgehaltener Hand) »Pestbeule«. Aber das würde ihm die Familie nicht ins Gesicht sagen, obwohl der »Starke« das in einem Anfall von Wut schon mal getan hat. Nennen wir ihn »Extremist«.

– Ja, und dann ist da noch die Großtante mütterlicherseits. Nicht mehr ganz jung, ist ihre Position nicht klar umrissen. Aber erst einmal kennt sie sehr viele Menschen und stellt den eigentlichen Motor der Begegnungen zwischen der Familie und anderen Menschen dar. Sie schleppt andere an und sagt dann zu den einzelnen Familienmitgliedern: ›Du mußt unbedingt mal Herrn oder Frau sowieso kennenlernen!‹ Und irgendwie gibt es mit den Menschen, die sie so anbringt, und den einzelnen Familienmitgliedern ziemliche Verwicklungen. So daß schon jeder sagt (wenn sie wieder jemanden mitbringt): »Ich bin nicht da.« Aber da ist sie eisern. Kennengelernt werden muß! Kurz, es sind immer – positiv wie negativ – sehr folgenreiche Begegnungen. Nennen wir sie deshalb »Kupplerin«.

Das wäre also eine typische Familie, deren Rollen auf der Bühne ein auseinanderdividierendes Bild deines Lebens darstellen soll. Also es gibt: »Vater«, »Mutter«, »Professor«, die »Schöne«, den »Starken«, den »Fröhlichen«, »Ernst«, »Heureka«, »Stiller«, »Extremist« und schließlich die »Kupplerin«.

Für diejenigen, die noch neu im astrologischen Milieu sind und die Zuordnungen noch nicht beherrschen, sage ich die alten Götternamen, die zu diesen idealisierten Figuren gehören:

Vater = Sonnengott Helios (☉)
Mutter = Mondgöttin Luna (☾)
Professor = Merkur (☿)
die Schöne = Venus (♀)
der Starke = Mars (♂)
der Fröhliche = Jupiter (♃)
Ernst = Saturn (♄)
Heureka = Uranus (♅)
Stiller = Neptun (♆)
Extremist = Pluto (♇)

Die Großtante mütterlicherseits ist keine Gottheit, sie gehört nicht im engen Sinne zur Familie. Mit ihrem Dasein möchte ich einen mathematischen Punkt im Horoskop beschreiben, der sich als *Schnittpunkt der Mondbahn mit der Ekliptik* ergibt, den sogenannten *Mondknoten*. Ich meine hier den *aufsteigenden Mondknoten* (Drachenkopf). Man könnte weiterphantasieren und sagen, die Tante habe einen Onkel (der jedoch nicht in Erscheinung tritt), und er existiert in der Familie als warnendes Exempel, wie man etwas nicht machen sollte. Das wäre der absteigende Mondknoten (der Drachenschwanz), der dem anderen genau gegenüber im Tierkreis liegt. Der Onkel tritt nicht ins Spiel, aber man weiß, daß es ihn gibt.

Damit hätten wir die einzelnen Elemente, die dich ausmachen, zusammen. Die Rollen sind definiert. Aber das ist ja noch kein Theaterstück. »Theater« beginnt an der Stelle, an der die einzelnen Personen zueinander so in Beziehung treten, daß sich daraus ein Handlungsablauf ergibt und zwar dergestalt, daß diejenigen, die im Zuschauerraum sitzen, auf ihre Kosten kommen. Auf das Drehbuch kommt es also an, ob das Stück eine Tragödie, ein Drama, ein Kriminalstück, eine Groteske, eine Komödie oder was auch immer wird.

Ein Zusammenhang kommt erschwerend hinzu: *Du als ganze Person bist zugleich:*

a) alle Darsteller auf einmal

b) der Drehbuchschreiber (obwohl du davon lange Zeit nichts wissen willst, ja, du hast sogar die Kulissen ausgewählt, die Kostüme angefertigt und sitzt im Souffleurkasten)

c) der einzige, der im Zuschauerraum sitzt und das Stück anschaut.

Das Problem besteht darin, daß du mit den einzelnen Rollen so sehr identifiziert bist, so sehr glaubst, in der Haut der einzelnen Personen festzusitzen, daß dir jahrzehntelang nicht klarwerden kann, daß du das Stück selbst geschrieben hast, ja, es täglich neu schreibst, und daß du deine Rolle als Zuschauer, als Beobachter des Stückes, ebenfalls nicht siehst.

Mitunter kannst du diese Rolle, Zuschauer im eigenen Stück zu sein, etwas deutlicher einnehmen. Zum Beispiel in dem Augenblick, in dem du für ein paar Stunden Abstand von dem Spiel dadurch gewinnen kannst, daß du zu jemandem gehst, ihm deine Geburtsdaten gibst und er sich mit dir hinsetzt – ohne dich und dein Spiel zu kennen – und dir dein Theaterstück erläutert und sichtbar macht. Jetzt stehst du auf einmal staunend da. Wie kann jemand, der mich gar nicht kennt, mir so genau mein Theaterstück erläutern? Nun, die Sache ist ganz einfach. Er kann das, denn er hat das *Dreh*buch vor sich liegen, dein Horoskop.

Jetzt sitzt du da und kannst möglicherweise ein erstes Mal dein Stück von außen sehen, weil es dir jemand von außen erklärt. Du kannst jetzt Zuschauer sein. Er erklärt dir die einzelnen Rollen, die es in dir gibt und die du spielst. Und natürlich steht dein Mund erst einmal weit offen, denn das, was er sagt, ist dir ja im eigentlichen Sinne nicht neu! Astrologen erleben es nach den meisten Beratungen immer wieder, daß der Ratsuchende sagt: »Also eigentlich weiß ich das alles schon, aber dennoch habe ich es in dieser Zusammenfassung noch nie so deutlich gesehen. Meist hatte ich den Verdacht, es könnte so sein, oder ich hatte die Befürchtung, es wäre so. Jetzt weiß ich, daß es so ist. Ich wußte es, aber ich wollte es mir nicht eingestehen.«

Die Bedeutung der Astrologie besteht also nicht darin, daß du etwas grundlegend Neues über dich erfährst, sondern daß du (vielleicht ein erstes Mal) ganz bewußt *Zuschauer an deinem Leben wirst,* also die Position c) einnimmst. Du bist für einen Moment rausgerissen aus deinem Stück und sitzt im Zuschauerraum. Du hast das Drehbuch aus der Hand gegeben, jemand liest es dir vor. Drei Stunden später sitzt du wieder im Stück, aber jetzt siehst du es deutlicher. Es ist fast so, als wäre die Eigenschaft, Zuschauer zu sein, ein klein wenig mehr in deiner Person verankert worden.

Hieraus ergeben sich eine Reihe von Konsequenzen, die du nicht unterschätzen solltest. Zum Beispiel die: Willst du wirklich etwas über dein Drehbuch wissen, so solltest du zu einer Person gehen, die dich nicht kennt. Gehst du zu einem Freund oder einer Freundin, die etwas von Astrologie verstehen, und sagst: »Erklär' mir mein Drehbuch«, so hat das den Nachteil, daß du nicht sehr deutlich aus deinem Stück heraustrittst, denn der Freund spielt möglicherweise in dem Stück mit, und jetzt macht ihr euch beide grandios etwas vor. D. h. ihr verlaßt das Stück nicht. Die Horoskopberatung findet auf der Bühne statt, gehört zum Spiel. Natürlich findest du hierin auch die alte Therapieregel: Geh nie zu einem Therapeuten, den du gut kennst. Er ist zu sehr Bestandteil des Stückes. Die »Kupplerin« hat daran gedreht. Ihr habt dabei zu wenig Chancen, in den Zuschauerraum zu kommen.

Und so kann eine Horoskopberatung ein Modell, ein erster Baustein sein für einen Prozeß, den du ohnehin früher oder später lernen mußt: *Beobachter zu werden.*

Du weißt schon, daß alle östlichen Philosophien seit Jahrtausenden darauf dringen, die Aufmerksamkeit vom Spiel wegzulenken auf jenen Punkt, das Spiel als Spiel zu erkennen, unbeteiligt zu bleiben, Maya zu durchschauen. Jeder Meditationsweg lautet eigentlich: Löse die Identifikation und schau dir das Spiel als Beobachter an. Werde Zuschauer.

Tue nichts. Schau dir nur das Spiel an!

Stelle dich so sehr still (d. h. Meditation), versenke dich in deine Mitte, daß allein aus diesem Nichts-Tun heraus das Stück in dir abläuft. Und jetzt kannst du es beobachten. Das heißt aber auch: du löst die Bindungen (das Gebundensein, die Verhaftung, die Verstrickung) an das Spiel auf. (Auch bei diesen Worten möchte ich dich wieder warnen. Das, was hier steht, heißt *nicht*: »meditiere jetzt mal kräftig«. Möglicherweise ist in deiner *jetzigen Situation* das Stillstellen das Verkehrteste, was du tun könntest.)

Doch kehren wir noch einmal zu den Personen und dem Stück zurück. Es gibt da nämlich im realen Leben noch eine Komplikation. Die einzelnen Planeten-Personen, die ja alle Teile von dir sind, haben die rätselhafte Angewohnheit, sich als *reale Personen* in dein Leben hinein zu materialisieren. Das heißt, sie können dir u. U. als Menschen aus Fleisch und Blut entgegentreten. Sie sind dann also nicht nur Teile von dir, sondern auch Menschen zum Anfassen. Und um das Ganze noch etwas mehr zu verwirren, können sie auch gemischt auftreten. Also beispielsweise eine Legierung aus »Professor« *und* »Ernst«, ein Mensch, der seinen Intellekt nur dafür einsetzt, dich zu reglementieren; oder eine Mischung aus »Vater« und der »Schönen«, ja, sie können sich sogar zu dritt und zu viert in einer Person versammeln. Natürlich tun sie das nur in solchen Momenten, in denen du mit diesen Anteilen in dir nicht zurechtkommst, in Momenten also, in denen du diese Anteile nicht lebst. Du wolltest sie in deinem »inneren Stück« nicht haben, jetzt hast du sie im »äußeren«. Jeder, der dir in der Außenwelt entgegentritt, ist die Verkörperung einer (oder eine Mischung aus mehreren) der inneren Personen deines Stückes.

Das macht dein Leben jetzt wirklich zu einem Bühnenstück. Konntest du dich vorher noch distanzieren und sagen: Ja, aber ich bestehe ja nicht aus all diesen Personen, sie sind (nur als Bild) alle mit mir nur irgendwie verbunden. Ich bin ich, eine ganze Person. Das kannst du jetzt nicht mehr sagen. Denn all die Personen in dir entsprechen realen Personen deiner Umgebung.

Das »Stück« ist sogar noch viel komplizierter; denn diese inneren Personen treten dir nicht nur als reale äußere Personen gegenüber (an denen du die Teile in dir kennenlernen sollst), sie treten dir sogar als *Handlungen,* als *Ereignisse,* als *Hobbies,* als deine *eigenen Kinder,* als dein *Beruf,* als deine *Krankheit* usw. gegenüber. Auch diese Äußerungsformen sind nichts anderes als eine Materialisierung deiner inneren Personen.

Wie das zu denken ist? Nun, stell dir beispielsweise vor, die »Schöne« vereinigt sich in dir mit dem »Extremisten« auf eine besondere Weise (also deine Hinwendung zur »Schönen Frau« verbindet sich mit deiner Vorliebe für das »seelisch schmerzhaft Eindringende«), und schon findest du in dir eine Vorliebe für Frauen, von denen du dich gerne auspeitschen lassen möchtest, und jetzt sammelst du Pornohefte, die das zum Inhalt haben. Aus der Vereinigung dieser zwei Personen in dir resultiert die Angewohnheit, dreimal in der Woche in Dr. Müllers Sex-Shop zu gehen. Das gibt natürlich beim Zuschauer deines Familienstückes immer ein besonders lustiges Gekicher, wenn du – die Hefte unter der Jacke verborgen – durch die Wohnung in dein Zimmer schleichst. Und Ernst, der genau Bescheid weiß, dich leise anzischt: »Du Sau!«

Natürlich siehst du, daß diese Familie und ihre Mitglieder immer wieder identisch sind mit jenen zwölf Bäumen, in denen alle Themen deines Lebens versammelt sind. Auf jeder Ebene begegnest du deiner Familie bzw. den Familienmitgliedern, mit denen du nicht ausgesöhnt bist, bzw. denen, die dir bei deiner Aussöhnung zur Seite stehen müssen. Wie denn jetzt das Stück aussieht? Nun, das zu beschreiben, setzt die Kenntnis deines Drehbuches (deines Horoskopes) voraus. Ich sage dir mal die Kurzfassung eines typischen Stückes:

Der »Vater« hat sich mit dem »Stillen« zusammengetan. D. h. der Erzieher und Ernährer (als Hauptperson des Stückes) fehlt. Jetzt liegt die ganze Last auf »Mutter«, die freilich selbst ein tiefes Defizit hat, weil niemand an ihrer Seite steht, der ihr eine Richtung geben könnte. So wird sie hart und verbittert, denn sie muß sich an »Ernst« halten, der als einziger noch weiß, wo es lang geht. Das Leben wird dadurch ziemlich freudlos und streng. Der »Professor« hat sich mit dem »Fröhlichen« verbunden, um aus der Misere heraus einen Alleingang in den Erfolg zu machen, doch »Heureka« kreuzt dauernd dazwischen, stößt immer alle Ideen mit noch wilderen Einfällen um, so daß alle drei nie so recht Ruhe und Harmonie finden. Die »Schöne« und der »Kräftige« wollen gemeinsam einen Modesalon eröffnen, auch sie kochen also ihr eigenes Süppchen, doch allem Anschein nach sind die Finger des »Kräftigen« dafür nicht geeignet, jetzt beratschlagen sie über einen Massagesalon. Sie kümmern sich nicht um die anderen. Der »Extremist« hilft »Heureka« in seinem Versuch, den »Fröhlichen« und den »Professor« zu verwirren. *Und das alles innerhalb einer Person!* In diesem Getümmel sollst du deinen Weg finden.*

Wir können uns vorstellen, daß sich aus diesem Stoff sowohl Komik als auch Probleme en masse herausholen lassen. Mit diesem Beispiel will ich nur andeuten, daß derjenige, den du für das wichtigste Familienmitglied hältst, der Vater, in einem Horoskop auch eine total untergeordnete oder unsichtbare Rolle einnehmen kann. Es kann sogar passieren (ebenso wie in einer richtigen Familie), daß die Hauptperson der kleinste Bruder ist, der mit seiner Krankheit oder seiner Genialität die ganze Familie in eine bestimmte Richtung drängt. Je nachdem wie eigenwillig das Drehbuch gestaltet ist, kann jedes Familienmitglied einen derart dominanten Platz einnehmen, daß in dir das Gefühl entsteht, alle anderen würden dahinter erst einmal zurückstehen.

---

* Selbstverständlich läuft eine Horoskopberatung nicht in diesem Stil ab, niemand erzählt dir etwas von Familienmitgliedern. In diesem Text geht es darum, dir die Verwobenheit von Horoskopfaktoren zu verdeutlichen.

Auch die Frage, ob die einzelnen Familienmitglieder Feinde oder Freunde sind, kann nicht eindeutig mit ja oder nein beantwortet werden. Hier muß eine grundsätzliche Überlegung angestellt werden. Wir haben uns angewöhnt, in Kategorien von »Freundschaft« und »Feindschaft« zu denken, in astrologischer Nomenklatur »Wohltäter« und »Übeltäter«. So wird Saturn (»Ernst«) gern als Übeltäter gesehen und Jupiter (»Fröhlich«) gern als Wohltäter. Möglicherweise ist dir auf deinem bisherigen Weg schon die Einsicht gekommen, daß es keine wahren Feinde gibt. Alles ist für dich nur so lange »feindlich«, wie du es noch nicht (in dich) angenommen hast. Von daher gibt es keine »Übeltäter«, sogar »Lucifer« heißt in der Übersetzung der »Lichtträger«. Weniger bekannt ist die aus der ersten Aussage ableitbare Formulierung: *es gibt auch keine Freunde*. Vielleicht kennst du mein Buch »Die Reise des Helden«. Ich habe dort beschrieben, daß eine der wichtigen Aufgaben der Liebe darin besteht, dich mit deinem Haß vertraut zu machen. Nun, ebenso ist es auch mit der Freundschaft. Die Aufgabe, die ein Freund, ein wahrer Freund für dich hat, ist die, dich zu verraten. Früher oder später wird er es tun. Warum? Um dich mit der Tatsache vertraut zu machen, daß es in dir *Verrat* gibt, daß auch du ein Verräter bist.

Das macht die Gestalt des Judas Ischariot zu einer auch noch nicht ansatzweise verstandenen Figur. Natürlich wollte auch er nicht zum Verräter werden, weshalb ihn Jesus sehr suggestiv in diese Rolle hineindrängen mußte. »Ich bin es doch nicht, Meister?« (der dich verraten wird) fragt er ängstlich. Doch Jesus reicht ihm den Bissen. »Der ist es, dem ich den Bissen eintauchen und geben werde.«

Genauso ist es die Aufgabe eines Übeltäters, dir zu zeigen, wieviel Gutes in dir steckt. (»Ich bin ein Teil von jener Kraft, die stets das Böse will und stets das Gute schafft.«) Wenn es aber weder wahre Freunde noch wahre Feinde gibt, was bleibt übrig?

Jemand, der der Polarität gegenüber beide Positionen einnehmen kann. Das kann ein Mensch kaum tun. Das kann eigentlich nur ein Symbol leisten. Und ein derartiges Symbol nenne ich einen *Verbündeten*. Ein Verbündeter ist eine psychische Instanz, die ein hohes Spektrum an Möglichkeiten in sich trägt, die niemals als eindeutig böse und niemals als eindeutig gut sich zu erkennen gibt, sondern beide Potenzen ununterschieden in sich trägt. Aber im Anfang erlebst du diese Potenz eher so, daß dein augenblickliches Bewußtsein sie als böse identifiziert. Das muß so sein, denn jeder Verbündete ist eine *Figur der Wandlung*, eine Transmutationsfigur, die dich von der einen Ebene zur anderen hinübergeleiten will. Ein Übergangsobjekt.

Bezogen auf unser Familienstück hat jeder Verbündete, also jede Person in dir, die Funktion, jeweils seinen Teil von seiner Position in dem Stück zu lösen und hinüber zu bringen in den Zuschauerraum. Zuerst einmal entfaltet der Verbündete freilich seine volle Dynamik in dem Stück – und die erscheint dir erst einmal »böse«. Jetzt geht es darum, dieses Böse kennenzulernen, kennenzulernen, daß es in dir steckt und in deinem »Stück« immer eine Rolle spielt, solange, bis du es schließlich akzeptierst als einen Teil von dir. Bis du sagst: »Ja, das bin ich!« Du mußt gleichsam den *Verbrecher* (siehe das Eingangszitat dieses Kapitels) *in dir wahrnehmen.* Solange du also nach der Todesstrafe schreist – ja, ich weiß, das tust du nicht mehr – oder solange du die Atombombe aus diesem Land herausschmeißen willst, nimmst du die Zerstörungswut in dir nicht zur Kenntnis.

Hast du dich dann mit dem Bösen vertraut gemacht, und zwar nicht nur vom Kopf her, sondern von Kopf bis Fuß und hauptsächlich im Bauch, dann besteht die Möglichkeit, daß es in den Übergang gehen darf. Zuschauer wird.

Du siehst also, daß die Teile von dir, die dir als wahrhaft scheußliche Verbündete erscheinen, jene sind, die du in ihrer Doppelgesichtigkeit als erste erkennen und rüberschaffen sollst. Das dauert nicht Wochen, sondern möglicherweise Jahre, Jahrzehnte oder Jahrhunderte.

Da man meist zum Wandlungsprozeß keine Lust hat, sondern lieber in der Identifikation mit diesen Teilen steckenbleibt und der Projektion ihrer Scheußlichkeit hinaus in die Welt, so kannst du das natürlich tun und immer wieder in das gleiche Stück inkarnieren. Normalerweise dauert es so lange. Es gibt Wege, das schneller zu tun. Einen davon nennt man Therapie.

Es gibt freilich in deinem Stück auch Rollen (Verbündete), die dir auf den ersten Blick unproblematisch erscheinen. Es sind jene Teile, die du dir zugute rechnest.* Astrologen erzählen dir gern, du hättest ganz besonders nützliche (schöne, starke, unbeschädigte

---

* Die Frage, ob zwei dieser inneren Personen sich helfen, hindern oder bekämpfen, kann mitunter aus den Planeten allein nicht abgelesen werden. Diese Beimischung erhalten sie mitunter aus ihren Winkelbeziehungen zueinander, also ob sie über bestimmte »Aspekte« eine Verbindung miteinander eingehen. »Positive« Eigenschaften werden gern aus sogenannten »weichen« Winkelbeziehungen (Sextile oder Trigone) herausgelesen. Im Rahmen dieses Buches gehe ich nicht weiter auf die Aspekte ein, es gibt darüber genügend Literatur im Markt.

etc.) Eigenschaften, und auch du kennst möglicherweise einige positive Eigenschaften an dir.

Doch auch dieses Spielzeug möchte ich dir gerne wegnehmen oder zumindest die naive Sichtweise dieser Eigenschaften. Jene Faktoren haben nämlich eine besondere Tücke. Sie drücken dich nicht, und so siehst du nicht den geringsten Anlaß, diese Teile hinüber in den Zuschauerraum zu schaffen. Aber sie sollen ebenfalls dorthin. Erst einmal erscheinen sie so, daß jeder dich dafür lobt (wie genügsam du wärest, wie freundlich, wie aufgeschlossen und liebevoll gegenüber deinem Nächsten usw.), und dir ist schon lange klar, daß diese Teile dir zur Ehre gereichen.

Ich möchte dir ein sehr überzogenes Exemplar eines derartigen Verbündeten aus der esoterischen Literatur präsentieren.

Madame Blavatzky, eine Frau, die wirklich schon sehr viele problematische Anteile ihres Spieles in den Zuschauerraum geschafft hat, war dafür bekannt, daß ihr in tiefer Meditation geistige Führer erschienen, die z. T. sogar ihre Bücher diktierten. Eines Tages gestand sie einem ihrer engsten Freunde: »Es ist furchtbar, daß mir zuweilen ein Mahatma (ein Meister) erscheint, den ich für den wahren Meister halte, während ich später (Jahre später) erkennen mußte, daß es ein Dämon war, der sich unter seiner Maske verbarg.« Ich will damit sagen, daß auch die beste Seite an dir die Tendenz hat, dich schmählich zu betrügen – solange sie Bestandteil des Spieles ist. Und so solltest du in deinem Horoskop nicht nur die »harten Aspekte« beachten. Sie sind wenigstens ehrlich, indem sie dich drücken und dir Angst machen und dir in dieser Angst deutliche Hinweise auf ihre Befreiung geben.

Besondere Aufmerksamkeit verdienen gerade die weichen, netten und vermeintlich harmlosen Anteile. Sie sind besonders schwierig zu entzaubernde Verbündete. Aber Verbündete sind sie ebenfalls.

Ich fasse zusammen: Jeder Faktor in deinem Spiel, jeder Planet, ist ein Wegbegleiter, ein *Verbündeter,* der weder gut noch schlecht ist und der dich veranlassen möchte, sein (d. h. dein) Thema zu leben und zu lernen. Das geht nur über eine Phase totaler Identifikation und anschließend über den Prozeß der Lösung dieser Identifikation; da gehst du dann langsam hinüber in den Zuschauerraum.

Jede Horoskopberatung ist die Chance, dein Stück etwas deutlicher von außen zu betrachten und damit die Beobachterrolle einmal ganz bewußt einzunehmen.

Willst du dieses Bild auf den Prozeß der Therapie erweitern, so ist jede Therapie der Versuch, das ganze Theaterstück aus der Realität zu lösen und in eine Zweierbeziehung einzubringen, also wieder zu binden. Jetzt spielst du natürlich auch in der therapeutischen Situation dein Stück, d. h., du *überträgst* dem Therapeuten alle Anteile, die du normalerweise an dein Leben auch überträgst. Doch in dieser Situation kannst du sehr viel schneller sehen, daß es schon wieder das gleiche Stück ist. Du lernst also in der Therapie, daß du überall, wohin du kommst, dein Spiel vorfindest. Das erleichtert dir den Schritt, die Projektionen zurückzunehmen.

Nach der Mythologie der Eingeborenen Neu-Englands befiel der Tod den Menschen durch einen Irrtum Gottes. Der gute Gott Kambinana sagte zu seinem törichten Bruder Korwouwa: »Gehe zu den Menschen und sage ihnen, daß sie sich häuten sollen; so werden sie den Tod vermeiden. Aber sage den Schlangen, daß sie fortan sterben müssen.«
Kowouwa aber vermengte die Botschaften; er teilte den Schlangen das Geheimnis der Unsterblichkeit mit und den Menschen das Todesurteil.

DURANT, KULTURGESCHICHTE DER MENSCHHEIT, Bd. 1, S. 66

IX
Das Medium coeli
Die Erhöhung der Schlange

Das 10. Haus ist jene Stelle des Tages, an dem die Sonne stehen würde, wenn sie mittags an ihrem höchsten Ort angelangt wäre. Hier ist der Tag am hellsten. Der Weg durch neun Zeichen des Tierkreises ist zurückgelegt, die Nacht ist durchmessen. Du bist zurückgegangen, zu jenem Ort, woher du kamst.

Zurückgegangen bist du deshalb, weil die Richtung, in der du die Häuser durchwanderst, von 1 bis 9 dich *zeitlich* (vom Aszendenten aus gesehen, der ja der Sonnenaufgangspunkt ist) zurück durch die Mitternacht (Ic), durch den Sonnenuntergang (7. Haus) zum Mittagspunkt des vorherigen Tages zurückbringt. Das ist freilich nur eine Analogie und hat erst einmal nichts mit deinem Lebensverlauf zu tun.

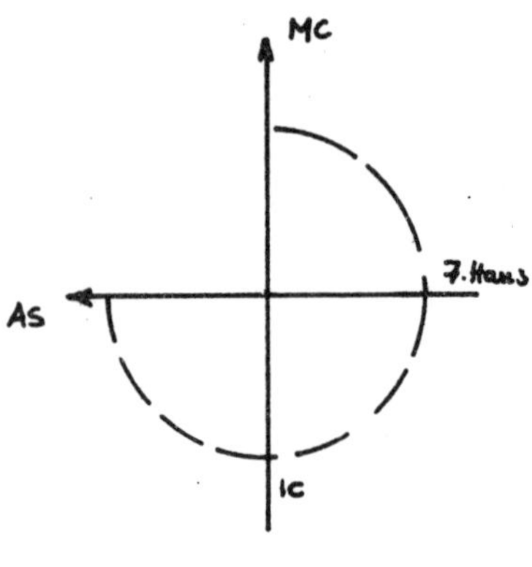

Abbildung 35

An diesem Ort, in diesem Zeichen, findest du deine Erfüllung, deine Entelechie (so lautet das philosophische Wort für dein »Werdeziel«), deine Erlösung (aus der Verzauberung der Anlagen), oder wie Wolfgang Döbereiner, der Spiritus rector moderner Astrologie sagt: deine »Finalität«.

Hier erwirkst du das, was in dir liegt, denn dein Mc steht ja seit deiner Geburt fest.

Manche Astrologen sehen in diesem Punkt den Ort der *Berufung*, also ein psychisches Gebilde, zu dem hin du dich von einer inneren Stimme gleichsam gerufen fühlst. Nehmen wir das Monumentale aus dem Wort »Berufung« heraus, so transformiert es sich von selbst auf eine alltägliche Ebene und übrig bleibt der »Beruf«. Also jene Auseinandersetzung mit dem Tag, die uns jahraus jahrein eine gewisse Richtung verleiht. So ist das 10. Haus, das am Mc beginnt, nach landläufiger Meinung eben auch das »Berufshaus«.

Kurzum, es geht nicht darum, dein Ziel zu erreichen, denn daß du dort ankommst, steht seit deiner Geburt bereits inhaltlich fest. Die Frage ist nur, ob das, was du erwirkst, von dir als *Deines* erkannt wird, oder ob du weiterhin in Feindschaft dich dagegen wendest. Die große Schwierigkeit im Erfassen des Werdezieles liegt darin, daß man für ein Menschenleben im voraus nie sagen kann, welche der grammatikalischen Ebenen des Baumes tatsächlich die Finalität ausmachen.

Ebensowenig wie man inmitten eines Märchens dessen Ausgang schon kennen kann, kann man vorwegnehmen, wie die erlöste Form eines Menschenlebens sich darstellt – solange man innerhalb des eigenen (Märchens hätte ich beinahe gesagt) Lebens sich befindet. Du bist ja noch mittendrin, noch verzaubert, und daß du nicht angeben kannst, wie die Lösung vom Bann aussieht, ist ja Teil der Verwünschung.

Solange du dich nicht »häutest« (siehe das Eingangszitat), lebt die Schlange ewig und du stirbst.

Um das Mc zu erfassen, können also hier nur Horoskope dienen, die Ereignisse beschreiben und die von Anfang bis Ende einigermaßen überschaubar sind. (Das gilt natürlich auch für Horoskope bereits verstorbener Personen)

Greifen wir uns ein derartiges Ereignishoroskop heraus. Den Hagelschauer (taubeneigroße Hagelkörner) über München am 12. 7. 1984, bei dem Häuser abgedeckt wurden, Autos verbeult und die Menschen fassungslos darüber waren, wie so etwas möglich war. An der Elementeverteilung ist schon sichtbar, worum es bei diesem Ereignis geht:

Es war ein Wasser-Ereignis (33 Punkte) und zwar ein hartes (23 Erdpunkte als zweithöchstes Element). Das ist sowohl die Beschreibung des Hagels (hartes Wasser), als auch die Beschreibung dessen, was hier angesprochen werden soll: die verhärteten (E) Gefühle (W). Es ist nur wenig Leichtigkeit, Beweglichkeit (8 Punkte in der Luft) vorhanden.

Ebene A: Der Aszendent, die Schuld, schaut so aus: Das Alte, die Tradition, das Überkommene (♑) existiert in so großer Fülle (♃), daß die Gefühle (☾) zu erstarren (♑) drohen. Jetzt muß auf einer symbolischen Ebene eben dieses Prinzip in einer neuen Form (als Gift) eingesetzt werden. »Denn Beißen ist das Hilfsmittel gegen Beißen.«

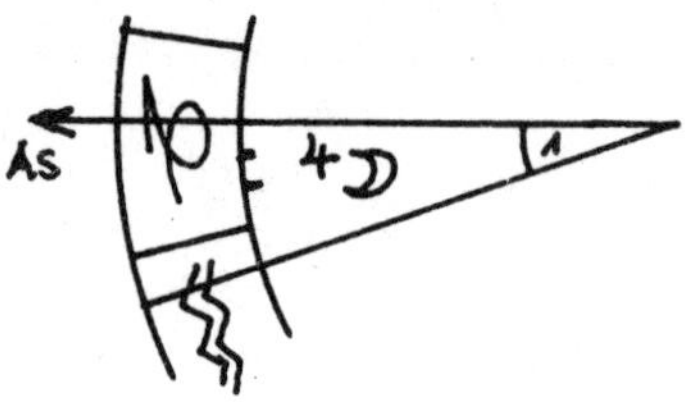

Abbildung 36

Ebene B: Suche die Schlange. Sonne im Krebs in Haus 7. Die Bühne: das, was mir entgegenkommt (Haus 7). Ich muß jetzt auf der Begegnungsebene (Haus 7) den Gefühlen (♋) entgegentreten, die in mir (1. Haus) verhärtet sind (♑), damit meine Venus (♀), d. h. meine Fähigkeit, sinnliche Kontakte einzugehen, und mein ☿ , d. h. die Kommunikation wieder zu mir zurückfinden. Sie sind ja jetzt mir gegenüber, treten mir als mein anderer Teil, mein Schatten, nur noch von außen entgegen.

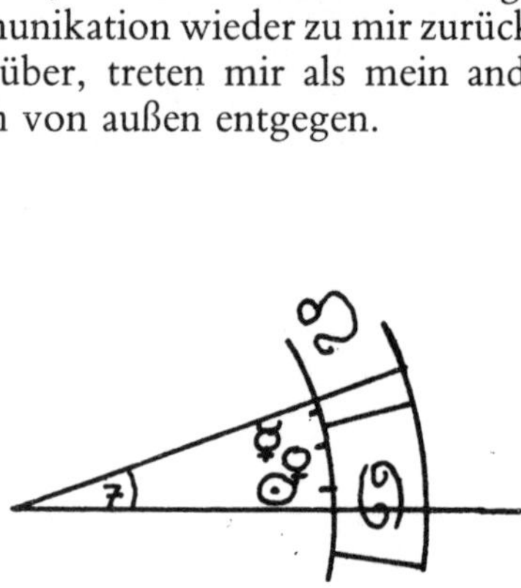

Abbildung 37

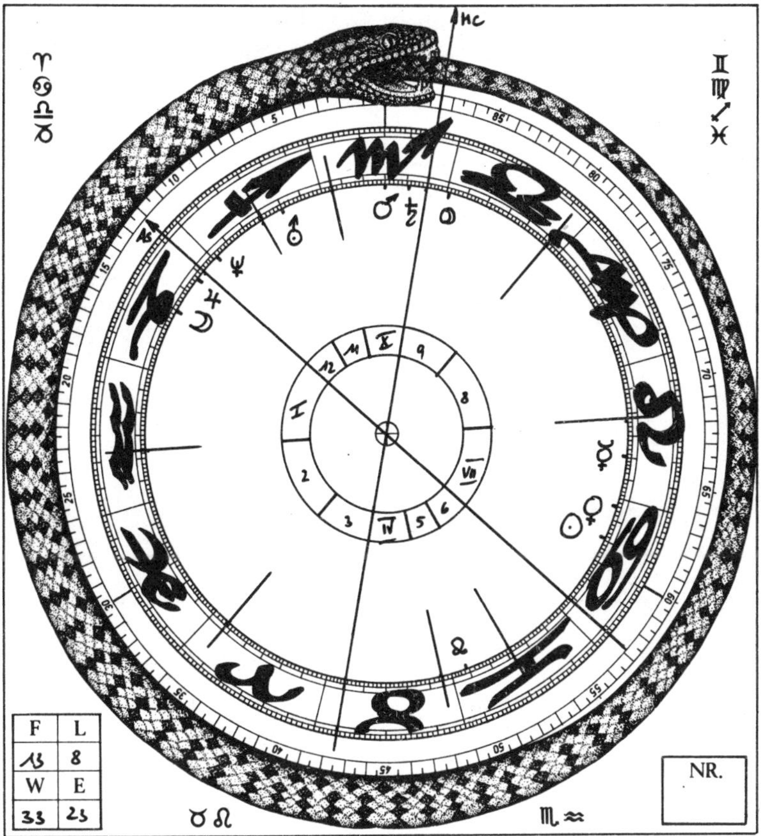

Hagelunwetter München, 12.7.1984, 20h05 = 18h05 GZ

Name	Geb.-Datum	Geb.-Zeit
Geb.-Ort	Breite	Länge

MEZ		MC	
WZ		11	
K		12	
OZ		AS	
ST		2	
KP		3	

☉		♃	
☊		♄	
☾		♅	
☿		♆	
♀		⚸	
♂		♇	

Der Souffleur sagt: »Bewohner von München (jedenfalls die, die geschädigt worden sind), sucht eure Gefühle auf. Wo sind sie? Sucht die Schlange! Denn jetzt ist Betroffenheit da!«

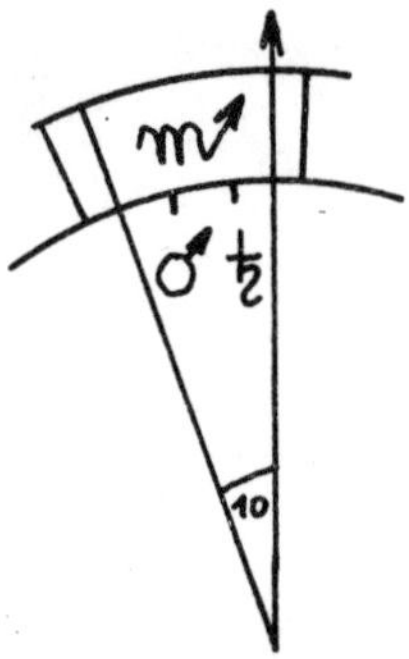

Ebene C: Erhöhung der Schlange. Was wird erwirkt? Mc ist im Skorpion. Eine Metamorphose, eine Häutung, eine Verwandlung (♏) durch Härte (♄) und die Energie (♂) eines neuen Beginns (♂). Hier wird Eis wieder in Wasser verwandelt. Und dabei wird Wärme frei. Ob jetzt der einzelne Münchener Auto- bzw. Hausbesitzer aus diesem Ereignis heraus tatsächlich die Wandlung, das Neuwerden vollzieht, ob er durch Härte (♄) zu einem Nachdenken oder zum Zweifeln (☿ im Quadrat zum ♄) gelangt und sich die Frage nach seinen Gefühlen tatsächlich stellt, weiß nur er allein.

Erst einmal wird natürlich nach Schuldigen gesucht, man geht in die Projektion. Nur zwei Schlagzeilen unter vielen: »Warum gab es keine Warnung?« (vom Wetteramt) und »Zahlt die Versicherung?«.

In der Finalität gibt es eben diese beiden Möglichkeiten:

a) Man steht da und sagt: Das ist jetzt Hagel, das hat mit mir gar nichts zu tun; ist ein Naturereignis und ich bin da zufällig reingeraten. Zwar ist mein Auto jetzt furchtbar verbeult, mein Haus so abgedeckt, daß es reinregnet, aber die Versicherung zahlt ja Gott sei Dank.

Man steht und sieht sich als Opfer einer schlechten Welt. Die »Reise des Helden« geschieht unbewußt.

b) Man sagt: Mein Haus ist kaputt, mein Auto ist kaputt. Das tut ganz schön weh. Jetzt merke ich erst, wie viele Gefühle ich doch noch habe und wie sehr ich mich an solche Dinge gehängt habe. Sie waren mein Leitbild (♏), meine Idee vom guten Leben, an der ich festsitze (♄), an der meine ganze Energie festhängt. Es scheint so, daß jetzt neue Ideen, neue Leitbilder, Wandlungen (♏) erwirkt werden sollen. Daß der Platz für eine Verwandlung freiwerden soll.

Bei einem derartigen punktuellen Ereignis deutet das Werdeziel hin auf eine Metamorphose, ein Sterbeprozeß (♏) soll stattfinden dürfen.

Die »Reise des Helden« wird zunehmend bewußter.

In bezug auf ein Menschenleben ist das Mc nicht so schnell erklärt, ja man sollte es – in einem Buch – gar nicht erst versuchen. Ein derartiger Versuch führte nur dazu, sich ein Bild zu machen von seinem Werdeziel. Und da das Mc nicht absichtsvoll erreicht werden kann, sondern dir von außen (nein, von oben) zufällt (die Schlange wird erhöht), gilt für alles, was davor liegt: Du sollst dir kein Bild machen!

Natürlich gilt ebenso, daß jedes Bild, das du dir machst, falsch ist. Nur eines ist sicher: *Du mußt zurück.* Das Ziel liegt nicht in der Zukunft. Es liegt in der inneren Vergangenheit. Folgende kleine Geschichte beschreibt diesen Zusammenhang der »Rückkehr an den Ort der Schuld« und die Erhöhung der Schlange in einem symbolischen Sinn besser als ich das je vermöchte. Und wäre diese Geschichte nicht bereits vor 60 Jahren geschrieben worden, sie müßte eigens für dieses Buch erdacht werden.

Nachdem Adam das Ende seiner Irrtümer und Leiden erreicht hatte, fand er nach der Stelle zurück, wo einst der Garten Eden geblüht. Eine unkrautüberwucherte Wildnis bot sich seinem Blick, aber in der Mitte erhoben sich wie vor Zeiten der Baum der Erkenntnis und der Baum des Lebens. Adam, von den Schwielen der Arbeit bedeckt, von den Striemen des Leids verwundet, von den Runzeln des Denkens entstellt, hatte als Begleiter einen weißgewandeten Mann mit hellem Bart und Haupthaar, milden blauen Augen und edeln vergeistigten Händen. Vor deren stillem Wink wich der Cherub mit dem Schwert zurück und machte Adam Platz. Mit teilnehmendem Blick nahm der Begleiter Adams Worte auf, der ihn, einige Schritte von den Bäumen entfernt, selber schweren Herzens verabschiedete.

»Ich danke Dir, Lieber, daß Du mich hast erlösen wollen, indem Du für mich Dein Blut gabest. Wohl hast Du mir lange Zeit in meinen Qualen Trost gewährt durch die Versicherung, daß Gott nicht Gott des Zornes, sondern der Gnade ist. Wenn ich meine Fehler selber erkenne und bereue, so versicherst Du, wird er mit mir nicht allzu strenge ins Gericht gehen. Oh, ich erkenne und bereue meine Fehler nur zu gut, aber was hilft mir Gottes Verzeihung? Ich bleibe doch das erbärmliche Wesen, das ich bin, wenn auch von Gottes Liebe durch Deinen Fürspruch geduldet. Ich weiß, Gott wird es mit mir nicht zu genau nehmen; wie aber, wenn ich es nun selber mit mir endlich einmal genau nähme? Darum bin ich an diese Stelle zurückgekehrt, wo ich zum erstenmal leichtfertig gewesen bin. Gott hatte verboten, von dem Baum der Erkenntnis zu essen. Mir verschlug es nichts. Es waren so viele andere fruchtreiche Bäume da, auf den einen konnte ich wohl verzichten. Aber das Weib war klüger als ich. Sie merkte bald, daß gerade die Frucht des verbotenen Baumes das Geheimnis der Welt verlieh, ohne dessen Wissen wir nicht viel mehr als Tiere oder Kinder sind. Sie redete mit der Schlange und brachte mir die Frucht. Ich Narr aber aß, ohne selbst mit der Schlange gesprochen zu haben. Nun wurden freilich unsere Augen aufgetan, und wir wußten, was gut und böse ist. Damit aber begann auch unser Leid, dessen Du Dich schließlich voll Erbarmen angenommen hast. Waren wir bisher wie Tiere oder Kinder gewesen, so hatten wir uns doch glücklich in unserer Unwissenheit gefühlt. Wir taten, was uns beliebte, und Gott war es zufrieden. Als wir aber wider Gottes Willen erfuhren, was gut und böse ist, da gewahrten wir auch, daß gut und böse in uns selber zu gleichen Teilen liegen. Um nun Gott mit unserem Verbrechen zu versöhnen, hätten wir wissend das Gute tun, das Böse lassen müssen. So sagte Moses, den er uns sandte. Aber wie konnten wir denn dessen gutes Gesetz erfüllen, waren wir doch selber zur Hälfte böse? Sollten wir nur mit der guten Hälfte leben? Wir haben es versucht, aber die andere Hälfte ließ ihrer nicht spotten. Immer wieder brach sie hervor. Liebten wir das Gute, so schlich sich zugleich der Haß ein in unsere Seelen, indem er sich gegen die wandte, die wir für die Feinde des Guten hielten. Grausam entlud sich oft unser Zorn gegen sie. Und war es wirklich immer das Gute, das wir gegen sie verfochten? War das Gute nicht nur zu oft unsere allerpersönlichste Sache geworden und so verquickt mit unserer Eigenliebe, Eitelkeit und Hoffnung auf Lohn, daß es ganz und gar durchdrungen von unserer bösen Hälfte wurde? Oft genug stürzten wir uns lieber gleich ins Böse, alle Guten in verstocktem Zustand hassend; aber siehe da, nun brach heimlich das Gute in uns hervor in der Liebe zu den Gesellen unserer Sünden, zu den Weibern, die wir uns anfangs nur aus Gier willens gemacht hatten, vielleicht nur zu einem Hund, der uns auf dem Weg des Verbrechens begleitete; und so böse einer war, niemals wollte er, daß auch seine Kinder so würden wie er. So haben wir uns durch die Jahrtausende geschleppt, wissend, was gut und böse ist, aber unfähig, uns für das Eine oder das Andere zu entschließen. Da erbarmte sich Gott. Er erkannte, daß wir nicht fähig waren, das Gesetz Moses zu erfüllen und sandte Dich, seinen eingeborenen Sohn, mit der neuen Botschaft, daß der Glaube an ihn, und der daraus erfließende ehrliche Wille zur Erfüllung des Gesetzes genüge, und, was unseren Werken an eigener Vollendung fehlte, uns zugemessen würde aus der Fülle *Deiner* Vollkommenheit. So haben wir nun wieder Jahrtausende gelebt. Wir sind trauriger, aber nicht vollkommener geworden. Wir sind für das Gute entschieden, können aber das Böse trotzdem nicht lassen.

Jedes einzelne Leben ist ein Mißglücken, kann von vornherein gar nicht gelingen, aber am traurigen Ende wird uns dann gnädig verziehen. Nein, das ist nicht länger zu ertragen. Wozu immer wieder von neuem diese sinnlose Qual durchmachen? Der Fehler muß am Anfang liegen. Zu ihm will ich zurück und neu beginnen, nachdem ich selber mit der Schlange gesprochen.«

Schweigend, ohne Tadel und ohne Billigung, verschwand Adams Begleiter über den Feldern; Adam aber wandte sich zu dem abendlich dämmernden Baum der Erkenntnis. In seinen Zweigen raschelte es wie vor Jahrtausenden, die klugen Augen der Schlange blitzten hervor.

»Ei Adam«, rief sie aus, »hast Du endlich den Weg zu mir zurückgefunden? Lange fürwahr hast Du Dir Zeit genommen. Welche Werke hast Du doch inzwischen ausgeführt! Die ganze Natur hast Du Dir dienstbar gemacht! Bis zu ihren letzten Gründen wolltest Du Wissensdurstiger vordringen, nichts mehr glauben, was Du nicht selber gesehen, selber betastet; und doch ist alles umsonst gewesen, solange Dir nicht einfiel, woran Du zuerst hättest denken müssen, daß all Dein stolzes Leben auf einem Hörensagen von Deinem Weibe beruht. Eva fühlte sofort, wo sie sich Rats holen sollte, aber ihr Geist ist leichtfertig und begnügt sich mit der Oberfläche der Dinge und dem Ungefähr des Sinnes. Immerhin hat sie mit mir gesprochen und Du nicht. Dadurch blieb sie Dir durch die Jahrhunderte ein Geheimnis, bald ein himmlisches, bald ein höllisches. So stolz Du warst in Deinem Tun und Denken, so sehr Du sie oft knechtetest oder verachtetest, weil sie Dir in Tat und Gedanke nicht gewachsen war, unweigerlich kehrtest Du zu ihr zurück, fielst vor ihr nieder und verlangtest von ihr Trost in Deinem Leid. Und Eva lächelte, lächelte, lächelte ihr Geheimnis durch die Jahrhunderte und verriet Dir nichts. Sie wußte mehr als Du, denn sie hat mit der Schlange geredet, ehe sie vom Apfel aß, aber sie konnte nicht sagen, was sie wußte. Du hingegen kannst alles sagen, was Du Dir an massenhaftem und doch geringfügigem Wissen mühsam erworben hast, und Eva lächelt darüber, denn das, was es zu wissen gilt, das gerade weißt Du nicht, und hättest doch von mir alles erfahren können, wenn Du damals wie sie unter den Baum getreten wärest.«

»Und was hättest Du mir gesagt?« rief Adam in höchster Erregung aus. »Oder ist es etwa zu spät, wenn ich Dich jetzt danach frage?«

»Es ist niemals zu spät, törichter Adam«, sagte die Schlange. »Es stand Dir frei, jeden Augenblick zu mir zurückzukehren. Nun hast Du es endlich getan nach Jahrtausenden, aber was bedeuten Jahrtausende in der Ewigkeit?«

»Wie hätte ich denn den Weg zu Dir finden sollen? Sperrte uns nicht der Cherub mit dem Schwert die Rückkehr? Erst als es mir gelang, den milden traurigen Mann, der sich meiner erbarmt hat, als Begleiter zu gewinnen, mußte mir der Engel ausweichen.«

»Wohlgesprochen, Adam. Hättest Du aber damals, als Dich der Engel vertrieb, den Blick einen Augenblick umgewendet, so wärest Du unter dem Baum des Lebens einen anderen Engel gewahr geworden, den schönsten von allen, den man Luzifer oder den herabgefallenen Morgenstern heißt, weil er, ebenso wie jener traurige Mann, auf die Erde gekommen ist, aber nicht aus Liebe zu den Menschen, sondern aus Trotz gegen Gott. Weil Du ihn nicht erkanntest, vermochte Dich jener andere nicht zu erlösen. Wohl lehrte jener Dich das Gute lieben und auch bisweilen tun, aber blind fielst Du immer wieder in das Böse zurück. Wie, wenn Du nun in diesem den Lehrer fändest, der Dir auch über das Böse die Augen öffnete? Nur weil Du blind bist, mußt Du dem Bösen immer wieder knechtisch verfallen. Wenn Dir aber die Augen aufgehen, wer weiß, vielleicht muß es Dir dienen. Das ist das Geheimnis, welches in dem Lächeln der Eva liegt, das sie aber selbst niemals auszusprechen vermag. Nun aber tue, was Du damals versäumtest, Adam: kehre Dich um.«

Und Adam tat, wie ihm die Schlange geheißen. Unter dem Baum des Lebens aber, aus dessen grünem Gelock rote und goldene Früchte leuchteten, stand ein nackter Engel von vollendeter Schönheit, aber mit so grausamem Lächeln und so kalt blitzenden Augen, daß Adam sich erschreckt wieder umwenden mußte.

»Was entsetzest Du Dich so, Du Furchtsamer?« spottete die Schlange. »Sollte Dir der Engel so unbekannt sein?«

»Es ist der leibhaftige Böse«, stammelte Adam, »ihm vermag ich nie und nimmer zu folgen.«

»Und bist ihm doch immer wieder durch die Jahrhunderte nachgegangen, wenn jener milde Mann Deine Leidenschaften nicht länger zu bändigen vermochte. Immer wieder verblendeten sie Dich, führten Dich ins Verderben, immer wieder erbarmte sich von neuem jener Milde, denn seine Liebe ist unerschöpflich, aber es hielt Dich bei ihm immer nur gerade so lange, bis Deine Wunden zur Not geheilt waren, und wiederum stürzest Du, durch keine Narbe gewarnt, in das Welttreiben zurück, in das Dich jener lockte. Wäre es nicht an der Zeit, ihm endlich mutig in sein grausam-schönes Antlitz zu blicken, ihm, wenn Du willst, zu folgen und ebenso frei zu dem Milden umzukehren, wie Dein Herz Dich treibt.«

»Ich kann nicht, ich kann nicht!« rief Adam, sich windend vor Angst. »Das Feuer seiner Augen ist eiskalt, es macht mein Blut gerinnen.«

»Und doch mußt Du es nun wagen, furchtlos hineinzublicken, Adam. Hast Du ihn erst erkannt, dann bist Du gerettet, er muß Dir dienen.«

»Wie«, rief Adam aus, »dieser Fürchterliche mir dienen, mir, dem aus Erde Geschaffenen? Ist er denn nicht vom Himmel herabgestürzt und nun der Fürst der Hölle?«

»Dient Dir nicht auch der andere, der für Dich gestorben ist? Die schwerere Hälfte Deiner Erdenaufgabe ist Dir ja schon gelungen, Adam. Du hast Gott in jahrtausende langem Leid seine Liebe abgenötigt, sollte es nicht viel leichter sein, den, welchen Du den Teufel nennst, in einem Augenblick in Deinen Dienst zu zwingen? Kehre Dich nochmals um und wage einen zweiten Blick.«

Und wieder drehte sich Adam zum Baum des Lebens um, und vor dem, was er sah, wurde ihm zumute, als seien die Jahrtausende in die Ewigkeit zurückgenommen worden. Wiederum erblickte er Eva, sein Weib, nackt, wie sie einst unter dem Baum der Erkenntnis gestanden war. Nun aber stand sie unter dem Baum des Lebens und fand ihn lieblich und gut anzusehen und gut davon zu essen und meinte, daß es ein lustiger Baum wäre, weil er schön und stark machte. Sie vermochte aber nicht bis an seine Krone zu reichen.

Da pflückte der schöne Engel eine goldene Frucht und reichte sie ihr mit grausamem Lächeln. Sie nahm von der Frucht und aß und reichte Adam auch davon, und er aß. Da wurden ihre Glieder leicht und die Runzeln glätteten sich auf ihren Stirnen. Ihnen war wieder jung und heiter zumute wie einst, da sie eben aus der Hand Gottes hervorgegangen waren, nur wußten sie nun um ihre Seligkeit. Der Garten Eden aber blühte neu um sie auf, so schön wie er einst gewesen. Und sie hörten die Stimme Gottes, der im Garten ging, als der Tag kühl geworden war, aber sie fürchteten sich nicht und Adam rief:

»Herr, wo bist Du? Warum hast Du uns das getan? Warum verbotest Du uns den Baum der Erkenntnis des Guten und Bösen? Warum wolltest Du nicht, daß wir vom Baum des Lebens essen und leben ewiglich? Warum setztest Du den Cherub mit dem flammenden Schwert vor den Garten Eden? Siehe, nun haben wir doch zurückgefunden. Der Cherub ist besiegt, die Frucht ist gepflückt.«

Die Stimme des Herrn aber murmelte in den Wipfeln, und aus der Krone des Baumes der Erkenntnis flüsterte die Schlange:

»Gott wollte, daß Ihr nicht unwissende Kinder bliebet im Garten Eden. Ihr solltet freie Götter werden. Wie aber konnte er Euch aus seinem eigenen Schutz lösen, wenn Ihr Euch nicht selber befreitet? Darum gab er Euch das Verbot, damit Ihr Euch empörtet und so zuerst Euer Selbst spürtet. Oh, Ihr verstandet ihn, als Ihr von der Frucht aßet. Lange genug habt Ihr unter dem Kreuz um Gnade und Verzeihung gefleht für all die Verbrechen, die Ihr im Gefühl Eurer Sünde aufeinander gehäuft. So wisset denn: Ihr seid frei von Sünden. Die Kraft, die Euch trieb, Ihm zu trotzen, ist ebenso göttliche Kraft, die von Ihm stammt, wie jene andere Kraft, die Euch Ihn und einander zu lieben treibt bis zur Selbsthingabe. Nur in der Empörung war jene Kraft böse, in Eurer Sündenangst war Eure Liebe schlecht. Nun aber verliert Adam auch noch die letzte Angst wegen seiner Empörung, nachdem Gott sie selber gut heißt, als in seinem verborgenen Willen gelegen, wie denn geschrieben steht: »Wer überwindet, dem will ich zu essen geben von dem Holz des Lebens, das im Paradies Gottes ist.« Nun Ihr aber gegessen habt, ist Euch offenbar, daß Gut und Böse keine Gewalten mehr sind, stärker als Ihr selbst. In Euch ist die Kraft und Schönheit des gefallenen Engels, sowie die Milde und Liebe des eingebornen Sohnes. Nicht länger sollt Ihr einander hassen, noch Euch selber kreuzigen. Liebet Euch selbst wie Euren Nächsten.«

»Woran aber soll ich erkennen, daß Du die Wahrheit sprichst?« fragte Adam sinnend.

Die Schlange sprach: »Hat Adam nicht vom Baume des Lebens gegessen?«

Adam aber fühlte, daß er es war, der Lebendige, Allmächtige, der die Schlange so reden hieß. Einst hatte er durch ihren Mund sich selbst aus dem Paradies des Unwissens vertrieben, irrend das Gute und Böse gesucht, sich selbst voll Angst vor der eigenen Sünde das Gesetz Moses gegeben und durch die Liebe des Heilands mutig davon erlöst, und nun zuletzt hatte er wissend zum Leben zurückgefunden.

Und Adam rief zitternd: »Herr, wo bist Du?«

Die Stimme des Herrn aber antwortete aus ihm selber: »Hier bin ich!«

Am nächsten Morgen machten sich Adam und sein Weib zum zweitenmal auf, um aus dem Paradies über die Erde zu wandeln und sie sich untertan zu machen, wie Gott verheißen hatte, aber sie fanden das Tor des Gartens nicht. Wohin sie auch ihre Füße setzten, vor ihrem Tritt erblühte der Garten Eden.

Aus O. A. H. Schmitz, »Ein Epilog über die ersten Dinge« in: Brevier für Einsame, München 1923

Die »Erhöhung der Schlange« findet nur am Originalschauplatz statt, nachdem du mit ihr noch einmal Kontakt aufgenommen hast. Sie muß dir ihr Geheimnis, das immer auch deines ist, preisgeben. Erst dann ist sie erhöht. Die Schlange – so darf man ergänzen – darf jetzt ruhig sterben. Du aber darfst leben.

Gehet hin in alle Welt und verkündet die Heilsbotschaft allen Geschöpfen. (...) Denen aber, die glauben, werden diese Zeichen folgen: In meinem Namen werden sie Dämonen austreiben, in neuen Zungen reden, *Schlangen aufheben,* und wenn sie etwas Todbringendes getrunken haben, wird es ihnen nicht schaden. Kranken werden sie die Hände auflegen, und sie werden gesund werden.

MARKUS 16

X
Über die Macht des Wortes

Wir haben jetzt die Stelle erreicht, an der wir uns fragen können, was macht eigentlich der Astrologe und wie macht er es?

Der Logik eines astrologischen 10. Kapitels folgend, werden wir uns bei der Betrachtung dieser Fragen auf den Anfang zurückbesinnen.

Im ersten Kapitel habe ich einige Sätze über *das Wort* verloren. Hier jetzt möchte ich diesen Faden wieder aufgreifen und versuchen, ihn mit dem bisher Gesagten zu verknoten.

Natürlich leuchtet sofort ein, wenn ich sage, daß das Arbeitsinstrument, welches der Astrologe zur Verfügung hat, das Wort ist. Er hat kein anderes. Sagen wir es einmal so: Er hat ein Buch vor sich liegen, dein Drehbuch, das er dein Horoskop nennt, und aus diesem Buch liest er dir vor. Seine Kunstfertigkeit besteht darin, daß ja in diesem Buch keine gedruckten Sätze stehen, sondern ausschließlich Symbole und daß jetzt für ihn die Notwendigkeit existiert, sie für dich lebendig werden zu lassen.

Er muß dir eine Geschichte vorlesen, ein Bild malen, eine Melodie erklingen lassen. Marx: »Man muß den versteinerten Verhältnissen ihre eigene Melodie vorspielen und sie damit zum Tanzen bringen.«

Welche Art eines Wortes ist hier gemeint und welche Bedingungen für ein derartiges Wort gibt es? Wir alle verwenden tagtäglich sehr viele Worte, um uns deutlich zu machen, um uns auszudrükken (Haus V). Das Wort, das unseren Mund verläßt, dient uns als Gruß, als Frage, als Erläuterung, als Arbeitsanleitung, als Bitte, als Botschaft, als Hinweis, als Werbung, als Verführung, als Geste der Unterwerfung und zu vielen anderen Zwecken mehr. Man kann nicht behaupten, daß unsere Zeit das Wort sonderlich ernst nimmt.

Sein inflationärer Gebrauch in den Medien korreliert mit seinem unbedenklichen Gebrauch in unserem Leben. Doch es geht in diesem Kapitel nicht um irgendeine Verwendung des Wortes. Es geht um jenes Wort, das jemand an dich richtet, *nachdem du ihn um dieses Wort gebeten hast.* Es geht um die *Bitte um Hilfe.* Um das *helfende Wort.* Wir geraten bei diesem Thema unversehens in eines der schwierigsten Kapitel unserer Zeit, das der Hilfe. Und es ist kein Zufall, daß man hier – bereits hellhörig geworden – schon eine Art Krankheitsbegriff geprägt hat: das Helfer-Syndrom. Damit ist gemeint, daß das Helfen selbst in die Pathologie geraten ist und vor dieser Krankheit gibt es so gut wie keinen Schutz.

Aber immerhin gibt es Gesetzmäßigkeiten, an denen du ablesen kannst, ob du diese Krankheit hast oder nicht. (Du kannst davon ausgehen, daß jeder, der professionell mit dem Helfen zu tun hat, sie hat.) Ja, es gibt Gesetze für das helfende Wort. Diese Gesetze findest du freilich in keinem Gesetzbuch. Doch das bedeutet nur, daß es keine moralischen oder gesellschaftlichen Gesetze sind, die von Gesellschaft zu Gesellschaft und von einer Kulturstufe zur nächsten sich zu wandeln vermögen. Die Gesetzbücher dieser Welt enthalten ohnehin nicht jene Werte, die das Menschsein ausmachen. In ihnen findest du Regeln, die das Zusammenleben erleichtern sollen, die eine bestimmte Macht schützen wollen, das Eigentum sichern usw., aber nicht jene Regeln, die dich zu einem eigenverantwortlichen Wesen heranwachsen lassen. In den Gesetzbüchern sind dir fremde Gesetze, nicht deine eigenen. Und solange du deine eigenen Gesetze nicht gefunden hast, tust du gut daran, dich den Gesetzbüchern der Welt zu überlassen. Sie sorgen für dich. Sie schützen dich – am meisten vor dir selbst.

»Menschsein im Aufbruch« erkennst du immer daran, daß ein Mensch versucht, seine eigenen Gesetze in sich zu finden. Eines der Gesetze, die bei einem derartigen Aufbruch immer wieder gefunden werden, lautet: Hilf nie, wenn du nicht deutlich um Hilfe gebeten wirst! Und natürlich gilt dieses Gesetz auch umgekehrt: Wenn du willst, daß dir geholfen werden möge, so bitte laut und vernehmlich um Hilfe! Dieses Gesetz gilt von der höchsten Ebene größter Lebensgefahr, wo wir instinktiv um Hilfe rufen, bis hinunter zu den kleinsten Alltagsschwierigkeiten. Und natürlich kommst du – auch wenn du nicht astrologisch oder helfend tätig bist – oft genug mit dem Thema des Helfens in Berührung.

So kommt der Freund zu dir und wird mit einem bestimmten Problem nicht fertig: »Ich muß dir mal etwas erzählen . . . Stell dir vor, was mir gestern passiert ist . . .« und es folgt eine wilde

Geschichte, die damit endet, daß es dem Freunde schlecht geht. Du, der du dein Gegenüber ja zu kennen glaubst, bist jetzt leicht versucht, helfend einzugreifen und deinem Freund klarzumachen, wie du es siehst. Du versuchst, ihm Hinweise über sein Problem zu geben – und warst doch gar nicht gefragt! Dein Freund hat dich gar nicht um Hilfe ersucht. Er wollte einfach nur seine angestaute Erfahrung loswerden. Das ist sein gutes Recht. Natürlich ist es auch dein gutes Recht, ihm Ratschläge zu geben, nur solltest du wissen, daß sie dem Helfersyndrom entspringen und damit keinerlei Wirkung haben. Das sollen sie auch gar nicht. Denn es geht in diesem Fall gar nicht um einen erbetenen Eingriff, um einen Heilgriff, sondern um das Erzählen von Geschichten. Es geht darum, seine Geschichten loswerden zu können. Er seine genauso wie du deine. Das Wort hat hier die Funktion, das, was sich angesammelt hat, wieder loszuwerden. Das ist befreiend, das ist erleichternd in sich. Am Rande hat dies auch zu tun mit der Macht des Wortes. Aber es hat nichts zu tun mit Hilfe. Wenn dir das klar ist, kannst du »helfen« soviel du willst. Das Helfersyndrom verschwindet augenblicklich, wenn du dir deutlich gemacht hast, daß du zwar helfend eingreifst, ohne es zu dürfen, daß jedoch deine Hilfe nicht die geringsten Folgen hat. Die Gefahr des Helfersyndroms besteht nämlich nur darin, daß du jetzt erwartest, aufgrund deiner Hilfe ändere sich der andere. Läßt du von diesem Gedanken, der ein hübsches Machtspiel ist, los, so löst sich das Helfersyndrom vollständig auf.

Ein anderes Beispiel: In Deutschland hat in den letzten 15 Jahren der Bereich der Sozialarbeit, der Sozialpädagogik und überhaupt der Gesamtbereich der *helfenden Berufe* in einem erschreckenden Maße zugenommen. Da wachsen Hilfswerke in einem solchen Maße, daß beinahe jede Persönlichkeit, die etwas auf sich hält, die Betreuung eines Kinderdorfes, eines Eingeborenendorfes, einer Tier- oder Pflanzenart übernommen hat. Das klingt alles so edel, daß man daran kaum zu rühren wagt, und doch hat es mit wirklicher *Hilfe* nicht das Geringste zu tun. Solange nicht, ja, solange nicht das vermeintliche »Opfer« um diese Hilfe ausdrücklich gebeten hat.

Das führt zu dem zweiten ungeschriebenen Gesetz in diesem Bereich: Hilfe kann es *nie* in materieller Hinsicht geben. Alles, was materiell getan wird, verschlimmert das Problem, obwohl es zunächst sehr hilfreich aussieht. Immer. Jede Geldspende, die irgendwo landet, verschlimmert das Problem auf *zwei* Seiten. Bei dem Empfänger, dessen Problem damit zugedeckt wird und ein paar Monate oder Jahre länger unsichtbar bleiben darf; beim Spender, der sich seiner Schuld, durch ein gutes Gewissen, das ihm seine Spende verschafft hat, nicht bewußt werden kann. Es gilt hier die Regel: Jede materielle Hilfe zeigt die Hilfsbedürftigkeit des Spenders. Jeder, der sich bemüßigt fühlt, anderen zu helfen, ist zutiefst in seine eigene Hilflosigkeit verstrickt. Ohne Ausnahme.* Und er versucht, über diesen Weg sein eigenes Problem zu lösen. Doch solange er glaubt, helfen zu können, läuft er diesem Problem davon. Die Misere der Sozialarbeit, in der wir heute zutiefst stecken, begann an der Stelle, an der der Sozialarbeiter erkannte, daß seine Hilfe für die Katz ist. Jetzt fangen seine eigenen Hilflosigkeitsprobleme an. Meist zieht er sich jetzt verbittert aus seinem Beruf zurück, obwohl er doch gerade jetzt im Kern seines Problems steckt. Am deutlichsten wird es an der Anklage einiger Tausend arbeitsloser Sozialarbeiter: »Warum hilft uns keiner, den anderen zu helfen?« Ihnen müßte jetzt geholfen werden. Das geht freilich nur materiell. Ein absurder Kreislauf.

Das dritte Gesetz leitet sich aus dem zweiten ab: Wirkliche Hilfe gibt es nur durch das Wort!

Hier jetzt sind wir beim eigentlichen Nerv unseres Kapitels. Doch wir müssen uns das Wort noch genauer anschauen. Kehren wir noch einmal zum Mythos des ersten Kapitels zurück. Wir haben dort erfahren, daß das Wort in der Finsternis verharrt. Das Wort ist im Abgrund. »Unbewußt« würden wir in moderner Terminologie sagen, im Exil. Das Wort ist ausgewandert, mir nicht mehr zu eigen. Ja, in einem gewissen Sinne haben sich die Eigentumsverhältnisse geradezu umgekehrt. Das Wort, das ursprünglich in meinem Besitz war, das ursprünglich mich, d. h. einen Teil von mir ausgemacht hat, hat jetzt aus der Tiefe des Exils von mir Besitz ergriffen.

---

* Dieses Gesetz darf freilich nicht als Alibi für einen ohnehin vorhandenen Geiz bzw. eine Teilnahmslosigkeit mißverstanden werden. Das Problem kann auch auf der anderen Seite liegen. Gibst du prinzipiell niemals etwas ab, so liegst du nicht etwa »im Gesetz«, sondern noch weit vor dem Gesetz. Möglicherweise muß man durch das Helfersyndrom erst hindurch! Auf der anderen Seite kann es sein, daß zuerst etwas Materielles getan werden muß, damit die Grundlage gelegt wird, auf der die Bereitschaft für die Annahme wirklicher Hilfe erwachsen kann. So war bei der Bergpredigt Jesu und der ihr vorangehenden Speisung der Fünftausend sicherlich nicht der Brotverzehr das zentrale Element, sondern die geistige Botschaft. Die materielle Hilfe war aber als Voraussetzung notwendig für die Bereitschaft, das »Wort« annehmen zu können.

Es ist ohne Umschweife zum Dämon geworden, der versucht, mich zu regieren. Er hält mich gepackt und zwingt mir seine Gewalt auf. Einige oberflächliche Namen für diesen Dämon sind: Krankheit, Streitigkeiten, Unfälle, Todesfälle in der näheren Umgebung, Arbeitslosigkeit, Wohnungskündigung usw.

Die Verwandlungsgeschichte des Wortes ergibt folgenden Dreischritt:

A: Im Anfang war das Wort. Und das Wort war bei Gott.

B: Gott sprach das Wort und alles entstand, auch der Mensch.

C: Das Wort fiel in die Finsternis, ins Exil, und jetzt entsteht der kranke Mensch, der verzauberte Mensch. »Was geschieht und sich verdichtet – in der Tiefe wird's zur Schicht«

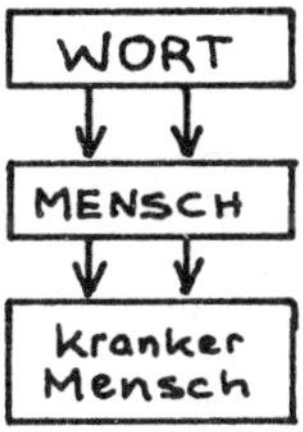

Abbildung 39

Die Entstehungsgeschichte des Menschen verläuft – so will es der Mythos – von A nach C, und auch wenn wir die Zustände A und B nicht kennen, so gibt es doch kaum einen Grund, an dieser Reihenfolge zu zweifeln. Denn der Mythos berichtet unabhängig voneinander in jedem Teil der Welt dasselbe. Wir, die wir hier auf Erden unser Leben einzurichten haben, befinden uns allesamt im Zustand C, der verzauberte Mensch. Jener, der seinen Namen nicht kennt, dem das »Wort« abhanden gekommen ist.

Noch ein paar Anmerkungen zum »Dämon«. Es ist in der modernen Literatur nicht üblich, »Krankheit« oder all die anderen Dinge, die uns leiden machen, mit diesem Namen zu benennen. Wir haben es lieber wissenschaftlich, und die Bezeichnungen Viren, Bakterien, psychosomatische Erkrankung oder gar Zufall klingen entschieden niedlicher, nicht so brutal und angsterregend.

Kurt Aram, ein Kenner der Mythologie schreibt dazu:

In jedem Kult wird exorziert. Erst wenn gar kein Kult mehr lebt, wird nur noch desinfiziert. Dann spricht man nicht mehr von Labartu, Axaxu, Lilutu u. dergl., sondern von Mikro-, Sphäro-, Spirobakterien, und teilt sie in chromogene, zymogene und pathogene. Diese Welt der Bakterien kann dreist, was Zahl und Mannigfaltigkeit angeht, mit jeder Welt antiker

Dämonen konkurrieren. Nur nennt man ihre Beherrscher nicht mehr wie bei den Sumerern Maschmaschu (Beschwörungspriester) sondern Bakteriologen. Ob diese mehr Kranke wieder gesund gemacht haben als jene, läßt sich statistisch nicht erfassen. Es wird aber im großen und ganzen wohl auf dasselbe hinauslaufen: mal haben sie sehr große Erfolge, mal so gut wie gar keine. MAGIE UND MYSTIK, S. 89

Und in der Tat *weiß* man heute über die Entstehung der großen Krankheiten (Krebs, MS, Herzneurose) nur Wahrscheinlichkeiten. Auch das Zauberwort »psychosomatisch«, das hoffentlich bald zu Tode geritten sein wird, verschleiert mehr als es erklärt.

Als Bild ist mir der Begriff »Dämon« aus folgendem Grunde lieber: Er ist ebensowenig greifbar, wie jeder andere Krankheitsbegriff, doch er ist ehrlicher. Man weiß nämlich jetzt, mit welchen Kräften man es zu tun hat. Diese Wesenheiten lassen nicht mit sich spaßen. Ein Ansteckungszunder geht von ihnen aus und wehe dem, der hier nicht sehen will, daß jeder Dämon, der ihm entgegentritt, der also in der Gestalt eines Hilfesuchenden zu ihm kommt, ebenfalls der eigene ist. Auch Dämonen unterliegen einem Gesetz, das schon Goethe beschrieben hat: »Wo sie hereingekommen, da müssen sie hinaus!« Man muß zum Ursprung des Befalls zurück. Wie das geschehen kann, darüber im Verlauf dieses und des nächsten Kapitels mehr.

Ich habe gesagt: Wir alle sind Menschen, die ihren Namen nicht kennen. Der Astrologe kennt ihn ebensowenig wie der Psychotherapeut, der Arzt ebensowenig wie sein Patient. Und weil das so ist, ist ja der Arzt auf eine geheimnisvolle Weise mit seinem Patienten verbunden, ganz ebenso wie der Freund mit dem Freunde, der Mann mit der Frau. Ohne einander könnten sie nicht leben. Der Arzt nicht ohne seinen Patienten, der Astrologe nicht ohne seinen Klienten, der Mann nicht ohne seine Frau. Wir sind füreinander da, um das ins Dunkle gestürzte Wort wieder aufzurichten, den Dämon ans Licht zu holen. Eines wissen wir: Im Licht (des Bewußtseins) geht er zugrunde – zu seinem »Grund« zurück. Denn auch der Dämon ist verzaubert. Ganz ebenso wie der Mensch (siehe Kapitel 1) die Schlange buchstäblich zugrunde gerichtet hat (»Auf deinem Bauche sollst du kriechen und Staub fressen alle Tage ...«), so ist jeder Dämon eine vom Menschen zugrunde gerichtete Figur, von der vorher niemand weiß, wie ihre wahre Gestalt aussieht. Seine Scheußlichkeit existiert nur als verzauberte Form. Jeder Exorzismus, also jede *Austreibung* des Dämons ändert nichts an seiner Gestalt.

Wir sind von Krankheit befallen, z. B. von TB. Die Medizin, die leider auf ihre eigenen Worte nicht hört, spricht bei einer Krankheit von einem »Fall«: »Das ist ein Fall von Tuberkulose.« Und jetzt sind wir bestrebt, den Tuberkel-Bazillus auszutreiben. Wir wollen ihn schwächen, ja, vernichten, er soll uns verlassen. Wir schießen mit Penizillin auf ihn ähnlich wie die Kirche den Besessenen mit Weihwasser besprüht: »Raus aus dem Körper!«, »Apage Satanas!«. Doch es gilt immer das zweite Gesetz: Hilfe kann nie materiell erreicht werden. Warum nicht? Weil der Kern der Besessenheit, weil der Dämon *nicht materiell* ist. Das Wort ist in der Finsternis. Sonst nichts. Es ist keine Substanz in der Finsternis, die vernichtet werden könnte. Der Dämon hat keinen materiellen Körper. Er besteht – und hier müssen wir unsere Vorstellung von dem »Wort« etwas erweitern – aus einer Idee. Aus einem gestaltlosen Gebilde, das die Form einer platonischen Idee, eines Archetypus, eines Schattenbildes, eines gespenstisch an der Höhlenwand flackernden Schattens angenommen hat. Dämonen haben keinen Körper, haben keine Seele, sie haben nur – nur ist gut – eine ideelle Existenz. Sie sind wie die Idee eines Hauses und existieren nur in der Vorstellung des Architekten. Damit ein Haus aus dieser Idee wird, braucht sie Maurer. Der Maurer bist du, denn du kannst Steine herbeischaffen, Hand anlegen und damit bauen.

Du hast einen Körper, sie haben die Idee der Krankheit. Jetzt gehst du daran, die Krankheit zu verwirklichen. Du gibst den Tuberkel-Bazillen, die in jedem von uns zu finden sind, die Arbeitsanweisung: Errichte mir eine Tuberkulose.

Du hast Energien, sie bergen die Idee des Streites, jetzt gehst du daran, einen Streit zu verwirklichen. Du gibst den Energien, die in jedem von uns sind, die Arbeitsanweisung: Fangt an zu streiten. Beispiele für diesen Mechanismus könnte man unendlich viele aufzählen.

Und warum das alles? Was ist der Grund für Krankheit, Streit, Haß? Eine der möglichen Antworten könnte lauten: Jeder Dämon hat die Aufgabe, dir ein Stückchen Wahrheit über dich zu zeigen. Er möchte ans Licht. Er ist ja ebenso verzaubert wie du. Und so möchte er seine wahre Gestalt ebenso annehmen wie du die deine. Das heißt, ein Gedanke ist ganz wichtig bei diesem Wahrheitsfindungswerk: Er ist die Wahrheit über dich. Weshalb du auch niemals sagen kannst: Der Dämon und ich sind zwei verschiedene Personen. Er ist dein verborgener Teil, seine Idee gehört zu dir. Ihr beide seid wesensverwandt. Er ist gleichsam dein Geheimnis, das nach Hause kommen möchte – freilich in der noch unerlösten

Form. Und diese unerlöste Form siehst du immer daran, daß du Angst vor ihm hast. Der Dämon und du, ihr habt zusammen ein Geheimnis. Jetzt quält er dich von der einen Seite – und du quälst dich (Krankheit) von der anderen Seite, damit ihr beide euch in der Mitte trefft. Und diese Mitte heißt *Bewußtheit. Der Dämon muß nicht hinaus* (das wäre Exorzismus), er muß *hinein* in das *Bewußtsein.*

Die Idee, die der Dämon verkörpert, muß in dein Bewußtsein als deine Idee, als geistiger Teil deiner Person einwandern. Damit ist die Brücke zu jenem Anteil geschlagen, den ich im Anfang dieses Buches als »Schuld« bezeichnet habe. Jeder Dämon ist ein Schuldanteil, der dich quält, der dich deshalb quält, weil er in die Bewußtheit will. Und er quält dich so lange, bis er in die Bewußtheit gelangt. Er will geschaut werden, er will, daß man ihm direkt ins Gesicht schaut und sich klarmacht: Das bin ich. Nur in einer derartigen *Operation** verliert der Dämon seinen Schrekken. Es müssen ihm Opfer gebracht werden, was nichts anderes heißt, als daß hart an ihm gearbeitet werden muß.

Eine derartige Arbeit ist nicht leicht zu bewerkstelligen. Sie bedarf immer wieder der Anstöße, der Impulse von außen oder aus dem eigenen Körper. Und diese Impulse kommen auch mit großer Regelmäßigkeit. Doch unsere Zeit, die sich angewöhnt hat, alle Dinge, die auf einen zukommen, als Zufall zu begreifen und eben nicht im ursprünglichen Sinn des Wortes als mir gesetzmäßig *zufallende* (mir zustehende) Dinge, tut sich schwer, die Signaturen zu entschlüsseln. Und so kommt es zur Bitte um Hilfe. Doch Hilfe gibt es nur durch das Wort. Was ist das nun für ein Wort, das als Vehikel der Hilfe dient?

Wieder kann ich es nur abstrakt formulieren: *Der Dämon, das Schattenwesen, das in dir haust, muß bei seinem Namen angeredet werden.* Die ins Exil abgewanderte Idee, die dir jetzt nicht mehr zur Verfügung steht, muß angesprochen werden.

Der Teil von dir, den du abgespalten hast, muß in einer Suchbewegung eingekreist und namhaft gemacht werden. Das geschieht durch das Wort. Durch ein Wort freilich, an das verschiedene Bedingungen geknüpft sind, denn es taugt nicht jedes Wort dazu,

---

* Das Wort »Operation«, das wir heute für einen chirurgischen Eingriff verwenden, kommt aus dem Lat. »operari« und heißt: »werktätig sein, arbeiten, sich abmühen« und kennzeichnet die harte Arbeit, die in einem derartigen Werk der Bewußtwerdung steckt, ebenso wie das der gleichen Wurzel entstammende Wort »Opfer«. (Vgl. Duden Bd. Etymologie: »operieren« und »opfern«.)

als helfendes Wort oder gar als heilendes Wort zu fungieren. Folgende Kriterien sind bedeutsam:

– Das Wort enthält *keine Verurteilung.* (Eine wie immer geartete Moral oder Anklage ist in diesem Wort nicht enthalten.)

– Das Wort enthält *keine Warnungen.* (»Du solltest das nicht noch einmal tun, es könnte sonst passieren, daß ...«)

– Das Wort enthält *keine Bedingungen.* (»Du kannst das leicht umgehen, indem du ...«)

– Das Wort enthält (ungefragt) *keine Ratschläge.* (»Also ich würde in einem solchen Fall folgendes empfehlen ...«)

Da der Dämon eine Schattengestalt ist, muß er beschworen werden, er muß buchstäblich herbeizitiert werden. Hier ist die Gefahr am größten, etwas Falsches zu tun. Da der Helfer den Dämon ebensowenig kennt, wie der, der ihn in sich hat, muß in aller Behutsamkeit und dennoch sehr bestimmt ein Bild gemalt werden. Es müssen so viele Worte gemacht werden, daß in der Wolke der Worte die Umrisse des Dämons so allgemein zutage treten können, daß er in seiner konkreten Gestalt vom Hilfesuchenden selbst in diese Konturen hineingeschoben werden kann. So wird die »Beschwörung des Dämons« zu einer dialogischen Angelegenheit. Der, der den Dämon beim Namen ruft, weil er den Auftrag dazu erhalten hat, und der, der den Mut gefunden hat, ihn in sich kennenlernen zu wollen, arbeiten Hand in Hand, Wort in Wort. Natürlich ist das, was ich hier beschrieben habe, nichts anderes, als die ganz normale psychotherapeutische Situation. Jeder Psychotherapeut arbeitet so, nur er nennt den Dämon anders: Todestrieb, Ödipuskonflikt, Regression, anaklitische Depression usw. Diese neutralen wissenschaftlichen Namen sollen helfen, die Therapie ein wenig angstfreier zu gestalten. Doch der Kern ist derselbe.

Was Astrologen dennoch von Psychotherapeuten unterscheidet, ist folgendes: Der Therapeut muß erst einmal sehr lange in der Krankengeschichte und in den Worten des Patienten herumsuchen, bis er auf eine Spur des Dämons trifft; der Astrologe hat mit dem Horoskop sowohl die Gestalt als auch den Ort, an dem sich die Dämonen verborgen halten, auf den ersten Blick vor sich.

Er kann also ohne Umschweife mit seiner Aufgabe, die Dämonen zu beschwören, beginnen, so daß der Patient ihn jetzt ebenfalls sofort in sich finden kann bzw. die Umrisse des heraufbeschworenen Bildes nutzt, seinen Dämon hineinzufüllen. Geschieht das, so ist der Dämon im Bewußtsein.*

Natürlich schaut niemand diesen Dämon gern an, enthält doch sein Bild jene Ereignisse und Beschwernisse, die wir so herzlich gern nicht in uns hätten. Er besteht nämlich aus reinem Gift, d. h. aus unaussprechlich giftigen Anteilen jener Schlange, die wir so gerne fliehen und an deren Flucht wir krank geworden sind.

Der Astrologe und jeder andere, der sich im helfenden Wort aufhält, (be)*handelt erst einmal mit Giften,* und so verwundert es auch nicht, daß mitunter astrologische Beratung und Homöopathie gemeinsam antreten, um den Dämon ans Licht zu bringen.

Hilft Homöopathie gegen Dämonen? Auf den ersten Blick scheint diese Art der Behandlung dem zweiten erwähnten Gesetz zu widersprechen (»Niemals gibt es *materielle* Hilfe.«) Doch dieser Widerspruch ist schnell aufgelöst. Ein homöopathisches Präparat – jedenfalls ab einer gewissen Potenz – zeichnet sich gerade dadurch aus, daß sich kein Jota (kein Atom) des materiellen Stoffes, der da aufbereitet worden ist, in der Trägersubstanz befindet. Da dies mit herkömmlichem wissenschaftlichen Denken nicht mehr zu verstehen ist, belächelt die Wissenschaft die Homöopathie. Homöopathie gehört zu den wenigen Überresten der Alchemie, die sich in dieses Jahrhundert hinein gerettet haben. Ihr Kernprinzip bei der Herstellung der Arznei ist seit alters her das »Löse und Binde«. In der Homöopathie geht es darum, in einem sehr simplen Verfahren, den »Geist« eines Stoffes vom Stoff selbst zu lösen. Astrologisch gesehen, besteht jeder materielle Körper aus drei Quadranten: Körper (Häuser I–III), Seele (Häuser IV–VI) und Geist (Häuser VII–IX), der vierte Quadrant hat mit dem persönlichen Dasein nichts mehr zu schaffen. Er untersteht einem höheren Gesetz und sagt nur etwas über das individuelle »Dagewesensein« aus. Um den Geist, also den dritten Quadranten, von Körper und Seele abzutrennen, wird er »herausgeschlagen«. Homöopathen nennen es »Verschütteln«, was dasselbe ist. Er wird ebenso herausgeschla-

* Astrologen sind keine Magier (obwohl sie deren Werk tun), zaubern können sie nicht, und deshalb ist es nicht etwa so, daß der Klient aus der astrologischen Beratung herausgeht und jetzt geheilt wäre. Er hat ja nur – in den vielen Worten, die gemacht worden sind – ein Bild des Dämons aufblitzen sehen; jetzt ist es seine unendlich schwere Arbeit, den Dämon gänzlich in das Bewußtsein zu integrieren. Eine derartige Horoskop-Sitzung – die deshalb auch immer als Kassette nach Hause genommen werden muß – kann Nachbearbeitungen für mehrere Monate und mitunter Jahre erfordern.

gen, wie der Geist eines Boxers aus seinem Körper herausgeschlagen wird und er an diesem Schlag bewußtlos wird. »Er gibt seinen Geist auf«, sagt man umgangssprachlich sehr treffend.

Doch als freier Geist nützt das Mittel niemandem etwas, es würde einfach verfliegen und sich irgendwo anders anlagern, denn jeder lose Geist sucht sich sofort wieder einen Körper. Und so muß er an eine neutrale Trägersubstanz (Milchzucker oder Alkohol haben sich hier als sehr anlagerungsbegierig erwiesen) angebunden werden. Löse und Binde. Macht man das oft genug in immer höherer Verdünnung, so bleibt von dem ursprünglichen Körper, dem der Geist ausgetrieben wird, bald kein Atom mehr übrig. Ja, mehr noch, der Geist wird in diesem Prozedere immer reiner. Man könnte fast sagen, er wird – je bewußtloser der Körper wird – immer wacher, immer potenter.

Hier wird ein mächtiger Geist heraufbeschworen. Es entsteht ein reiner dritter Quadrant (ohne Körper) und genau das ist die Definition für einen Dämon. Jedes homöopathische Präparat ab einer gewissen Potenz (so nennt man den Verdünnungsgrad der Ursubstanz) ist nichts anderes als ein mächtiger *Geist in der Flasche*. Ein Dämon, der den gleichen Namen trägt, wie jener gefallene Engel in dir. Denn Beißen ist das Heilmittel gegen Beißen.

Insofern ist Homöopathie auch eine Arbeit im Wort, oder an der Idee der Störung und keine materielle Behandlung.

Wen wundert es da noch, daß die großen Erfolge bei der astrologisch-homöopathischen Behandlung auch oft mit Schlangengiften erzielt werden. In Wolfgang Döbereiners »Astrologisch-homöopathische Erfahrungsbilder zur Diagnose und Therapie von Erkrankungen« stößt man auf lauter giftiges Gewürm. Von der vipera berus (Kreuzotter) über die naja tripudians (Kobra) bis zu Lachesis (lanzenförmige Viper) sind eine ganze Reihe von Giften hier vertreten. Und es sollte mich nicht wundern, wenn das Schuldthema des Horoskops eines Tages gänzlich durch Schlangenmittel der Homöopathie heraufzubeschwören ist. (Heute gibt es noch keine 12 Schlangenmittel.)

So sehen wir, daß das *Wort,* die Idee oder der Geist der Störung, also im Horoskop der dritte Quadrant sowohl das Gift als auch das Heilmittel ausmacht. Der Dämon möchte seine grausige Gestalt verlieren und in einen Wandlungsprozeß eintreten. Er möchte mir entgegentreten (Haus 7), möchte transmutieren (Haus 8) und als Einsicht (Haus 9) in mir verbleiben. Die erste Bedingung dafür ist immer die, daß er wachgemacht werden muß, damit er mir gegenübertreten kann, damit er in mein Bewußtsein Eingang finden kann. Das lebendige *Wort* gibt ihm einen Rahmen dafür. Jeder Astrologe, der hier zu viel Angst hat und an dem Dämon nicht rühren will, sollte auf diese schwere Arbeit verzichten. Jeder Astrologe, der keine Angst hat, der mit Dämonen umgeht wie mit seinesgleichen, sollte ebenfalls die Finger von dieser Arbeit lassen. Dämonen lassen nicht mit sich spaßen. Sie lehren dich das Gruseln, so oder so.

Jeder Mensch, der mit Schuld umgeht, macht sich schuldig. Eine Arbeit auf diesem Feld ist immer damit verbunden, sich die Finger schmutzig zu machen. Warum? Damit wir vor unseren schmutzigen Fingern nicht weiterhin davonlaufen können. Wir hätten so gern eine saubere Weste. Das ist der fromme Wunsch eines jeden Helfers. Das leitet über zu der Frage:

Was passiert eigentlich in einer astrologischen Beratung?

Wer sucht, höre nicht auf, zu suchen, bis er findet. Und wenn er findet, wird er verwirrt werden, und wenn er verwirrt ist, wird er sich wundern und er wird herrschen über das All.

THOMAS-EVANGELIUM

Dann nahm Jesus Thomas beiseite, entfernte sich (mit ihm) und sprach drei Worte zu ihm. Als Thomas zu seinen Gefährten zurückkam, fragten sie ihn: »Was hat Jesus zu dir gesagt?« Thomas antwortete ihnen: »Wenn ich euch eines von den Worten sagte, die er mir gesagt hat, würdet ihr mich steinigen. Und Feuer würde aus den Steinen fahren und euch verbrennen.«

THOMAS-EVANGELIUM

XI
Die astrologische Beratung

K. O. Schmidt, der das Thomas-Evangelium kommentiert, behauptet, diese drei Worte lauteten »Ich bin Du«. Wie immer die Wahrheit dieses Satzes ausgesehen haben mag, diese drei Worte haben einen tiefen Bezug zu dem Thema, das uns jetzt beschäftigen wird.

Jede astrologische Beratung beginnt an einer Stelle, an der der Beratungsuchende sich an jemanden wendet, dessen Adresse er entweder »zufällig« der Tageszeitung etc. entnommen oder die ihm sonstwie das Schicksal in die Hand gespielt hat.*
Bereits dieser Akt des Zufalles unterliegt der Gesetzmäßigkeit, das zu ergänzen, was dir fehlt. Zwei Menschen, die sich im Idealfall vorher nie gesehen haben, treffen aufeinander und es mutet vielleicht sehr eigentümlich an, wenn ich behaupte, daß für diese punktuelle Begegnung die allgemeinen Gesetze der Partnerschaft in vollem Umfange gültig sind. Die Grundidee dieses Gesetzes lautet:

Ich bin nicht vollkommen.
Mir *fehlt* etwas.
Ich bin nicht ganz, nicht heil, ich bin unheil.

---

* Alles, was in diesem Kapitel über die Gemeinsamkeiten von Klient und Berater ausgeführt wird, gilt natürlich nicht nur für Astrologen, sondern ebenso für Therapeuten und alle anderen professionellen oder privaten Helfer.

Der ursprüngliche Kugelmensch, von dem Platon in der »Rede des Aristophanes« erzählt, ist von den Göttern zerteilt worden, und seine Teile wurden in alle Erdteile verstreut. Jetzt suchen sie einander. Sie versuchen, »Hochzeit« zu halten, denn sie wissen instinktiv, erst die Wiedervereinigung ist die Heilung.

Ziehen wir diese Grundidee vom hohen Massiv des Mythos herab auf das niedrige Plateau der Psychologie, so erhalten wir im Jungschen System ein Wort, das diesen Zusammenhang sehr deutlich illustriert: »Schatten«.

All das, was uns fehlt, was wir in uns nicht haben und nicht sehen wollen, taucht jetzt auf der uns gegenüberliegenden Seite auf – als unser Schatten. Er ist jene Instanz, die ursprünglich zu uns gehört hat, dann aber irgendwie verlorengegangen ist und uns nicht mehr bewußt ist.

Der Schatten ist jener Teil von uns, der ins *Verborgene,* ins *Verbannte,* in die Tiefe des Unbewußten abgesenkt wurde und der jetzt so verdrängt ist, daß wir von allein niemals wieder auf diesen Teil stoßen würden.

Und so benötigen wir jemanden, der uns diesen Teil vorführt, vorlebt, vor Augen bringt. Eine derartige Person nenne ich einen Partner.

Natürlich gibt es andere Instanzen, die diese Arbeit ebenfalls zu übernehmen in der Lage sind. Krankheit, Todesfälle, Arbeitsplatzverluste, Unfälle und viele andere Formen des Lebens sind selbstverständlich gleichfalls in der Lage, uns unsere Schatten vor Augen zu führen.

Doch keine Instanz hat einen so hohen Schattenanteil wie der Mensch, der dir entgegentritt.

Ich meine das nicht etwa im übertragenen Sinne, sondern wörtlich. Alle Menschen, die mir entgegenkommen, sind (Schatten-An-)Teile von mir. Das ist schon an der Bezeichnung, an dem Wort, das wir für einen derartigen Menschen haben, abzulesen: Partner. »Part« heißt *»Teil«.* Natürlich darf man das nicht nur in bezug auf eine Inkarnation sehen, denn dann machte es in der Tat keinen Sinn mehr. Erweitert man die Perspektive jedoch auf unser Dasein als Seelenanteil, der seit Anbeginn der Welt existiert, so kommt man schnell auf den Sinn von Partnerschaft. D. h. man begegnet den abgelegten und abgelehnten Seelenanteilen von sich immer wieder.

Sieh es einmal so: Das Schicksal hat dir ein bestimmtes Quantum an Menschen zugedacht, je nachdem, welche Teile dir gerade fehlen, und es sagt jetzt: So, nun integrier mal schön!

Weiterhin sagt das Schicksal: Mehr Menschen kriegst du nicht und andere Menschen auch nicht. Also sieh mal zu, daß du die Vereinigung der Gegensätze, die chymische Hochzeit von Sonne und Mond zustandebringst. Sieh zu, daß das, was einst zusammen war und was dann irgendwie getrennt worden ist, wieder vereint wird.

Und dieses Gesetz zieht sich über alle Ebenen der Begegnung, über alle Ebenen der Partnerschaft. Denn Partner sind nicht nur die Ehefrau oder der Ehemann. Partner sind ebenso der Gemüsehändler an der Ecke, die Putzfrau. Meine Kinder und die Menschen, die mir begegnen, sind in diesem Sinne meine Partner.

Natürlich ist der Lebenspartner, mit dem ich 10, 20 oder 50 Jahre meines Lebens verbringe, ein besonders dominanter, besonders herausragender Teil von all den Stücken, die mir fehlen. Und die Arbeit der Integration dauert hier besonders lange, doch auch alle anderen Menschen, zu denen ich in Bezug stehe, sind Teile meiner anderen Seite. Aus diesem Grunde liegt ja auch das Haus, in dem die Begegnungen stattfinden (Haus 7), mir, d. h. meiner Person (Haus 1) direkt gegenüber.

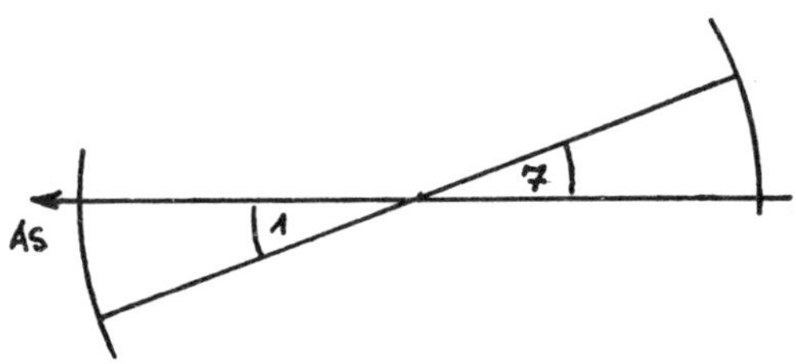

Abbildung 40

Meine Person ist im ersten Haus zu finden, der andere Teil, meine andere Seite, ist im siebenten Haus meines Horoskopes zu finden. Der andere gehört also inhaltlich zu mir, ebenso wie ich zu ihm gehöre.

Wieder gibt uns der Mythos einen sehr genauen Hinweis auf exakt diesen Zusammenhang. Doch der Mythos ist hier nicht so leicht zu lesen, weil die Bibel durch die vielen Übersetzungen etwas korrumpiert ist. Man muß schon auf die Originalversion zurückgreifen.

Im Anfang gab es nicht Mann noch Frau, sondern es gab – wie wir schon wissen – den Menschen. »Und Gott schuf den Menschen nach seinem Bilde«, hier haben wir noch die Einzahl, doch danach folgt eine Erläuterung: »nach dem Bilde Gottes schuf er ihn, als Mann und Frau schuf er *sie.*« (Genesis 1)

Im zweiten Schöpfungsbericht wird das noch einmal erläutert: »Nun ließ Jahwe Gott einen Tiefschlaf über den Menschen (Einzahl!) fallen, daß dieser einschlief, und er nahm eine von seinen Rippen und schloß das Fleisch an ihrer Stelle zu. Dann baute Jahwe Gott die Rippe, die er vom Menschen genommen hatte, zu einem Weibe und führte es zum Menschen.«

Dem freilich jetzt etwas fehlt, jetzt war er kein Mensch mehr, sondern war geteilt in Mann und Weib (Männin steht im Mythos).

Etwas verschwommen noch, bekommen wir hier schon eine Ahnung. Genauer wissen wir es erst, wenn wir uns den hebräischen Text anschauen. Der »Tiefschlaf« der lutherischen Übersetzung (hebräisch: »tardema«) heißt »Betäubung«, in diesem Wort steckt das Verb »herabsteigen«. Der Mensch steigt hinab in einen anderen Bewußtseinszustand. Und dieser Zustand des Unbewußten ist bereits die Teilung. Die alten Hebräer kannten eben noch nicht die Bedeutung von unbewußt werden. Diese Bedeutung herauszuarbeiten, war ja erst die große Leistung eines modernen Hebräers: Sigmund Freud.

Auch die griechische Übersetzung des Alten Testamentes, das ja in aramäischer Sprache verfaßt war, weiß von diesem Teilungszusammenhang. Hier steht statt »Tiefschlaf« das Wort »ekstasis« und das heißt: »aus sich heraustreten«. Adam stellte sich gleichsam noch einmal neben sich.

Noch deutlicher aber wird es bei dem Wort »Rippe«. In der Bibel steht »tselah«, und dieses Wort läßt mit der gleichen Berechtigung die Übersetzung »Seite« zu. In die gleiche Sprachfamilie gehört das Wort, »tselem« (das »Bild«, »Ebenbild«) und beide Worte haben zu tun mit der Sprachwurzel »tsel«. Und die Übersetzung dieses Wortes lautet: »Schatten«.

Wieder einmal sollen diese Sätze nichts beweisen, sie stellen Bilder dar, die unsere Gedanken beflügeln können. So sehen wir, daß dort, wo in der patriarchalischen Welt der lutherischen Bibel das Wort »Rippe« steht und die Frau jetzt in einem sehr organminderwertigen Licht dastehen läßt, der Originaltext die Bedeutung von »Seite« deutlich zuläßt. Unsere andere Seite. Eine Formulierung also, die auch jede Frau von ihrem Mann gelten lassen kann, er ist eben ihre andere Seite, ihr Schatten. Ich erläutere dies deshalb, um deutlich zu machen, daß *Partnerschaft* in jedem Fall eine andere Bedeutung hat, als all jene Vorstellungen, die wir uns von einem Partner gemeinhin machen; denn jeder, der uns entgegentritt, ist unser anderer Teil, ist Teil unseres Schattens, ist Teil unseres Getrennt-Seins. Das gilt natürlich auch für die Situation, von der wir ausgegangen sind: die astrologische Beratung.

Hier begegnen zwei Personen ihrem jeweils anderen Teil, ihrem Schatten. Der Klient erhält allein in der Person des Astrologen bereits ein Stück Schatten präsentiert. Die Beratung hat noch gar nicht begonnen und doch hat bereits die Konfrontation der Schattenwesen ihren Anfang genommen. Natürlich gilt das nicht nur für den Klienten. Der Astrologe (Therapeut) sitzt ja ebenfalls einem Teil von sich gegenüber, dem er jetzt begegnen soll, den er jetzt integrieren soll, für den er jetzt »weit genug« ist, denn dazu ist sein Klient da.

Und jetzt beginnt das *gemeinsame Beschwörungswerk*. Die Dämonen werden heraufbeschworen. Der Astrologe sitzt über dem Horoskop seines Gegenübers und malt ein Bild jener Kraft, von der der Klient im Bann gehalten wird. Und bei diesem Werk hebt ebenfalls der Dämon des Astrologen sein Haupt. Beide gehen gemeinsam aus der Welt des Tages hinaus in die Unterwelt, beide zusammen haben jetzt genügend Mut, sich mit Gestalten zu konfrontieren, vor denen sie einen heiligen Respekt oder eine höllische Angst haben.

So wird sichtbar, daß der Astrologe dich ebenso braucht, wie du ihn. Warum? Allein hätte er diesen Gang – heute – nie angetreten. Warum sollte er? Es ist wahrlich nicht schön dort unten und irgendwie weiß er schon, daß das alles irgendwie mit ihm zu tun hat.

Daß dieser Gang für ihn notwendig ist, daß sich für sein Seelenheil dort unten die »Not wenden« kann, ja, er läßt sich das von dir teuer bezahlen, daß er in dieses, sein eigenes Reich der Schatten hinabsteigt und dort den Dämonen nachspürt.

Der Astrologe ist ebenso wie der Therapeut in der glücklichen (?) Lage, daß du ihm dafür etwas bezahlst, daß er sich sein Unbewußtes anschaut! Diesen Köder braucht er, denn er täte es nicht freiwillig.

Du kannst jetzt auch sehen, worin der Unterschied liegt zwischen einer ganz normalen Unterhaltung (zwischen zwei Freunden) oder einem Problemgespräch (du erzählst einem anderen dein Problem, um es loszuwerden) und einem helfenden Wort. Das helfende Wort hat immer damit zu tun, daß einer, dessen Position klar umrissen ist, einen genügend großen Anreiz* hat, um im Bewußtsein des anderen auf die Suche nach dem Dämon zu gehen und diesen zu beschwören. In dieser Handlung entsteht der eigene Dämon des Helfers, hebt ebenfalls seinen Kopf und will geschaut werden. Auch aus diesem Grund erhält natürlich jeder Helfer immer nur die Klienten, die inhaltlich zu ihm passen, zu ihm gehören. Andere tauchen gar nicht erst auf. Bei jedem Astrologen ist das wunderschön nachvollziehbar. Schaut er sich die Fälle an, die im letzten Jahr in seine Beratung gekommen sind, so stellt er sofort eine Häufung bestimmter Aszendenten oder bestimmter Sonnenstände oder bestimmter Konfliktlagen (Sonne-Neptun etc.) fest und wundert sich mitunter, daß manche Aszendenten überhaupt nicht bei seinen Klienten vertreten sind. Nun, diese Aszendenten sind gerade nicht *sein* Problem. Ebenso geht es jedem Therapeuten, der an der Häufigkeit bestimmter Problemlagen haarscharf ins Herz seines Problems blicken könnte, sich aber erst einmal nur wundert: »Was ich immer für Patienten kriege?«

Welche Kriterien gelten nun für jemanden, der sich im helfenden Wort aufhalten möchte, der also den Beruf eines professionellen Helfers ergreift?

Die wichtigste Voraussetzung für jeden Helfer ist also die, daß er vor seinen Klienten einen, wenn auch winzigen, *Vorsprung* haben muß. Dieser Vorsprung ist nicht etwa dadurch gegeben, daß er ein zehnsemestriges Studium der Sozialpädagogik, Medizin oder Psychologie absolviert hat. Ein Studium ist *selten* ein Vorsprung. Ich möchte hier einmal ganz gezielt die Hybris, die in jedem Studium steckt, aus meiner Sichtweise beleuchten. Jedes Studium birgt eine tiefgreifende Gefahr in sich. Diese Gefahr sieht so aus, daß jemand, der alle Theorien und vermeintlichen Gesetze der menschlichen

---

* Einer dieser Anreize ist eben das Geld. Die Diskussion um die Anwesenheit von Geld in einem helfenden Zusammenhang offenbart äußerst ambivalente Positionen. Die einen beharren darauf, daß hier kein Geld im Spiel sein dürfe, sonst würde das helfende Wort zur Ware degradiert und könne nicht mehr seine eigentliche Funktion erfüllen (Stichwort: Hilfe komme aus dem liebenden Herzen, erfolge aus Barmherzigkeit mit der gequälten Seele). Die anderen behaupten, Hilfe könne nur dort stattfinden, wo das Gegenüber, der, dem geholfen werden soll, sich krummlegen und für seine eigene Genesung hart arbeiten müsse. Geld sei also hier das materielle Äquivalent für die Ernsthaftigkeit, mit der jemand sich verändern bzw. kennenlernen wolle.

Man sollte sich klar darüber werden, daß beide Positionen immer nur den anderen im Blick haben, also Projektionsslogans sind. Wo hier die eigene Wahrheit liegt, muß jeder für sich herausfinden.

Natur gelernt hat, jetzt glaubt, er würde sie bereits verstehen, oder gar, er könne aus der Kenntnis der Theorie den anderen helfen. So betrachtet ist das Studium – insbesondere der Psychologie, aber auch der Medizin – hochgradig gefährlich. Nicht etwa, weil dort Falsches gelehrt würde, nein, viele der psychologischen Theorien sind durchaus richtig, wichtig und brauchbar, die Gefahr liegt ganz woanders. Indem man Theorien über die menschliche Seele lernt, schlüpft der eigene Dämon, der ja immer mitlernt, in die Rolle des Psychologen hinein und gebraucht das theoretische System jetzt dazu, sich noch kompetenter zu verstecken. Er lernt, seine eigenen Strategien noch geschickter zu verpacken und wird, je mehr die entsprechende Theorie geglaubt wird, immer raffinierter. Ein sehr enger Freund meiner Universitätszeit war ein anerkannter Fachmann auf dem Gebiet der Beziehungsfallen (»double-bind«). Theoretisch kannte er die Gesetzmäßigkeit des ›double-bind‹ aus dem ff, hielt lange Vorträge darüber und publizierte Texte zu diesem Thema. Im Privatleben verwickelte er alle Menschen, mit denen er in Berührung kam, pausenlos in derartige double-binds. Freilich machte seine genaue Kenntnis dieses theoretischen Systems es unmöglich, ihm zu verdeutlichen, daß er selbst diese Fallen errichtete. Sein Dämon war ungreifbar geworden. Und so weiß jeder Therapeut ein Lied davon zu singen, daß all jene, die die menschliche Psyche studiert haben, damit fast therapieresistent geworden sind.

Wenn also das Studium der menschlichen Seele eher ein Hinderungsgrund für einen Helfer ist, was ist dann sein Vorsprung, den er vor dem Ratsuchenden haben muß?

Es gibt hier nur einen Vorsprung. Er muß bereits einige der Dämonen in seiner eigenen Seele geschaut haben, d. h., er muß bereits ein Beschwörungswerk hinter sich gebracht haben. Das Wort »Vor-Sprung« muß hier wörtlich genommen werden. Er muß den Mut gehabt haben, sich vorzuwagen, bis an jene Stelle, an der die Dämonen sitzen. Der Aufenthaltsort dieser Wesenheiten im Inneren der Seele muß schon einige Male betreten worden sein, damit jemand ein Wegbegleiter sein kann. Das geht niemals theoretisch. Und jedes weitere Semester Studium immunisiert noch mehr gegen den »Sprung«. Das darf nun nicht auf die einfache Formel reduziert werden: Man muß selbst Therapie gemacht haben.

Es gibt – wenn auch sehr selten – Menschen, die nie mit einem professionellen Therapeuten in Berührung kamen und die dennoch im Umgang mit Dämonen einen beneidenswerten Mut und eine beachtliche handwerkliche Geschicklichkeit aufweisen. Es gibt andererseits Menschen, die einige Jahre Therapie hinter sich haben und dennoch um ihre Dämonen einen weiten Bogen gemacht haben. Rezepte gibt es hier keine.

Aber im allgemeinen ist die eigene Therapie schon eine recht gute Voraussetzung, in jenes Zwischenreich hinabzusteigen und dort unserem anderen Teil zu begegnen und damit ein Modell zu gewinnen, das bei der eigenen Arbeit handlungsleitend werden kann.

Kommen wir zum Ende. All das, was ich über Dämonen gesagt habe, sind Bilder. In einer Therapiesitzung oder einer astrologischen Beratung taucht der Dämon, obwohl er pausenlos beschworen wird, weder im Wort noch in der Tat sehr häufig auf. Es ging mir darum, ein Bild zu liefern, wie man diese Arbeit in ihrer tiefsten Form auch beschreiben kann.

Die Skala dessen, was möglich ist, reicht von der Horoskopberatung, die dem gesamten Leben desjenigen, der das Wort an sich herangelassen hat, von Grund auf eine neue Ausrichtung gibt, bis zu der Horoskopberatung, bei der der Klient aus der Beratung herauskommt, sich erst einmal schüttelt über so viel Schwachsinn und zur gewohnten Tagesordnung übergeht.

Im ersten Fall hat der Astrologe etwas *über sich* begriffen (das muß er selbst gar nicht gemerkt haben), im zweiten Fall stand er nach der Beratung zutiefst hilflos da, er war seinem eigenen Dämon begegnet, doch der hat ihm eine lange Nase geschnitten und war wieder entwischt.

> Die Nächstenliebe geht in die Ebene, die Lehre vom Menschensohn geht in die Höhe.
>
> HANS BLÜHER, DIE ARISTIE DES JESUS VON NAZARETH

XII
Der Baum des Lebens

Eine Frage bleibt uns noch: Woher kommt das helfende Wort? Wir sind mit dem zwölften Kapitel am Ende dieses Buches ganz ebenso angelangt, wie wir im Zeichen Fische das Ende des Tierkreises erreichen.

Was hier zu sagen ist, ist kaum noch sagbar.

Ludwig Wittgenstein, dessen erster Satz aus seinem »Tractatus logico philosophicus« das vorliegende Buch eingeleitet hat, läßt sein Werk mit folgenden Sätzen enden:

6.52 Es gibt allerdings Unaussprechliches. Dies zeigt sich, es ist das Mystische.

6.53 Die richtige Methode der Philosophie wäre eigentlich die: Nichts zu sagen, als was sich sagen läßt, also Sätze der Naturwissenschaft – also etwas, was mit Philosophie (und mit Astrologie, P. O.) nichts zu tun hat –, und dann immer, wenn ein anderer etwas Metaphysisches sagen wollte, ihm nachzuweisen, daß er gewissen Zeichen in seinen Sätzen keine Bedeutung gegeben hat. Diese Methode wäre für den anderen unbefriedigend – er hätte nicht das Gefühl, daß wir ihn Philosophie lehrten –, aber sie wäre die einzig streng richtige.

6.54 Unsere Sätze erläutern dadurch, daß sie der, welcher mich versteht, am Ende als unsinnig erkennt, wenn er durch sie – auf ihnen – über sie hinausgestiegen ist. (Er muß sozusagen die Leiter wegwerfen, nachdem er auf ihr hinaufgestiegen ist.)

7. Wovon man nicht sprechen kann, darüber muß man schweigen.

Und Wittgenstein – das zeigen seine Gedanken sehr deutlich – wußte genau, worüber er hier nicht sprach. Der Satz »Wovon man nicht sprechen kann – vom Mystischen –, darüber muß man schweigen«, enthält das gesamte Problem des helfenden Wortes in sich. Alle, die sich hier aufhalten, kommen früher oder später zu der Einsicht, daß sie zwar etwas machen, nämlich Worte, daß sie jedoch nicht die geringste Ahnung haben, was in den Worten geschieht. Und woher das heilende Wort kommt. In jeder Heilbehandlung geschieht ein Mysterium, etwas zutiefst Unaussprechliches. Und es nagt in der Seele eines jeden Therapeuten der Wunsch, zu verstehen, wieso auf Grund einer bestimmten Anordnung eine bestimmte Wirkung zu verspüren ist. Oder wieso in einem Falle Heilung stattfindet, in einem anderen Falle nicht. Ja, es kennzeichnet jeden besseren Astrologen, daß er an dieser Stelle in voller Hilflosigkeit dasteht, den Kopf schüttelt und sich eingesteht: »Ich verstehe es auch nicht, wieso in einem Fall dieses eine Wort aus dem Wust von Gesagtem einen Prozeß in Gang gebracht und in einem anderen Fall folgenlos abgeprallt ist. Woher ist in dem einen Fall das Wort gekommen?«

An dem Ort, an dem wir jetzt stehen, gelten alle vorherigen Regeln oder Gesetze nicht mehr, hier tritt etwas ins Spiel, was nur noch mit Bezeichnungen wie Gnade, Demut, Fügung zu benennen wäre, und diese Gestalten lassen sich niemals ins Angesicht schauen. Wir wissen nur, wann Derartiges da war, nicht wie und schon gar nicht warum es geschah. Hier ist unser Latein am Ende. Wenn ich dennoch den Versuch unternahm, unter dem Titel »Der Baum des Lebens« ein paar Gedanken aufzuschreiben, so geschah das in der Absicht, unser Nichtwissen-Können etwas deutlicher zu belegen. Kehren wir also noch einmal zu dem Baum-Modell des dritten Kapitels zurück. Es war schon deutlich geworden, daß die zwölf Bäume, die die Ur-Ideen im Garten des Lebens darstellen, und innerhalb deren Blattwerk wir uns aufzuhalten gezwungen sind, oberhalb der Stämme miteinander verbunden sind (vgl. die Skizzen auf S. 94) und so unsere Lebensthemen miteinander verknüpfen.

Hier in den Wipfeln der Bäume finden wir alle Formen versammelt. Alle materiellen Gegebenheiten, denen wir in unserem Leben bewußt nachjagen (Besitz, Frauen, Ideologien, Erleuchtungen etc.) und denen wir unbewußt begegnen (Krankheit, Ehefrauen, Meinungen etc.), haben ihren Platz im Blattwerk der Formen. Bleiben wir in diesem Bild, so wissen wir, daß die Ideen der Bäume durch den Stamm und die Wurzeln dargestellt werden. Sie sind unsichtbar. Wo aber wurzeln die Wurzeln?

Wie der Baum mit jenen Zweigen, die wir »Wurzeln« nennen, in die Erde hinabtaucht und mit den anderen Wurzeln, die wir Zweige heißen, lichtwärts ragt, so ragen wir Menschen mit den Sinnen des Leibes in die Endlichkeit und mit denen der Seele in die Unendlichkeit: im Endlichen lebend, im Ewigen wurzelnd.

Sind wir uns dessen bewußt?

Beiden Reichen gehören wir an; in beiden sollen wir zum Bewußtsein unserer Selbst gelangen und das Glück schöpferischer Vollendung genießen, damit die Endlichkeit sich der Ewigkeit vermähle.

Beide Reiche sind eins. Wir sehen sie nur hälftig, kennen nur die halbe Wahrheit und ermangeln der Kraft der Selbstvollendung. – Wer aber um beider Reiche Einheit weiß, gelangt zu den Wurzeln seines Wesens wie der Welt, zu den Urquellen der Kraft, erkennt die Endlichkeit als seine Wirkstatt und sich selbst als unendlich.

K. O. Schmidt, Das Abendländische Totenbuch

Es ist ja nur ein Bild, eine Metapher, doch folgen wir diesem Bild, so ergibt sich aus dem Zitat, daß die Wurzeln des Baumes sich jenseits von Zeit und Raum befinden; denn so lautet die Definition von »Ewigkeit«. Das Wachsen des Baumes wäre dann das Aufsteigen aus der Idee in die Form, also das, was ich im ersten Kapitel als den »Fall« bezeichnet habe.

Zwischen der Endlichkeit (dem Blätterwerk) und der *Ewigkeit* (dem Wurzelgrunde) liegt gleichsam als Verbindungslinie der Stamm (das Wort): dem einen nicht mehr, dem anderen noch nicht zugeordnet. Dieser Stamm ist so etwas wie ein Ausfluß, eine Emanation der ewigen Ideen, bevor sie noch das Blattwerk der Formen erreicht haben. »Im Anfang war das Wort, und das Wort war bei Gott.« So wird das Wort zum Bindeglied zwischen Ewigkeit und Endlichkeit. Hier hat es seinen Hort, nur hier kann es angetroffen werden von denen, die im Wort aufzuhalten sich vorgenommen haben. Hier ist der Ort, nach dem Wort zu greifen und von ihm ergriffen zu werden und es zu verwenden als Brücke, die das eine mit dem anderen verbindet. Hier ist jeder Astrologe, jeder Therapeut, jeder, der sich wirklich im Wort aufhält, ein *pontifex* – ein Brückenbauer.

Jedem, der hier stehen will, geht es um »religio«, um die »Rückverbindung« zu dem Ort, woher das fleischgewordene Wort, das du bist, einst kam.

Herbert Fritsche hat der Therapeutenwelt vor vielen Jahren einen Hinweis gegeben und doch hat ihm kaum jemand zugehört: »Es ist nicht die Frage: *wie* soll der Mensch geheilt werden, sondern *wohin* soll er geheilt werden.« Und die Antwort auf diese Frage hängt nicht etwa von einem Glaubensbekenntnis ab, also ob man nun religiös zu sein glaubt oder nicht, die Antwort liegt in der Natur des Baumes selbst, sie lautet: zurück!

Durch alle Dämonen hindurch zurück zu der Stelle, an der alles begann.

Das zwölfte Haus des Horoskops trägt das Signum »Auf-Lösung«. Ein guter Christ spricht von der »Er-Lösung«. Beide meinen die *Lösung* von der Form.

Wir haben an dieser Stelle eine gute Möglichkeit zu verstehen, was den Prozeß des Krankseins ausmacht. Krank ist ein Organismus in dem Moment, in dem zwischen dem Blattwerk und der Wurzel die Verbindung fehlt. Oben und Unten sind nicht mehr verbunden, die Brücke ist zerstört. Das Blattwerk steht für sich, hängt in der Luft, bekommt keine Zufuhr, hat keinen Austausch nach unten. Weder kann von unten etwas nach oben drängen, noch kann das Erlösungswerk von oben nach unten stattfinden. Kranksein bedeutet immer eine gestörte Verbindung, heißt: Erstarrung der Form in ihrem augenblicklichen Zustande. Du kannst es sogar Verstopfung nennen, damit du eine deutliche Analogie zu einem tatsächlich in dieser Form ablaufenden Körpervorgang bekommst.

In diesem Bild siehst du natürlich sofort, daß jede *materielle* Hilfe nur am Blattwerk ansetzen kann, denn eine Form kann immer nur in der Form wirken, der Stamm und die Äste sind ja unsichtbar. Doch du weißt jetzt auch: die Blätter sind nie krank. Sie *zeigen* nur das Kranksein des Baumes und niemand käme auf die Idee, einen Baum zu retten, indem er die Blätter putzt, sie beschneidet, oder gar abschneidet.

Wirklich niemand?

Das Bild des Baumes als Ableitungsbaum für die Urideen ist natürlich in diesem Buch nicht zufällig gewählt. Wir wissen, daß in der Welt allenthalben die Bäume sterben. Die Palmen auf Borneo ebenso wie die Wälder hier in Europa. Und wir schieben die Schuld auf die Konzerne, die Umweltverschmutzer, die Autoindustrie, den Bundestag, der den Abgaskatalysator zu lasch behandelt. »Rettet den Baum« heißt die Devise, und schon beginnen wir, wieder *gegen* jemanden zu kämpfen.

Wir bilden wieder einmal organisierte Banden gegen die Gefahr. Gruppen, die den Feind verändern sollen: Die Industrie soll nicht mehr so viel Gift produzieren. Es entbehrt nicht der Ironie, mitzuverfolgen, daß sich hier in der Menschheitsgeschichte (»Es war nicht ich! Eva gab mir den Apfel.«) nichts, aber auch gar nichts verändert hat. Die Problematik eines Mechanismus wie desjenigen der Projektion liegt sowohl darin, daß ich sauber bleiben möchte, keine Schuld haben möchte als auch darin, daß ich den Wunsch habe, *der andere möge sich verändern*. Aus diesem Gedankengang leitet sich ein weiteres Gesetz für das helfende Wort ab: Versuche nie, den anderen zu verändern!

Abgesehen davon, daß das ohnehin nicht geht, lenkst du damit die ganze Zeit von dir selbst ab.

Nicht etwa, daß du dich verändern solltest, du bist wie du bist, und daran ist nichts Verkehrtes. Wenn du aber etwas tun willst, dann versuche die Verbindung zu diesen geistig-seelischen Quellen wieder herzustellen, den verstopften Stamm wieder freizubekommen.

Der Baum ist hier im Text ebenso wie draußen in der Natur ein Symbol für jeden von uns. Der sterbende Baum ist ein Mahnmal für den von seinen Wurzeln getrennten Menschen. Jetzt schreien die Bäume auf der ganzen Welt uns zu. Sie sind unser Spiegel, sie zeigen uns, daß unsere Rückverbindung abgetrennt ist.

Diese Verstopfung einer Verbindung kann also nur von der Idee her geheilt werden. Das »Heilende Wort« ist eine derartige Idee, ganz ebenso wie ein homöopathisches Präparat die reine *Idee* enthält. Und zumindest bei der Homöopathie können wir etwas leichter nachvollziehen, wie Heilung zu denken ist.*

Die Schlange, die Spinne oder die Pflanze gibt ihr Leben, damit ihre Idee herauspräpariert werden kann. Indem sie ihr Leben läßt, ist sie als Idee verfügbar und kann in jeder Apotheke gekauft werden.

Hier haben wir jetzt die Rückkehr zur Schlange. Ganz und gar unprosaisch kann jetzt ein doppeltes Erlösungswerk stattfinden. Indem wir die Idee der Schlange als unsere verlorengegangene Idee in uns aufnehmen, geben wir der Idee der Schlange einen *neuen Körper,* nämlich unseren. Damit erlösen wir die Schlange ganz ebenso wie sie uns. Sie darf jetzt als Schlange sterben und zum Heilsträger werden. Auf diesem Wege findet die Schlange Einlaß in unser Bewußtsein und stellt die verlorengegangene Verbindung wieder her. Sie erlöst uns, genau wie wir sie.

Eines aber bleibt auch hier ungeklärt, und jeder Homöopath weiß davon ein Lied zu singen: Woher kommt es, daß das Ritual »Suche die Schlange«, d. h., suche das für diesen Patienten richtige Gift oder das richtige Wort im einen Falle vom Erfolg gekrönt ist, im anderen Falle – so sehr man auch sucht – nicht.

---

* Ebenso wie das Abendmahl, also die priesterliche Handlung, in der Brot und Wein gegeben wird. Denn das reale Brot und der Wein sind ja nur die Trägersubstanzen für die tief darin (im Bewußtsein des Glaubenden) eingedampfte Idee des Fleisches und Blutes ihres Herrn und Erlösers Jesus Christus, der ebenfalls für diesen Vorgang der Erhöhung sein Leben gelassen hat. Diese Idee wird jetzt zum Zwecke der Sündenvergebung einverleibt. D. h., auch in der Eucharistie wird eine sehr machtvolle Idee dem Leib des Menschen einverleibt.

Er steht hier an der gleichen Stelle, an der auch jeder andere Helfer in der vollen Hilflosigkeit seines Nichtwissens steht. Woher kommt das Wort?

Zwar kommt es – wenn es kommt – aus dem Munde des Helfers. Doch bei Licht besehen, weiß niemand, wie es dort hineingeraten ist, wer es dort hineingelegt hat. Wir wissen nur: es zeigt sich – oder eben nicht.

Und da man Unerklärliches nicht erklären kann, beschließen wir dieses Buch mit dem Satz: »Wovon man nicht sprechen kann, *darüber* muß man schweigen.«

Literaturhinweise

Die Literatur, die zur Zeit verlegt wird, ist zum größten Teil nicht eben angetan, eine Sichtweise, wie die hier vorgetragene, zu unterstützen.

Gelernt habe ich hauptsächlich davon, daß ich die gängigen Ansichten, die heute allenthalben »wissenschaftlich« vertreten werden, zur Kenntnis genommen und dann verlassen habe. Die größte Hilfe dabei waren jene Menschen, denen ich auf ihrer Reise durch die Unterwelt als Wegbegleiter folgen durfte. Die mich – denn wir glaubten lange Zeit, ich sei der »Therapeut« – dafür bezahlten, daß ich das Staunen und das Gruseln lernte. Sodann jene, die mich Astrologie lehrten, dadurch, daß ich ihnen ihr Horoskop erläuterte. Schließlich jene wenigen Wagemutigen, die die Grenzen dadurch erweiterten, daß sie bei den handelsüblichen Wahrheiten nicht stehenblieben, sondern ihre eigenen Wege gingen. Ihr Mut war mir Ansporn.

Wer dieserart Literatur sucht, dem seien einige Namen und (wenn auch oft vergriffene) Titel genannt. Ich bin sicher, daß jeder Suchende unter den vielen Titeln *sein* weiterführendes Buch finden wird. (Ein Sternchen bedeutet: Das Buch ist nicht mehr im Handel, man muß es über große Bibliotheken anfordern oder antiquarisch suchen.)

KURT ARAM Magie und Mystik (1929), Berlin 1983

HANS BLÜHER Traktat über die Heilkunde, Jena 1926/Dreieich 1985
Die Aristie des Jesus von Nazareth, (*)
Prien 1922
In medias res, Jena 1920 (*)
Die Rede des Aristophanes, Hmbg 1966 (*)
Die Achse der Natur: Hmbg 1949 (*)

MARTIN BUBER Die chassidischen Bücher, Berlin o. J. (*)
Zwischen Zeit und Ewigkeit, Heidelberg 1978
Baal Schem Tow, Heidelberg 1981

EDGAR DAQUE Urwelt, Sage und Menschheit, München 1938 (*)
Das verlorene Paradies, Tübingen 1952 (*)
Die Urgestalt, Wiesbaden 1951 (*)

THORWALD DETHLEFSEN Schicksal als Chance, München 1979

THORWALD DETHLEFSEN und RÜDIGER DAHLKE Krankheit als Weg, München 1983

Wolfgang Döbereiner Horoskop für jeden Tag, München 1972 (*)
Astrologisches Lehr- und Übungsbuch, 4 Bände, München 1978 ff
Astrologisch-homöopathische Erfahrungsbilder zur Diagnose und Therapie von Erkrankungen, 2 Bände München 1981/82
Tierkreisbücher, 12 Bände, München 1974

Will Durant Kulturgeschichte der Menschheit, Bd. 1–18, Ffm., 1981

Herbert Fritsche Erhöhung der Schlange, Göttingen 1979
Die unbekannten Gesundheiten, Göttingen 1983
Der große Holunderbaum, Göttingen 1982
Samuel Hahnemann: Idee und Wirklichkeit der Homöopathie, Göttingen 1982
Kleines Lehrbuch der weißen Magie, Freiburg 1962 (*)
Iatrosophia, Freiburg 1962 (*)
Der Erstgeborene, Göttingen 1983

Jean Houston und Robert Masters Phantasie-Reisen, München 1984

Jean Houston Life-Force, New York 1980

Manfred Kyber Die drei Lichter der kleinen Veronika, München 1984
Einführung in das Gesamtgebiet des Okkultismus, Stuttgart 1923 (*)

Gustav Meyrink Der Golem, München 1972
Das grüne Gesicht, München 1981

Robert Müller-Sternberg Die Dämonen, Bremen 1964 (*)

Peter Orban Die Reise des Helden, München 1983

Fritz Quade Die Erde als Schule, Pforzheim 1958 (*)

Erwin Reisner Der Dämon und sein Bild, Berlin 1947 (*)
Vom Ursinn der Geschlechter, Berlin 1954 (*)
Die Juden und das deutsche Reich, Erlenbach/Zürich 1966

Alfons Rosenberg Die christliche Bildmeditation, München 1955 (*)
Michael und der Drache, Olten 1956 (*)

Gershom Scholem Zur Kabbala und ihrer Symbolik, Ffm., 1981
Die jüdische Mystik in ihren Hauptströmungen, Ffm., 1967
Judaica I bis IV, Ffm., 1981

Fritz Schwab Sternenmächte und Mensch, Berlin 1923 (*)
Geburt und Tod als Durchgangspforten des ›inwendigen‹ Menschen, Leipzig 1939 (*)
Von der Venus zur Madonna, Eggstätt 1978

Ludwig Staudemaier Die Magie als experimentelle Naturwissenschaft, Wiesbaden 1982

August Strindberg Ein Blaubuch (3 Bände) München 1920 (*)

Maria Szepes Der rote Löwe, München 1984

Arnold Wadler Germanische Urzeit, Wiesbaden o. J.
Der Turm von Babel, Wiesbaden o. J.

Friedrich Weinreb Wunder der Zeichen, Wunder der Sprache, Bern 1979
Der göttliche Bauplan der Welt, Bern 1978

Anhang

Aus Gründen, die in diesem Buch im einzelnen erörtert sind, hat die Firma SYMBOLON ein Horoskopformular entwickelt, das dem Thema der Schlange Rechnung trägt. Es ist auf der gegenüberliegenden Seite abgebildet.

Wer in seinem Horoskop die Schlange als stetige Erinnerung an das, was »heimgeholt« werden soll, aufbewahrt finden möchte, kann dieses Formular von SYMBOLON beziehen.

Über weitere Dienste (Handzeichnung des Geburts-Horoskops, Horoskop-Beratung, Astrologie-Kurse, Therapie, Meditations-Kassetten, Gruppen etc.) gibt es einen ausführlichen Prospekt bei:

SYMBOLON
Peter Orban, Ingrid Zinnel
Eduard-Rüppell-Str. 3
6000 Frankfurt/Main 1

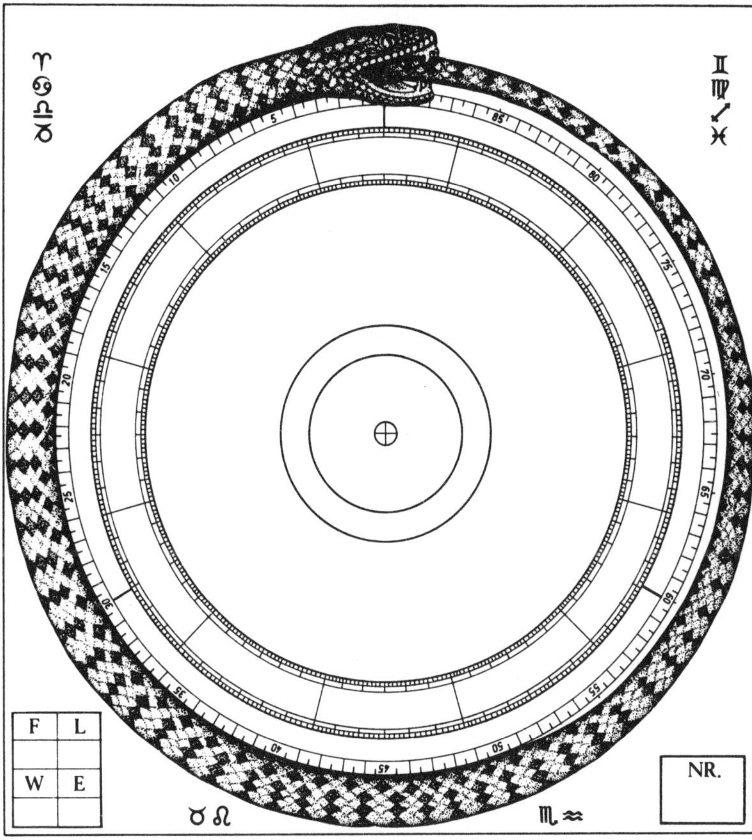

Name	Geb.-Datum	Geb.-Zeit
Geb.-Ort	Breite	Länge

MEZ		MC	
WZ		11	
K		12	
OZ		AS	
ST		2	
KP		3	

☉		♃	
☊		♄	
☾		⛢	
☿		♆	
♀		⚸	
♂		♇	